BAVIÈRE ET TYROL

Dr A. TAPONIER

BAVIÈRE ET TYROL

NOTES SUR L'ALLEMAGNE DU SUD

FRIBOURG (Suisse)
Librairie de l'Université
P. FRIESENHAHN

PARIS
P. LETHIELLEUX
10, rue Cassette, 10

1892

BAVIÈRE ET TYROL

NOTES SUR L'ALLEMAGNE DU SUD

AVANT-PROPOS

Il y a quelques années, pour soulager mes nerfs un peu trop tendus par de nombreuses préoccupations, un grave disciple d'Esculape me conseilla ou plutôt m'ordonna de me distraire en voyageant. Je bouclai donc ma valise, et je partis, sans hésiter, pour la Bavière et le Tyrol. Ces deux pays si catholiques et si intéressants à divers points de vue, j'y avais passé une bonne partie de ma jeunesse studieuse, et j'éprouvais depuis longtemps l'impérieux désir de les revoir. Les notes qu'on va lire sont les fruits de ce voyage, et de deux autres qui le suivirent à de courts intervalles. Elles ont été écrites au jour le jour, d'un trait rapide, presque au vol; leur seul mérite est d'être sincères, et de s'appuyer, je crois, sur une vraie connaissance des choses.

CHAPITRE PREMIER

Munich.

§ 1. — La petite capitale.

Il y a, comme chacun sait, deux villes dans Munich, l'ancienne qui s'est lentement et graduellement formée avec le cours des siècles, et la nouvelle que la fantaisie d'un prince a fait éclore en quelques années. On ne saurait manquer d'être un peu surpris par le contraste qui résulte de cet assemblage artificiel. Au centre de la cité, des rues tortueuses et souvent étroites, avec des maisons gigantesques, aux murs noircis, aux toits crénelés, aux pignons moyen-âge, et à deux pas, au delà de l'ancienne ligne des remparts, d'immenses quartiers tout battant neufs, alignés et découpés à angle droit, avec des palais, des musées, des jardins, des boulevards, et toute une floraison de petits hôtels à demi cachés et comme blottis dans la verdure. Cette ville nouvelle, on le conçoit, n'offre aucun caractère particulier ; c'est l'entassement moderne et cosmopolite, avec son architecture banale et sa magnificence d'emprunt. Aussi, comme le vieux Munich est plus intéressant à parcourir ! Il n'a guère, depuis mon dernier séjour, changé d'aspect, et j'y éprouve à peu près les mêmes impressions qu'autrefois. La *Neuhauserstrasse* et son prolongement servent toujours d'artère principale, où la foule, à certaines heures, se déverse, s'agglomère et s'agite. C'est là, du Karlsthor à la Marienplatz, qu'il faut observer le peuple munichois. Les rubicondes et placides figures! Je remarque pourtant que certains types du bon vieux temps sont devenus rares, et en particulier le petit vieillard joufflu, bedonnant, aux lunettes d'or, qui paraissait voué depuis sa naissance au culte nourrissant de Gambrinus. Tout dénotait en lui l'humeur ultra-pacifique. Aujourd'hui les gens se redressent, ont une allure plus martiale. L'odeur de la poudre, depuis 1870, est toujours restée un peu dans l'air.

On voit tout de suite que, cette année (1), les touristes abondent à Munich. La jumelle en bandoulière et le rouge Bædecker à la main, ils se pressent à la porte des hôtels, autour des monuments, dans les musées et les promenades. Ce qui les attire, c'est surtout l'éclat des derniers évènements, et la mort tragique du roi Louis II est le thème favori de leurs conversations. On n'entend parler que du Linderhof, du Neuschwanstein, de l'Herrenschloss, tous ces châteaux que le pauvre prince savait si bien soustraire aux regards profanes, et qui vont être livrés dans quelques jours à la curiosité publique. On raconte force légendes à leur sujet;

1. Ecrit en 1886.

rêve de splendeurs inouïes, fantastiques, invraisemblables.

Grande affluence de curieux devant les étalages de librairies, où le portrait du roi défunt est exposé sous les formes les plus diverses. Il y a des photographies et de vulgaires enluminures; il y a aussi des lithographies, des gravures et même de véritables tableaux, signés de noms presque célèbres. Rien n'est trop simple et rien n'est trop magnifique pour satisfaire à la fois les regrets de tout un peuple. Le prince est représenté de mille manières, ici en soldat, là en civil, plus loin sous son grand costume de cour, et on peut, devant ces petits musées rétrospectifs, suivre le changement de ses traits à travers toutes les phases de sa vie. Le voilà au sortir de l'enfance, candide, insouciant, joyeux ; puis, monarque de dix-huit ans, avec un regard fier et déjà pensif, et enfin à la veille de sa mort, sombre, fatal, désenchanté comme Hamlet. La foule s'arrête, visiblement émue ; je surprends quelques larmes furtives au bord des paupières, et moi-même, en face de cette misère des choses, j'ai peine à me défendre d'un sentiment de tristesse. Une de ces images surtout me frappe et s'obstine encore aujourd'hui dans ma mémoire. Je revois le prince adolescent, assis à une table rustique, dans la cour d'une de ses villas. Sa mère et son frère l'entourent ; les regards sont calmes, souriants ; tout respire la paix et aussi « le long espoir et les vastes pensées. »

⁂

Dirai-je un mot des princes et princesses de la maison royale? Leurs portraits sont également exposés dans certaines vitrines, et Dieu sait s'il faut du temps pour les examiner tous avec soin. Ce n'est pas une famille, c'est une légion. Le prince Ludwig, héritier présumé de la couronne, n'a pas moins de sept à huit enfants, et ses frères et cousins ont l'air à cet égard de suivre consciencieusement ses traces. Si la Prusse veut escamoter le trône de Bavière, elle aura sans doute du fil à retordre avec toute cette lignée de prétendants. Il y a, du reste, beaucoup de finesse sous l'apparente bonhomie du prince-régent, et ses petits yeux gris, clignotants, embroussaillés, dénotent plutôt le diplomate que le soldat. Son fils aîné passe pour un excellent Bavarois et un zélé catholique ; très simple, très ouvert, on dirait un honnête bourgeois jouissant du bonheur de vivre. Les princesses de la famille royale, en dépit des anecdotes qui courent sous le manteau, ne paraissent guère douées d'une nature romanesque. Ce sont de bonnes ménagères, vêtues à peu près comme des provinciales, et qui ne sauraient afficher aucune prétention au sceptre de l'élégance et de la mondanité. Le moyen, d'ailleurs, avec toutes ces florissantes progénitures?

Je reviens aux portraits de l'infortuné Louis II. Il avait vraiment, dans sa jeunesse, une physionomie charmante ; la bouche est mignonne, le front découvert, les cheveux abondants et ondulés. Une tête d'artiste, en somme, ou d'un roi de conte de fée. On comprend que, malgré les étrangetés de sa conduite, le prince ait dû plaire énormément à la grande masse de ses sujets. Jamais si gracieux visage ne s'était vu sous la couronne. Une chose pourtant y frappe d'emblée ; c'est l'expression singulière du regard. Elle est plus que rêveuse, elle sent l'extase. Les yeux semblent attirés et fascinés par une vision mystérieuse et implacable. Le roi contemple son cher idéal, le doux et cruel sphinx qui doit le dévorer.

§ 2. — Promenades et flaneries.

Excursion, cette après-midi, à Nymphenbourg, le château de Versailles des rois de Bavière. Le palais et tous ces bâtiments qui, de chaque côté, lui font comme une garde d'honneur symétrique, ne produisent pas un effet bien imposant. Peu ou point de style ; on pourrait les prendre, sous leur badigeonnage à la chaux, pour des monastères, ou des brasseries, ou de simples habitations bourgeoises. Le parc, en revanche, ne manque pas d'attrait ; les vastes pièces d'eau, les fontaines jaillissantes, les parterres bien dessinés, les longues perspectives, et les quinconces, et les boulingrins, et les statues enfouies dans le feuillage, tout cela véritablement vous a quelque faux air de Versailles. Du petit promontoire qui sert de terrasse à la salle de bains on jouit de la vue la plus charmante sur l'un des lacs. Tout y respire une paix mélancolique ; les grands arbres se mirent dans l'eau tranquille ; et les yeux sont doucement attirés vers le petit temple d'Apollon qui découpe finement sa colonnade sur la verte fraîcheur de la pelouse. Pleine liberté, d'ailleurs, est laissée au touriste ; il peut promener sa rêverie où bon lui semble.

La vogue des panoramas se répand à Munich comme ailleurs. J'en ai visité deux aujourd'hui : la *Passion du Christ*, avec une vue superbe de Jérusalem, et la *Bataille de Buzenval*, avec une vue non moins superbe de Paris. Grande affluence de spectateurs dans l'un et dans l'autre édifice ; quelques-uns, armés de la brochure, piochent le sujet en toute conscience. Ils en veulent pour leur argent.

Ce combat de Buzenval, signé Philippoteaux, ne semble guère à sa place en Allemagne. On n'y voit que des soldats français, pleins de courage et d'entrain, cela va sans dire, et qui marchent visiblement à la victoire. Pas le moindre casque à l'horizon. Je suppose que, dans la pensée de l'artiste, les soldats prussiens sont cachés au fond des bois ou derrière quelque retranchement de campagne. Quoi qu'il en soit, nous sommes en présence d'une œuvre éminemment française, et je me demande quel plaisir y peuvent trouver les bons Munichois. Ils se disent peut-être que, malgré l'absence des héros teutons, le monde n'ignore pas qu'en cette rencontre, comme en tant d'autres, ils ont été vainqueurs, et que ce grand Paris, dont les monuments émergent au loin dans la brume, ils ont su le prendre de haute lutte et y sont entrés triomphants. Ils rêvent, peut-être, à ce spectacle, de recommencer l'aventure.

J'ai déjeuné, ce matin, sous les Arcades, c'est-à-dire dans le jardin de la Résidence. Peu de monde ; l'air était vif ; une vraie température d'automne. Ce jardin royal ressemble énormément à la partie du Luxembourg qui avoisine l'Orangerie. Rien de grandiose par conséquent, rien qui sente la majesté souveraine. Le palais n'est guère plus magnifique ; une triste façade de caserne, relevée au centre par une colonnade très en saillie et surmontée de statues. Une chose, du reste, me déplaît dans tous ces monuments, c'est le badigeonnage et son affreuse couleur jaune ou rose. Vive la pierre qui, sous le soleil et avec les années, prend une teinte si chaude, si vénérable, si poétique ! Autour d'une partie du jardin, sous les arcades, il y a des fresques assez intéressantes. Les unes représentent des scènes historiques allemandes, les autres des paysages d'Italie, de Grèce et de Sicile, et une autre série les hauts faits d'armes des Grecs en 1820. Je n'aurais jamais pensé que la patrie de Léonidas eût enfanté tant de héros au commencement de ce siècle. Quelle pléïade de grands capitaines ! Quels hommes immenses que ces Canaris, ces Botzaris, ces Kanakaris, ces Kolokotronis, et ces Kephalos, ces Athanasios, ces Kantakuzenos, ces Maurokordatos et ces Petmezas, ces Plaputas, ces Metaxa, ces Bobolina et tant d'autres dont les noms également sonores devaient si bien retentir dans l'air pur de l'Hellade! On assiste à leurs exploits prodigieux, dignes d'être chantés par un nouvel Homère, et l'épopée trouve enfin son couronnement dans l'élection du roi Othon Ier, prince bavarois. On voit les Grecs, en petits jupons blancs, lui rendre solennellement hommage, et lui jurer sans doute la fidélité la plus inébranlable, puisque peu d'années plus tard, à l'exemple des nations civilisées, ils le prièrent assez peu poliment de retourner dans son ancienne patrie. Il est fort probable que, si ces fresques tombent jamais en ruines, le peuple bavarois ne se mettra guère en peine de les restaurer.

Le « jardin anglais », que je viens de visiter, n'a pas répondu à mon attente. C'est moins qu'une miniature du bois de Boulogne, et les beaux équipages, même en hiver, n'y doivent pas étonner souvent le public. Aujourd'hui, je n'ai vu là que des bonnes d'enfants, et deux ou trois touristes fourvoyés, maudissant leur sort. De véritables rivières, aux eaux rapides et profondes, circulent dans le jardin sans être entourées d'aucune barrière. Il faut croire qu'en ce pays les enfants sont sages de bonne heure! J'ai songé tout le temps de ma promenade, au parc de la Tête d'or, à Lyon ; l'analogie est frappante. Pas de serres néanmoins, ni de jardin d'acclimatation. Au détour d'un chemin, je vois un enseigne qui me fait tressaillir : *Paradies-Garten!* Voir le paradis à Munich, quelle chance! J'entre: c'était une brasserie. Je n'ai été surpris que de ma naïveté.

Visite aux divers palais de la Résidence. Le plus ancien paraît bien dédoré, bien délabré. Dans le nouveau, les fresques abondent, mais la plupart sont loin d'être merveilleuses. Ce n'est point assurément là qu'un jeune artiste pourra jamais se faire une idée du charme de la couleur. Le dessin lui-même n'est pas irréprochable; et ces attitudes forcées, cette déclamation perpétuelle, ce cabotinage du pinceau finit par fatiguer et agacer outre mesure. On ne peut s'accoutumer à ces Teutons aux regards terribles, à ces corps raides et sans élégance, à ce stupide orgueil de la force brutale. Aussi, c'est un vrai soulagement pour le visiteur que d'entrer dans la fameuse salle dite des *beautés bavaroises*. Elle contient les portraits des plus jolies femmes de Munich sous le règne du roi Louis Ier, une quarantaine environ, ce qui est bien quelque chose. Il fallait vraiment l'ami de Lola Montès pour concevoir une pareille idée et surtout pour la mettre à exécution. Le plus riche joyau de cet écrin, la plus aimable de ces figures, c'est certainement celle de la pauvre veuve du roi Maximilien, cette Niobé moderne qui a vu ses enfants tomber l'un après l'autre sous les traits de la folie. En tout cas, la foule s'y arrête avec une visible émotion.

J'ai franchement admiré la série de fresques que, dans la dernière aile du palais, Schnorr a consacrée aux Nicbelungen. C'est, paraît-il, un travail de plus de vingt années. Il y a des choses vraiment remarquables, surtout dans les cadres et caissons les plus restreints et, sans le sujet, sans ces éternelles histoires de héros allemands, on éprouverait une jouissance artistique des plus rares. Quelle fureur et quelle aberration de revenir sans cesse à ces légendes et à cette théogonie des vieux Germains! Ne pourrait-on laisser dormir en paix toutes ces Brunehild et ces Siegfried de malheur? A l'égard de la décoration de ces salles si nombreuses, je ne partage pas, je dois le dire, les préventions de certaines gens contre le talent de Schwanthaler. Plusieurs de ses frises, de ses bas-reliefs m'ont réellement fait plaisir. Là est peut-être la vraie supériorité des artistes munichois; tout le reste dénote plus de bon vouloir et de travail persévérant que d'aptitudes naturelles et surtout d'inspiration proprement dite.

Flânerie, toute la matinée, à travers le centre de la ville. C'est aujourd'hui jour de marché et l'animation est grande dans les rues. Je me laisse un peu pousser par mes voisins, et le mouvement de la circulation m'amène à la « Halle aux victuailles », le plus grand marché de Munich. Il se compose d'abord d'un vaste hangar d'assez médiocre apparence, et ensuite d'une infinité de petites boutiques en bois peint qui forment un dédale de ruelles où la foule va et vient, bruyante et pressée. Les marchandes se sont mises en frais de toilette, et ne rappellent en rien le type classique de la poissarde. A la suite des boutiques, qui sentent déjà leur aristocratie, il y a toute une succession de parapluies gigantesques et aux mille couleurs, où ce qu'on pourrait nommer les surnuméraires de la profession abritent leurs personnes et leurs denrées. J'ai remarqué des fruits magnifiques et de très belles guirlandes de fleurs. Une des ruelles est spécialement réservée aux produits de la boulangerie et on y peut contempler, dans leurs variétés sans nombre, la brioche, le croissant, le zwieback, le pumpernick, toutes ces choses enfin qui servent en Allemagne à remplacer ce qu'en nos pays nous appelons du pain.

Tandis que, toujours flânant, je reviens vers l'Hôtel-de-Ville, un cortège débouche tout à coup de la porte cochère d'une brasserie. C'est une corporation d'artisans qui célèbre sa fête patronale. Tout le monde est en grande tenue et se redresse ; une excellente fanfare ouvre joyeusement la marche. En tête, le président agite le drapeau de la confrérie, et j'y distingue, sur un fond de satin blanc, l'image d'une sainte avec son nimbe d'or. La foule qui regarde défiler le cortège n'est pas simplement curieuse, elle est bienveillante ; les gens semblent se diré entr'eux : c'est leur tour aujourd'hui, demain ce sera le nôtre. Ce premier cortège est bientôt suivi d'un second, composé de jeunes gens qui sont sans doute des apprentis, et qui, pour être vêtus moins correctement que leurs anciens, ont pourtant aussi leur musique et ne paraissent pas moins fiers. Ce spectacle inattendu me suggère bien des pensées ; je revois en esprit les corporations ouvrières d'autrefois ; je me rappelle leurs principes si chrétiens et si conformes au bon sens, et je me persuade de plus en plus qu'avec les modifications exigées par notre époque, c'est encore à ce système qu'il faudra revenir tôt ou tard pour trouver la solution du problème social contemporain. La chose, par exemple, n'ira pas sans difficulté, et dans les pays où, comme en France, l'égoïsme bourgeois règne et gouverne, il faudra bien des efforts et bien des luttes pour la faire accepter des classes dirigeantes. Certains catholiques même s'y opposeront de toutes leurs forces ; ils crieront au socialisme, à la révolution, à l'omnipotence de l'Etat ; ils déclareront que la liberté du commerce et de l'industrie est une des plus précieuses conquêtes de 89 ; ils parleront des lois de l'offre et de la demande, du laissez-faire et laissez-passer, des harmonies économiques, etc. Rien ne leur coûtera pour défendre les droits sacrés du capital, et leur conduite à cet égard n'aura pas lieu précisément de nous surprendre, puisqu'ils se sont accoutumés depuis longtemps à mettre à peu près sur la même ligne le coffre-fort et le tabernacle, et à regarder surtout la religion comme la meilleure des assurances pour tous les genres possibles de propriétés.

Rome est appelée, et elle en a le droit, la ville aux sept collines. Jamais Munich ne pourra, sur ce terrain, c'est le mot, rivaliser avec la cité des Césars et des Papes. Elle est bâtie dans une immense plaine, d'une platitude désespérante. Pas le moindre monticule à escalader, point de rue en pente, nulle échappée pittoresque. C'est assez fâcheux pour les artistes, mais c'est délicieux pour les flâneurs. Et je ne pense pas que l'administration des tramways soit aussi disposée à s'en plaindre, puisque cette circonstance lui permet de n'atteler qu'un seul cheval à ses voitures. J'avais eu pitié tout d'abord de la pauvre bête, forcée parfois de remorquer plus de vingt personnes, mais je me suis vite rassuré sur son compte, et c'est merveille de la voir se tirer si aisément d'affaire. La petite voiture blanche et bleue — couleurs de la Bavière — roule avec une rapidité qui témoigne de sa construction tout à fait scientifique.

Cette disposition du sol de Munich donne du relief au Maximilianeum, vaste édifice élevé en dehors de la ville, sur une petite colline baignée par l'Isar. Il n'a jamais eu grand succès dans le monde des connaisseurs, et pourtant, en dépit de son élégance un peu prétentieuse, il produit encore, à certaine distance, beaucoup d'effet. Ce qui me choquerait le plus dans cette masse énorme, c'est la brique, l'éternelle brique rouge, et aussi tous ces bustes qui semblent sortir du mur comme autant de boutons de sonnettes électriques. On ne distingue pas très bien, même à l'aide du meilleur binocle, à quels grands hommes on a fait l'honneur de les jucher si haut. Les fresques qui décorent la façade sont d'ailleurs affreusement dégradées ; elles ont subi le même sort que celles des Arcades, des pinacothèques, de l'Isarthor, etc. ; et ce résultat prouve que décidément il faut laisser ce genre d'ornementation aux pays dont la température est moins inclémente.

§ 3. — Munich religieux.

Le sentiment religieux est toujours vivace à Munich. Ni les récentes persécutions, ni la propagande libérale n'ont pu enlever à la capitale de la Bavière son ancien caractère de ville très catholique. On voit toujours, au milieu de la Marienplatz, les gens se découvrir devant la statue de la Vierge ; des femmes agenouillées y récitent dévotement leur chapelet, et le soir, par suite d'un vœu de la cité, des cierges s'y allument comme en un sanctuaire. Un de mes amis me raconte avec quelle joie et quelle émotion le peuple a vu cette année les princes et la cour prendre part à la procession de la Fète-Dieu. « Il semblait qu'on assistât, me dit-il, à une résurrection de la Bavière. Le roi Louis II était sans doute très bon patriote, mais il fuyait Munich et s'exilait de nos cérémonies. Pour la première fois, depuis quinze ans, nous nous sommes retrouvés, prince et peuple, dans l'affirmation de notre foi commune. Et tant que nous resterons catholiques, il est bien certain que la Bavière ne sera pas encore tout à fait prussienne. »

Il y a peu de maisons à Munich dont la façade ne soit décorée d'une image ou statue de la Vierge. Pieuse coutume, et dont les artistes ne se plaindront jamais ! On ne saurait dire l'effet charmant de toutes ces madones émergeant de leur niche ou rayonnant sur un fond d'azur. Elles abondent dans la vieille ville, mais on en trouve aussi dans les nouveaux quartiers. J'y ai remarqué, l'autre jour, deux hôtels magnifiques et du goût le plus moderne, où, dominant le fier portail couronné d'armoiries, la Vierge, sceptre d'or en main, trône à la place d'honneur. Toute maison catholique qui se respecte, doit faire ainsi sa profession de foi religieuse ; et il n'est pas jusqu'aux protestants qui ne se croient plus ou moins obligés de se soumettre à cet usage. Ils remplacent alors la madone par une figure allégorique, une figure aussi banale et aussi peu compromettante que possible, la science, l'industrie, le commerce, la musique, la poésie, etc. Il faut bien convenir qu'au point de vue religieux ce n'est guère affirmatif.

Ce matin, dimanche, j'ai visité plusieurs églises. Partout la même foule compacte, respectueuse, recueillie. Et quelle animation, de neuf à onze heures, dans les rues qui mènent à la cathédrale ou à l'église des Théatins ! C'est un flot pressé d'allants et venants ; les femmes en toilette claire, armées de leurs livres d'heures, les hommes un peu guindés, se redressant, pressant le pas, tous joyeux, épanouis, le sourire aux lèvres. Il m'est difficile, à ce spectacle, de contenir mon émotion. C'est le jour du Seigneur, le bon dimanche d'autrefois, la vraie fête du peuple qu'on ne connaît plus guère en France ni dans les autres pays révolutionnaires.

Il est d'usage et de bon goût, chez certains écrivains français, de mettre en doute la sincérité religieuse des Allemands. A les entendre, la piété germanique n'est qu'affaire d'habitude, servilisme, hypocrisie pure. C'est aller, ce me semble, un peu vite en besogne, et, pour ma part, je réclame en faveur des Allemands du sud. On peut reconnaître, à mille petits détails, la profondeur de leurs sentiments religieux. Nulle contrainte, à cet égard, dans leurs allures et leur langage ; ils ignorent absolument ce que nous nommons le respect humain. On sent que le rire de Voltaire n'a pas retenti à leurs oreilles et que rien jusqu'à présent n'a fait brèche dans leur amour des traditions paternelles. Tout à l'heure, à la cathédrale, c'était merveille de les voir prier, se signer, s'agenouiller sans le moindre embarras. Un monsieur, d'une mise recherchée, à la figure très intelligente, assistait devant moi à une messe basse. La messe finie, il a fermé son livre, l'a fait disparaître dans une de ses poches, et à la place ayant tiré son chapelet, il en a récité fort dévotement une dizaine. Après quoi, le dit chapelet dûment baisé, il est parti, souriant, à travers la foule.

***

Je suis arrivé d'assez bonne heure à la cathédrale pour entendre le sermon qui précède le grand Office. C'était un peu long, et j'avoue que mon attention a été souvent distraite par des réflexions opiniâtres et fort malséantes. Un orateur allemand, me disais-je, peut-il parvenir à la grande éloquence? Bien des obstacles s'y opposent, et la plupart insurmontables. Il y a d'abord les lois de la syntaxe, qui sont désastreuses. On ne peut souvent saisir le sens d'une phrase allemande avant d'avoir entendu la dernière syllabe, et cet effort douloureux, cette tension nécessaire de l'esprit, refroidit tout à la fois l'orateur et l'auditoire. L'éloquence est comme bridée, paralysée dans son essor. Une autre difficulté non moins sérieuse, c'est la prédominance des sons gutturaux, qui exigent toujours, dans le discours public, une dépense de force quasi surhumaine. Rien n'est plus désagréable aux oreilles françaises et j'imagine aussi aux oreilles allemandes que ces cris rauques tirés du fond de la poitrine. J'avais pitié, ce matin, du pauvre vicaire, qui s'époumonnait avec tant d'ardeur pour notre salut. Il produisait sur moi la même impression pénible que j'ai toujours ressentie en écoutant les acteurs, orateurs et prédicateurs d'Allemagne. Je me rappelle avoir assisté, dans un pensionnat de jeunes filles, à la représentation de quelques scènes d'une tragédie de Schiller. Grave, ses beaux yeux levés vers le ciel, dans l'attitude de l'extase, l'héroïne était admirable et vraiment touchante à son entrée en scène. On aurait dit une apparition céleste, mais hélas, dès ses premières paroles, on retombait lourdement sur la terre. Une voix de basse-taille, avec des roulements d'r effroyables, se faisait entendre ; au lieu d'un ange, on n'avait plus devant soi qu'une virago.

Je suis revenu, comme touriste, à la cathédrale, et je ne trouve pas qu'elle soit une merveille d'architecture. Les deux hautes tours qui lui servent de façade ne m'inspirent rien, si ce n'est la plus profonde admiration pour la solidité de la brique. Comme ces petits morceaux de terre cuite, dans leur amoncellement colossal, ont résisté à l'effort des siècles ! Les pilliers, à l'intérieur de l'église, ne m'ont pas paru moins surprenants par leur élévation singulière. Ils semblent, comme ceux de Saint-Eustache à Paris, vouloir escalader le ciel à travers la voûte, et par malheur, cet élancement prodigieux détermine le caractère des autres parties de l'édifice.

Il faut que tout soit élevé, et je dirai tendu vers le ciel. Les autels, celui du chœur comme ceux des chapelles latérales, s'enlèvent et s'envolent, avec une élégance frêle, à perte de vue. On a peine à les étudier et même à les regarder jusqu'au sommet. Un grand crucifix est suspendu au milieu de la nef, et naturellement, pour ne pas rompre l'harmonie des proportions, il a une tête, un buste et des jambes d'une longueur démesurée. Comme il faut remercier Dieu de ce que les Munichois n'aient pas donné dans les erreurs jansénistes! Ils auraient sans doute profité de l'occasion pour allonger les bras du Christ, et les tirer de haut en bas jusqu'à la limite la plus extrême. Les autels, du reste, sont de vrais petits chefs-d'œuvre, dignes de la réputation des sculpteurs sur bois de la Bavière. Il y a peut-être trop de statuettes dorées et pinturlurées, mais de l'ensemble se dégage un parfum bien religieux, tout à fait mystique.

Peu de choses à dire, à mon gré du moins, sur la basilique Saint-Boniface. Née, comme tant d'autres monuments de Munich, d'un caprice royal, elle surprend même dans la nouvelle ville, elle paraît plus étrange encore que tout le reste. Sans doute, ces soixante-quatre colonnes de marbre, ces mosaïques, ces fresques sont très belles, mais il faudrait à ce pastiche de Saint-Paul-Hors-les-Murs les reflets joyeux et éclatants du soleil d'Italie. Si ces murailles bariolées de mille couleurs pouvaient chanter, elles entonneraient tout de suite, j'en suis sûr, la romance de Mignon. Aux plus beaux jours de l'année, passe encore, la pauvre église se revêt d'une teinte douce et mélancolique, mais en hiver, sous le ciel gris, quand il neige, quand le vent souffle, comme elle paraît froide, triste, désolée !

Les amateurs du style rococo, s'il en existe encore, peuvent visiter la *Theatiner-Kirche*, elle leur fera plaisir. Je l'appellerais volontiers église-théâtre plutôt qu'église des Théatins. Jamais on a vu, dans un édifice religieux, s'étaler pareil luxe de fausse ornementation. Le joli, le bizarre, le contourné, le recoquevillé, tout s'y trouve. Je ne relève ici qu'un seul détail, à propos des colonnes des trois grands autels. Ces colonnes sont torses, d'abord ; en outre, elles sont entourées d'une guirlande de lierre et de fleurs ; et enfin sur cette guirlande sont assis une multitude d'anges qu'on prendrait facilement de loin pour une bande de petits amours. Je me demande quelle surcharge un artiste ingénieux pourrait y ajouter encore. Il y a, du reste, des anges de tous les côtés, dans tous les coins, sur toutes les saillies. On a vraiment peur, malgré leurs ailes, de les voir dégringoler sur la tête des gens. Par bonheur, sous la grâce légère de leurs attitudes, il y a des choses pratiques qui les retiennent solidement.

*
* *

Un vrai touriste, à Munich, ne saurait oublier les cimetières. Il y en a deux principaux, à peu de distance l'un de l'autre, et ils peuvent soutenir la comparaison avec les *Campi santi* de Gênes et de Milan. On a ici le culte des morts, et on ne se contente pas, comme ailleurs, de leur faire visite une fois dans l'année. Le cimetière est encore une demeure, et on la pare comme celle des vivants. Les tombes sont si bien entretenues, il y a une telle abondance de fleurs, et de fleurs aux couleurs les plus éclatantes, qu'on se croirait dans un jardin public. Je n'ai jamais vu nulle part de si belles variétés de géraniums. Tout cela bien frais, bien arrosé, reposant la vue. Au pied de chaque tombe, sans nulle exception, il y a un bénitier de marbre, et ce bénitier n'est pas un simple ornement décoratif, il est toujours rempli d'eau bénite, et on en use. On peut lire çà et là, sur une petite affiche, quelques strophes où je ne sais quel poète officiel invite les passants à se souvenir des morts, à prier pour eux et à semer des fleurs sur leurs tombes. « Ces fleurs, dit-il, sont le symbole de la résurrection, car c'est ainsi que nous-mêmes nous renaîtrons du sein de la terre. »

Je trouve ce détail bien topique ; il exprime à merveille, si je ne me trompe, le genre de piété douce, poétique, sentimentale qui est particulier aux Autrichiens et aux Allemands du Sud. On y sent en même temps que la famille pousse ici de profondes racines dans les cœurs. On ne jette pas tout de suite les morts en pâture à l'éternel oubli, on s'y rattache, on veut vivre encore avec leur souvenir et avec leur image. La plupart des tombeaux sont surmontés d'un médaillon, d'un buste, d'une statue, où les parents ont la consolation de retrouver la physionomie de leurs chers défunts. On se sert aussi de photographies; mais l'usage, autant que j'ai pu voir, n'en est pas encore très répandu. Cela viendra.

Il y a sous les arcades qui entourent les deux cimetières, des tombeaux magnifiques et qui sont de vraies œuvres d'art. Le marbre et le bronze y alternent avec la peinture à fresque et la mosaïque. Chaque famille importante tient à avoir sa place officielle sous ces arcades privilégiées et qui sentent leur vanité mondaine. On y trouve des princes, des nobles, des savants, de hauts fonctionnaires, et enfin des gens tout bonnement riches, parmi lesquels les brasseurs tiennent le premier rang. Le tombeau des Pschorr est d'une splendeur princière.

Une chose curieuse, c'est, entre les deux cimetières, une espèce de morgue, où les morts, couchés dans une bière entr'ouverte, attendent l'heure fixée pour leurs funérailles. Grâce à cet usage, qui écarte le danger d'une inhumation précipitée, tout le monde peut venir les voir et les saluer une dernière fois, même les voisins, les simples connaissances, les passants qui ne les ont jamais rencontrés que dans la rue. La tête émerge du cercueil, soulevée par un coussin. De nombreux cierges sont allumés ; il y a aussi des monceaux de fleurs éparses, mais le parfum qui s'en exhale ne suffit pas toujours à faire oublier le voisinage de tous ces cadavres.

§ 2. — Autour des casernes.

Le soldat allemand n'a pas encore cessé d'être un intéressant sujet d'observation pour le touriste. Rien n'est venu, depuis vingt ans, diminuer l'éclat de sa gloire, et la curiosité publique à son endroit continue d'être en éveil. On cherche à pénétrer la vraie physionomie de ce vainqueur, de ce héros de la stratégie moderne. On voudrait pouvoir en saisir les traits les plus caractéristiques.

A coup sûr, le soldat de l'Allemagne actuelle ne ressemble guère aux grenadiers du grand Frédéric, et il ne rappelle pas davantage les vieilles moustaches grises du premier empire. Il aurait presque l'air d'un enfant à côté de ces troupiers d'autrefois. On voit qu'il vient à peine de quitter sa famille ; ses joues sont fraîches et rebondies, ses yeux naïfs, son allure timide. Rien du type débrouillard et dégagé de certains tourlourous français, rien qui sente la bravoure personnelle, la spontanéité, l'élan.

C'est là sa force. Il n'est rien par lui-même, et il est tout dans la main d'un chef. On l'a réduit et plié à n'être qu'un simple rouage dans la grosse machine de l'armée, et, comme rouage, il est d'autant plus redoutable qu'il est souple, muet, soumis jusqu'à l'inconscience. Jamais, à aucune époque de l'histoire militaire, l'homme n'a si complètement disparu sous le soldat. C'est le triomphe du caporalisme. Et la discipline impitoyable qui produit ce chef-d'œuvre de mécanique humaine ne s'exerce pas seulement à la caserne ou sur le champ de bataille ; elle suit le soldat partout, elle le presse, l'enveloppe, le terrifie. Il faut le voir, dans la rue, à l'aspect du moindre officier ! Dès qu'il l'aperçoit, même au milieu de la foule, il s'arrête, et faisant front, les mains dans le rang, immobile, il suit d'un œil hypnotisé son supérieur qui passe. Il n'a même pas le droit de le saluer : ce serait redevenir presque un homme.

Il y a, tout près de l'une des Pinacothèques, une immense caserne d'infanterie, où je me délasse parfois, au sortir du Musée, à voir exercer les recrues. Vus de dos ou en face, ces pauvres diables, allant mécaniquement de gauche à droite, et de droite à gauche, offrent bien le spectacle le plus grotesque auquel on puisse assister en ce monde. Ce sont des efforts, des contorsions, des attitudes, des saillies de muscles d'un comique vraiment irrésistible. Tout à l'heure, deux petites filles, qui regardaient comme moi, sont parties spontanément et, sans se gêner, d'un grand éclat de rire. Je me suis bien gardé d'en faire autant, mais il m'a semblé que cette moquerie enfantine et irréfléchie venait de mettre à nu sous mes yeux le pied d'argile du colosse germanique. On apprend à ces recrues à courir, à sauter à la corde, à marcher sur la poutre horizontale ; on s'évertue enfin, par un entraînement gymnastique, à donner un peu de souplesse à leur corps gonflé de bière. Je ne sais pas dans quelle mesure on y parvient, mais il faut constater qu'ils mettent un zèle extraordinaire à se tourner et à se retourner de tant de manières si ridicules. Ils savent qu'ils sont maintenant « la grande nation », et ils ne veulent à aucun prix déchoir de ce rang.

A midi, la garde est relevée au palais royal, et elle rentre à la caserne, musique en tête. C'est un évènement pour le peuple munichois. Des groupes se forment çà et là, qui attendent le signal du départ, et, au premier roulement des tambours, toute cette foule se masse, s'ébranle et ouvre la marche. J'estime qu'aujourd'hui il y avait là près de cinq cents personnes, gens de tout âge et de toute condition, heureux et fiers de faire cortège à la troupe. Chacun marque le pas ; certains regards lancent des éclairs ; on songe aux victoires d'hier et peut-être à celles de demain. Le corps de musique, d'ailleurs, ne m'a pas paru de première force, et il est loin de valoir la plus médiocre des bandes autrichiennes. Cela tient peut-être à l'usage immodéré qu'il fait de la clarinette, instrument des plus précieux pour l'harmonie, personne ne l'ignore, mais assez généralement désagréable quand il donne « en masse ».

*
* *

Ascension avec mon ami B... au sommet de la tour Saint-Pierre, d'où l'on jouit d'une vue d'ensemble sur Munich et ses environs. Au bas de la tour, presque en droite ligne, le regard plonge sur la Marienplatz, et nous y voyons tout à coup défiler une escouade de soldats conduits par un caporal. Leurs mouvements sont si précis et si saccadés qu'on jurerait de la hauteur où nous sommes qu'ils sont en bois et articulés comme des jouets. « Tu conviendras, dis-je à mon ami, que ce système d'éducation militaire est absolument contraire au bon sens. A-t-on jamais vu que des soldats puissent manœuvrer au feu comme à la parade? On a beau les dresser de longue main à l'obéissance passive, les balles qui sifflent et les obus qui éclatent doivent bien jeter un peu de trouble dans les rangs. Et alors, à quoi bon cette raideur, cette régularité, ces allures mécaniques ? Est-ce peut-être pour le coup d'œil, un jour de revue ? En ce cas, je te ferai remarquer que, si tes soldats marchent comme des automates, ils marchent pourtant moins bien que des automates. Il y a une tension visible et désagréable dans tous leurs mouvements; on dirait de vieux ressorts, des ressorts rouillés, mal agencés, qui jouent à grand'peine et qui grincent. Sans doute, il serait déshonorant pour des soldats sérieux de marcher à la débandade, mais, à tout prendre, cela vaudrait mieux encore que d'imiter et de mal imiter des machines. Je me résume: ton fameux système prussien n'est qu'ineptie ou enfantillage ! »

Mon ami B..., munichois de la vieille roche, est d'un tempérament flegmatique. Il me laisse discourir tout à mon aise, sans donner le plus léger signe d'impatience, et quand j'ai terminé ma harangue, il me répond avec une pointe d'amertume : « Bien parlé, mon cher, mais la politique prussienne est plus profonde qu'il ne semble. Elle ne veut pas seulement nous assouplir et nous aguerrir ; elle veut aussi nous asservir et nous faire servir à ses desseins. La Prusse est la nation de proie par excellence ; elle vit de conquêtes, de rapines et de brigandage ; elle trompe, elle tend des pièges, elle est toujours en embuscade, et par conséquent elle a besoin d'une armée d'esclaves, d'une armée qui ne sache rien voir, rien deviner, rien dire. N'as-tu jamais entendu parler de ces capitaines de pirates qui ont droit de vie et de mort sur les hommes de leur bande, et qui les tuent comme des chiens à la moindre apparence de révolte ? Il faut, pour réussir en ces sortes de métiers, une discipline rigoureuse, une main de fer. La Prusse l'a compris, et de là son système. J'ai fait, en bon citoyen, mon service de trois ans, et je sais ce qu'on peut endurer dans cette galère. Au bout de quelques mois, abruti, ahuri, sans volonté propre, j'étais devenu tout le contraire d'une baïonnette intelligente. On aurait pu me lancer dans n'importe quelle aventure ; j'étais prêt sur un ordre, à incendier tous les Bazeille du monde ! Voilà le but qu'on poursuit, et on y arrive ! »

***

Cette réponse de mon ami m'a suggéré bien des réflexions. Je m'explique maintenant la conduite des soldats bavarois dans la dernière guerre. Ce sont de braves gens, honnêtes, pacifiques, mais dressés à la prussienne, ils deviennent terribles. Ils ont encore le respect absolu de l'autorité, et leur candeur qui ne raisonne pas est pour un chef une force sans pareille. Leur tenue m'a toujours paru très correcte, très convenable; on ne les voit jamais flânant et baguenaudant dans les rues. Il est impossible de rencontrer ici le type du soldat débraillé, fanfaron, vicieux, qui pullule ailleurs. La discipline, la courte durée du service, les sentiments religieux empêchent qu'en Allemagne la caserne ne soit pour le jeune homme une fatale école de corruption. A Strasbourg, il y a trois ans, j'ai vu, de mes yeux vu, durant la Semaine-Sainte, les soldats catholiques sous la conduite de leurs officiers, se rendre en grande tenue à l'église où l'aumônier les attendait. Quel scandale pour nos libres-penseurs et même pour beaucoup de demi-croyants ! mais j'ai compris alors que la devise du soldat allemand : *Pour Dieu, pour l'empereur et pour la patrie*, n'est pas un vain mot, et qu'une armée où se trouvent à la fois la religion, la discipline et la science, a bien des raisons, et pour longtemps peut-être, de se considérer comme invincible.

§ 5. — Les beaux-arts a Munich.

On s'est longtemps moqué des prétentions de Munich à jouer le rôle d'une capitale artistique.

Il a fallu pourtant s'incliner devant sa volonté persévérante à cet égard, et les touristes, quoi qu'aient pu dire les envieux et les mauvais plaisants, ont pris de plus en plus l'habitude de la visiter à ce titre, et en grand nombre. Les résultats si remarquables auxquels l'école munichoise est parvenue en moins d'un demi-siècle sont dus, tout le monde le sait, à la protection dévouée d'une succession de souverains, amis des beaux-arts. On peut même dire qu'ils ont été l'âme et le principe de tout ce mouvement, et en particulier, Louis Ier et Louis II y ont consacré leur vie, leur activité, leurs ressources personnelles. Il semble que, prévoyant ou subissant le contre-coup des évènements contemporains, ils aient entendu du moins se réserver la gloire d'avoir été les grands Mécènes de leur époque. A d'autres les palmes conquises sur les champs de bataille, à eux le noble souci de favoriser les arts de la paix ! Et cette tâche, ils l'ont remplie avec une telle âpreté d'obstination que le défaut capital de leur œuvre est venu de là. Tout y sent l'éclosion hâtive et artificielle ; rien n'y est à sa place, dans son cadre naturel, véritable. Au sortir du vieux Munich, qui s'attendrait aux Propylées, à la Glyptothèque, aux deux Pinacothèques, à Saint-Boniface, et à tout le reste? On demeure surpris à l'aspect de cette flore exotique, devant tous ces monuments sortis de terre on ne sait quand, on ne sait pourquoi. Les styles les plus divers y sont confondus ; c'est un pêle-mêle inouï de pastiches, où l'antique, le byzantin, le roman, le gothique, le moderne se succèdent et se heurtent sous l'effort d'une volonté capricieuse. On se croirait tantôt en Grèce, tantôt à Florence, tantôt dans une bonne ville allemande du moyen-âge. Et que dire de cet immense étalage de peintures, de ces fresques à propos de tout et à propos de rien, de cette rage du pinceau barbouillant les murs avec frénésie, comme s'il se réveillait d'une longue torpeur et s'efforçait de regagner le temps perdu? Partout on a l'impression d'un peuple qui, las de son lourd et grossier matérialisme, a pris la résolution de s'élever à son tour, comme les autres, aux idéales jouissances de l'art, de l'élégance, de la distinction. C'est le parvenu qui, dans l'empressement inquiet de son amour-propre, à tort et à travers, sans goût formé, sans dessein fortement conçu, remplit sa demeure de tout ce qu'il croit naïvement une merveille.

On a tout dit depuis longtemps sur l'école munichoise contemporaine, sur cette phalange de peintres, de sculpteurs, d'architectes qui répondirent à l'appel et réalisèrent plus ou moins les intentions de Louis Ier et de ses successeurs. On sait, dans leurs moindres détails, la genèse et les évolutions successives de ce mouvement artistique, et on peut dire qu'aujourd'hui les Klenze, les Schwanthaler, les Cornelius, les Kaulbach, les Piloty, etc., sont jugés, classés, mis à leur rang par l'opinion publique européenne. Plus n'est besoin de discuter leurs théories et leurs tendances; ils ont achevé leur carrière, donné leur dernière formule, et leur œuvre, dans sa suprême signification, appartient désormais au domaine de l'histoire.

Cornelius est le peintre de la première heure, de cette période enthousiaste des débuts, où trop souvent le désir, la bonne volonté, les vastes conceptions philosophiques se flattent de pouvoir remplacer le science technique, l'habileté de la main, le métier. On éprouve l'impression la plus douloureuse, quand on étudie les fresques de la Glyptothèque, à voir quel abîme sépare l'orgueilleuse ambition du peintre du triste résultat où vient avorter son talent d'exécution. La pensée est profonde, presque géniale, mais le pinceau s'est dérobé, la muse est absente. Nulle entente du coloris, rien de vivant, rien de naturel, rien de vraiment *vu*. Tous ces personnages sont en bois, les dieux, les nymphes, les héros, et les animaux aussi, et les choses également. Y a t-il au monde un plus piteux personnage que ce pauvre Arion jouant de la lyre sur son dauphin? Les sirènes, encastrées dans des vagues bien solides, lui offrent des perles et du corail, et je ne sais s'il surprend un peu d'ironie dans leur sourire, mais on dirait qu'il a honte de ses chants et qu'il en pleure de rage. C'est une image assez exacte, à mon sens, du génie allemand contemporain. Il veut faire grand, et il fait grotesque. Dénué de grâce et d'élégance. il entend néanmoins, comme l'âne de la fable, devenir à son tour aussi aimable que les autres. Et pourquoi non ? N'a-t-il pas la science et la force en partage ? N'a-t-il pas pâli dans la poussière des bibliothèques et ne sait-il pas discourir sur tout et même autre chose ? Et le voilà qui se lance à la poursuite de la gloire.

Il n'arrive malheureusement qu'au ridicule, et il en a conscience : de là sa fureur. Il écrit alors de gros livres, comme Wagner, pour dissimuler son impuissance aux yeux du public, et prouver, par les raisons les plus transcendentales, que les autres n'ont jamais été que des ignorants. Vous vous trompez, cher maître ; l'âne, c'est vous, l'âne dont le poète a dit :

> Jamais un lourdaud, quoi qu'il fasse,
> Ne pourra passer pour galant.

Kaulbach, comme talent d'exécution, l'emporte de beaucoup sur Cornelius. On voit que la main allemande s'est assouplie, et que, loin de dédaigner les petits secrets de l'art, on a pris enfin la peine d'étudier les bons modèles. Il y a même ici et là une recherche exagérée de l'effet qui ne rappelle guère Cornelius et les premiers compagnons d'Overbeck. La nouvelle Pinacothèque possède une des maîtresses pages de Kaulbach, celle peut-être où il est le plus facile de saisir ses qualités et ses défauts. C'est une vaste peinture synoptique, comme son fameux « Siècle de la Réformation », et qui représente la « Ruine de Jérusalem ». Au sommet du tableau, dans les lueurs sinistres de l'incendie, apparaissent les légions romaines victorieuses ; on voit le temple qui s'écroule et le grand-prêtre qui se poignarde ; plus bas le christianisme commence son pèlerinage sur la terre, la Vierge montée sur un âne, tient son fils dans ses bras, et des enfants la précèdent qui chantent des cantiques ; de l'autre côté, un homme est poursuivi par je ne sais quelles furies : c'est le peuple maudit, le peuple déicide, le Juif errant. Je n'aime pas beaucoup ce genre de compositions, et le tableau de Kaulbach m'a toujours fait une impression pénible. Il semble que ces figures contractées, ces yeux qui lancent des éclairs, ces groupes que rien ne relie, ce tohu-bohu sous un ciel sans lumière, ce tapage enfin des lignes et de la couleur, il semble que tout cela, dis-je, soit un mauvais rêve, un cauchemar. Il y a pourtant quelques détails pleins de charme, comme le groupe d'enfants qui entourent la Vierge et le fils du Grand prêtre se jetant aux genoux de son père, mais là encore, il est nécessaire, en louant, de formuler au moins quelques réserves. Les enfants sont plutôt dessinés que peints, et le jeune homme se précipite vers son père avec tant de grâce et de présence d'esprit que, sous son justaucorps de soie et son collant pailleté d'or il nous fait admirer le plus bel effet de torse et de cuisse qu'aucun peintre, ancien ou moderne, ait jamais jeté sur la toile.

Piloty qui, comme chef de l'école munichoise avait succédé à Cornelius et à Kaulbach, n'était pas un artiste, il s'en faut, d'une aussi large et puissante envergure. Son grand mérite est d'avoir su s'approprier une immense habileté technique, mais en revanche, les hautes conceptions chez lui sont très rares, et il ne sait donner aucun caractère à ses physionomies. Examinez son *Seni devant le cadavre de Wallenstein ;* le chatoiement des étoffes est sans doute merveilleusement rendu, mais, de grâce, quelle étrange figure fait là ce bon astrologue! Il roule son chapeau entre ses doigts comme un niais; nulle émotion sur son visage, nul trait révélateur; on ne sait quel sentiment lui inspire la catastrophe. Piloty, malgré son nom d'origine étrangère, était né à Munich et il a toujours, en conscience, flatté le chauvinisme germanique. Sa *Thusnelda au triomphe de Germanicus* nous en fournit une preuve bien topique. L'orgueil teuton s'y montre jusque dans la défaite, et on se demande où est le vainqueur, si c'est César trônant au milieu de sa cour, ou bien cette femme qui, devant lui, passe dans une attitude si hautaine. Ses sourcils sont contractés, ses lèvres semblent proférer quelque outrage, et elle arrondit et balance son bras gauche avec la désinvolture d'un tambour-major. Il faut cela, paraît-il, pour plaire aux allemands d'aujourd'hui, car il leur en coûterait d'admettre qu'ils ont été vaincus, même dans le passé, même par Rome.

La nouvelle Pinacothèque, à part les tableaux dont nous venons de parler, ne contient qu'un fort petit nombre de toiles vraiment remarquables. Le médiocre ici s'entasse sur le médiocre, et même sur le pire. Dans une « mise au tombeau » la Vierge a des bras immenses, décharnés, raides comme des pieux, et elle les tend vers son divin Fils avec un mouvement si peu aisé qu'il pourrait exprimer tout aussi bien l'horreur que la compassion. Ces peintures bavaroises manquent essentiellement de vie et de grâce, de souplesse tout à la fois et de vigueur. On voit que de braves gens, bien honnêtes, mangeant leur choucroute et buvant leur bière en famille, s'y sont appliqués de tout leur cœur, mais le rayon, la flamme, l'art divin n'y est pas. Il y a quelque part une suite de portraits qui représentent les plus célèbres d'entre eux; c'est bien cela : de bons bourgeois portant jabot et toupet, avec de longues redingotes vert olive.

Les souvenirs de la guerre de 1870 ne sont pas aussi nombreux que j'aurais cru. Deux ou trois tableaux, et c'est tout, avec un portrait de Bismarck, pas flatté le moins du monde. Ces tableaux, comme on pense, représentent les combats où les Bavarois ont été particulièrement mêlés. On y voit Bazeille en flammes, la chose était inévitable ; et partout on y peut trouver la preuve que les Bavarois sont des foudres de guerre. Ils montent à l'assaut avec une intrépidité sans égale, et, en face de cette fureur teutonique qui vient d'étonner le monde, les français se hâtent de fuir même quand ils ont tout l'avantage de la position. Il y a un combat dans une forêt, sur une colline, qui est sous ce rapport ruisselant d'inouïsme. Je me suis rappelé le vers de Lafontaine :

Ah ! si les lions savaient peindre !

La *vieille Pinacothèque* peut assurément rivaliser avec les plus riches musées de l'Europe.

Elle se distingue, en tout cas, et offre un attrait particulier par ses précieuses collections de vieux maîtres allemands et flamands. Ici les Albrecht-Dürer et les Holbein, les Rubens, les Rembrandt les Van Dyck foisonnent. L'école italienne y est aussi représentée par quelques chefs-d'œuvre, et il y a aussi plusieurs échantillons de l'art français et de l'art espagnol, deux Poussin, deux Lesueur, une charmante série de Murillo, des Ribeira, des Velasquez, etc. En somme, ce musée fait grande figure, et il mérite bien à lui seul qu'on s'arrête quelques jours à Munich.

Je suis plein d'admiration, tout comme un autre, pour la peinture flamande et hollandaise. Le réalisme poussé à ce point de perfection n'a rien qui me déplaise, et je reste en extase devant cette reproduction si minutieuse des choses. Certains détails cependant me heurteront toujours par leur vulgarité voulue, impudente, à outrance. A quoi bon me montrer ces ivrognes qui se soulagent après boire au coin d'une rue, et surtout ces bonnes grosses commères qui éprouvent le besoin de laver en public les rotondités de leur progéniture ? Gérard Dow, dont l'habileté d'exécution est au-dessus de tout éloge, me choque aussi profondément par ses manies de glisser partout quelque trait de satire antireligieuse. Il aime à représenter des ermites en prière au fond de leur grotte, mais ces ermites sont toujours dodus, frais et roses, ayant à leur portée un baril de vin et un gros panier regorgeant de provisions. Cette manière d'argumenter à l'aide du pinceau me paraît d'une lâcheté et d'une mauvaise foi insignes. Comment réfuter de pareils pamphlets?

Les peintures religieuses de Rembrandt sont admirables, personne n'en doute, mais la plupart des critiques ne font pas assez ressortir, à mon gré, que, s'il excelle à montrer l'humanité du Christ avec toutes ses faiblesses et toutes ses misères, il manque absolument de souffle et de grandeur pour faire resplendir le Fils de Dieu à travers le fils de l'homme. Dans sa « Nativité », sa « descente de croix », sa « mise au tombeau », il atteint comme en se jouant les dernières limites du grand art, mais en face de ces chefs-d'œuvre incontestables, regardez « sa résurrection » et son « ascension » : quelle chute ! C'est un ange qui soulève avec effort la pierre du tombeau, et le Sauveur se réveille, tout étonné, comme un bon bourgeois qui sortirait de léthargie. Dans le tableau de l'*Ascension*, il est porté sur un nuage comme sur un pavois, et ce sont des anges encore qui le font monter, en trouvant la charge un peu bien lourde, la chose est visible. Il y a là sans doute parti-pris et influence du milieu protestant.

Rubens, à coup sûr, est plus orthodoxe, mais je ne peux m'accoutumer, décidément, à ses étalages de grosses chairs rebondies. C'est un maître peintre, et le premier de tous peut-être par les dons naturels, d'accord ; il a la variété, la fécondité, le mouvement, la couleur, tout ce qu'on voudra ; je persiste à croire qu'il aurait mieux fait de moins produire et de soigner davantage la suavité et la correction de son dessin. En tout cas, à la vieille Pinacothèque, ses deux *jugements derniers*, devant lesquels on s'extasie, n'ont jamais pu me contenter. J'ai presque en horreur ces grappes humaines, qui ressemblent, dans leurs tournoiements, à des chapelets de saucissons. Ces femmes grasses montent au ciel, c'est entendu : mais on sent bien qu'il y aura du tirage.

La Glyptothèque a droit, comme la vieille Pinacothèque, à la haute considération des touristes. Il est vrai qu'on n'y trouve pas de statues comparables à l'Apollon du belvédère ou à la Vénus de Milo, mais la salle des *éginètes* offre au véritable amateur un sujet bien intéressant d'étude et de réflexion. On a longtemps discuté, on discutera longtemps encore sur ces dix-sept statues, si merveilleusement retrouvées dans l'île d'Egine au commencement de ce siècle, et dont l'acquisition fut pour le Musée naissant de Munich un véritable coup de partie. Il y a, dans les autres salles de la Glyptothèque, beaucoup d'œuvres qui ne sont guère moins remarquables, et en particulier le *Satyre endormi après l'ivresse*, que Winckelmann, le grand critique, plaçait si haut dans son estime. C'est une chose curieuse que la destinée ait fait échouer à Munich ce bon gros garçon cuvant son vin : nul peuple n'était mieux à même de le comprendre et de l'apprécier. Plusieurs statues, d'ailleurs, sont affreusement mutilées, et je remarque que toutes, sans exception, ont le nez particulièrement endommagé. Il a fallu leur en mettre un autre, gauchement modelé par des mains modernes. Quelle ironie, quelle profanation ! Ce beau nez grec, cette fière ligne droite, il semble que la nature jalouse se soit acharnée partout à la détruire.

Le fléau des ciceroni ne sévit pas à Munich. On n'y est pas comme en certaines villes d'Italie, flairé, traqué, tourmenté par cette engence détestable. On vous laisse libre d'aller où bon vous semble, libre de vous arrêter devant tel chef-d'œuvre aussi longtemps qu'il vous plaira, de l'étudier, d'y revenir, de songer enfin tout à votre aise. Combien de fois m'est-il arrivé, à Florence, à Milan, à Turin, de me retourner brusquement, et de dire à mon persécuteur : « Prenez vos baïoques et laissez-moi tranquille, je connais mille fois ces choses mieux que vous.» Il est d'ailleurs très amusant d'observer la finesse et le coup d'œil de ces ciceroni italiens. Vous avez beau, dans les rues, vous mêler à la foule, prendre une attitude indifférente et les allures les plus dégagées, ils vous devinent sans peine, vous suivent à la piste, heureux d'avoir trouvé une proie nouvelle à dévorer. Ici, même si vous avez le plus gros des Bædecker sous le bras, personne ne vient vous happer au passage, personne ne s'offre à guider vos admirations.

Nos musées modernes sont un hommage à la supériorité du génie et du talent, et ils constituent un des symptômes les plus caractéristiques de cette démocratie qui de nos jours coule à pleins bords. Princes et bourgeois, tout le monde s'incline à notre époque devant les œuvres maîtresses de ces artistes qui presque tous ont été des enfants du peuple. On leur a bâti de véritables palais, des palais resplendissants de marbre et d'or, où la foule se promène en silence, à pas lents, respectueuse et recueillie comme dans un temple. Autrefois, ces chefs-d'œuvre étaient dispersés dans les églises, les couvents, les demeures princières; un petit nombre d'initiés seulement connaissaient le nom de leur auteur ; on ne s'intéressait guère à leur vie, à leurs travaux, à leurs luttes, à leurs épreuves. Aujourd'hui tout cela est en pleine lumière. Je pense souvent à cette Cène de Léonard de Vinci, perdue si longtemps et oubliée au fond d'un réfectoire qui devint plus tard une écurie de caserne, et où le grand public maintenant vient l'admirer, à demi disparue, comme estompée par un brouillard.

Il y a des touristes qui veulent voir et goûter ces choses en quelques minutes. Ce matin, dans le petit cabinet où se trouvent six chefs-d'œuvre de Rembrandt, je n'ai vu personne s'arrêter à leur aspect, et leur accorder la moindre attention sérieuse. Les gens passaient, jetaient un coup d'œil rapide et continuaient bien vite leur chemin. Il est vrai que rien n'indique extérieurement la présence de ces merveilles de l'art. Peut-être qu'un beau cadre ou une inscription ferait comprendre à ces Philistins que, s'ils se sont donné la peine de venir ici, c'est précisément pour regarder un instant ces choses-là.

Quelles heures charmantes on peut passer en compagnie de ces tableaux du bon vieux temps ! On éprouve, à les regarder, comme une sensation d'apaisement d'une douceur infinie. Il semble qu'on soit transporté à plusieurs siècles en arrière, et appelé tout à coup à vivre en ces jours heureux où l'Europe pensante avait encore une certaine communauté de principes, où le pauvre esprit humain n'était pas sollicité et surexcité par les mille et une contradictions de l'heure actuelle, où les artistes enfin, profitant des circonstances favorables, pouvaient vraiment courtiser la muse et donner libre essor à leur génie. On ne se lasse pas non plus de revoir certains portraits, de ceux dont on peut dire qu'on les a rencontrés, et c'est tout un monde de connaissances avec lesquelles, d'année en année, on se familiarise davantage. Ici, le portrait que je préfère, c'est celui de Rubens peint par lui-même, si vivant, si jeune, si plein de confiance et de belle humeur. On ne se contente pas de le rencontrer, on serait tenté de lui adresser la parole.

J'ai, en terminant sur ce chapitre, une petite querelle à faire à la haute administration des musées royaux de Munich. Elle vend au public un catalogue français qui est rédigé dans une langue inconnue même au fond de l'Auvergne. On sait bien que les Allemands affichent la prétention d'être de grands polyglottes, mais ils auraient tort de s'abuser sur les louanges qu'ils s'octroient eux-mêmes à cet égard, et ils feront bien jusqu'à nouvel ordre de ne point trop se fier à leur propre génie. Ils ont plus que jamais besoin de professeurs. L'introduction du dit catalogue débute par cette phrase savante qui peut donner une idée de la suite : « Lorsque les frères Van Eyck allaient d'élever la peinture de tableaux à un art supérieur, pour la première fois dans les pays germaniques, un prince bavarois devint leur premier protecteur. »

Je cueille encore au hasard les jolies perles que voici :

N° 435. Une dame aux cheveux blonds accordant son luth. Elle regarde à travers de son épaule droite dans le cahier de musique.

N° 621. Fruits. Sur un bloc de roc grimpé par des branches de citrouille et de mûrier, sont étalés des pêches, des oranges et myrthes, des melons, raisins, marrons et figues animés par des insectes.

N° 744. L'emprisonnement de Simson. Simson, qui s'était endormi dans les bras de Delila, tombe aux mains des Philistres.

N° 304. Les noces de Pélée et de Thétis. Eris jette la pomme de discorde parmi les convives olympiques. Les muses chantent en s'accompagnant du lyre, tandis que des amourettes parsèment des fleurs.

N° 849. Portrait de la femme du peintre. Elle

est assise, vêtue en satin blanc, tenant entre ses bras la violoncelle et l'archer (Lisez archet).

Ajoutons encore la notice consacrée à Téniers-le-Jeune : « Fut né à Anvers et mourut à Bruxelles ; élève de son père David Tenier-le-Vieux. Il fut récepté en 1632 comme maître dans la gilde et florissait à Anvers et à Bruxelles. »

§ 6. — Cafés et brasseries.

Je reconnais que Munich est l'Athènes allemande et qu'elle regorge de monuments et d'œuvres d'art. On le voit bien, chaque année, à l'affluence des touristes qu'elle sait attirer et retenir si longtemps dans ses murs. C'est donc une ville artistique, et même du premier ordre, si l'on veut, mais personne n'ignore que son véritable et principal caractère est d'être avant tout la capitale du royaume de Gambrinus. Ce bon roi, s'il quittait jamais le domaine de la légende, hésiterait-il un seul instant à venir habiter Munich ? Quel doux spectacle y réjouirait sa vue ! Partout la bière coulant à longs flots, et tout le monde la savourant avec délices, même les femmes, les vieillards et les enfants ! Le petit moinillon qui semble brandir une chope débordante est bien l'armoirie qui convenait et conviendra longtemps encore aux Munichois. Les successeurs de Louis Ier et de Louis II auront beau faire, ils pourront comme eux favoriser la poésie et les beaux arts, ils n'empêcheront jamais que Munich ne soit la ville du monde où relativement l'on fabrique et l'on consomme le plus de bière. La statistique sur ce point fournit des détails effrayants. Combien de tonneaux mis en perce chaque jour! combien de litres absorbés par cette soif pantagruélique! Le grand évènement pour tout bon Munichois, c'est l'apparition de la bière nouvelle, bière de mars, bière d'été, bière d'octobre, bière de Noël. Il n'y a pas pour lui de meilleur calendrier. « Pourvu qu'un Munichois, me disait mon ami D..., puisse vider en paix son pot de bière, il est content, et se moque du reste. »

Je renonce à toute description. Il faudrait avoir deux fois le génie des peintres flamands pour bien rendre ce côté saillant de la physionomie de Munich. C'est ici, en vérité, une Kermesse universelle et perpétuelle. On ne saurait faire vingt pas, à travers la ville et les faubourgs, sans passer devant une brasserie. Le décor ne varie pas; toujours les mêmes lourdes chaises carrées, les mêmes tables plantées en terre, les mêmes bosquets au feuillage terni. Et quel vacarme aux grandes heures de la journée! Les fourchettes grincent, les assiettes s'entrechoquent, les couvercles d'étain retombent lourdement sur le *krug* massif et sonore. C'est un tableau vivant d'après Téniers, une de ces énormes et franches lippées qui jadis excitaient la verve de Rabelais. Et l'on cause, et l'on rit, et au-dessus de la rumeur joyeuse, un bruit s'élève de temps en temps qui fait battre le cœur des buveurs attablés. C'est le nouveau tonneau qu'on apporte et qu'on assujettit près du comptoir. On en fait sauter la bonde à coups secs et vibrants, et la fraîche liqueur apparaît bientôt dans les verres, une belle bière brune, épaisse, substantielle, toute brillante sous sa laiteuse couronne d'écume. Le peuple de Gambrinus est en liesse ; il fait la fête à sa manière.

L'empire de la bière est si puissant à Munich qu'on ne saurait y établir de véritables cafés, j'entends des cafés ouverts toute la journée et ayant une clientèle attitrée et persévérante. Nul moyen de lutter contre la brasserie ; elle exerce son charme avec une puissance irrésistible et qui s'étend à toutes les classes sociales, ou peu s'en faut. Créer le moindre obstacle à son empire, ce serait, je pense, pour un Munichois, commettre un crime de haute trahison. Aussi, les pseudo-cafés, où l'on se contente de déjeuner le matin et de jouer aux cartes l'après-midi, sont-ils fermés de très bonne heure, et le soir, dans certains quartiers aristocratiques, rien 'est plus triste que toutes ces arcades obscures et à demi-fermées. Il y a, du reste, les brasseries d'hiver et les brasseries d'été, les unes au centre de la ville, les autres à l'extrémité des faubourgs. La foule va ici ou là, suivant la saison, et elle est soumise encore aux attractions multipliées que ne cesse d'inventer le génie de la réclame et de la concurrence. Musiques militaires, sociétés de chant, iodleurs tyroliens, prestidigitateurs, tout est mis à contribution pour solliciter et déterminer les indécis. J'ai sous les yeux en ce moment le prospectus de la Löwenbrau ; c'est d'une richesse de détails incroyable ; on nous y fait savoir combien d'ouvriers, de servantes, de garçons travaillent dans l'établissement ; il y en a tant pour la cuisine, tant pour le brassage de la bière, tant pour le service auprès des clients, et on nous donne encore, par une attention délicate, le nom des aimables personnes chargées de ce dernier emploi. L'établissement, d'ailleurs, est immense, magnifique, et aménagé de la façon la plus pittoresque. On dirait vraiment un château fort du moyen-âge, et l'architecte a eu raison de lui donner cette forme ; n'y trouve-t-on pas le nouveau baron féodal qui sait exploiter comme l'ancien le droit d'aubaine? Le propriétaire de la « Löwenbrau », si j'en crois toujours ledit prospectus, peut même exercer sa coupable industrie sur plus de six milles personnes en même temps. Après cela, niez le progrès.

J'ai assisté, dans cette brasserie de la Löwenbraü, à plusieurs concerts donnés par la chapelle de je ne sais plus quel régiment wurtembergeois. Programmes magnifiques, excellente exécution. On paie quelques pfennigs d'entrée, et le public est en partie composé d'amateurs qui viennent pour la musique presque autant que pour la bière. C'est là que j'ai rencontré, il y a deux ou trois jours, le type le plus achevé du wagnérien wagnérisant. Vieux, la figure renfrognée, la barbe inculte, il était arrivé le dernier à notre table, où personne, j'en suis sûr, ne songeait à mal le moins du monde. On devait nous donner cinq morceaux de Wagner ; et nous voulions les écouter sans l'ombre d'aucun parti pris ; nous espérions même y trouver une vraie jouissance artistique. Le concert commence; on se recueille, on tend l'oreille, on cherche à saisir, au milieu de ces sons étranges et heurtés, une idée, un dessin, une mélodie quelconque; vains efforts, comme chacun sait. On applaudit néanmoins, et avec chaleur, mais un brave homme, assis en face de moi, se met alors à dire très ingénûment : « J'ai beau faire, je ne peux rien comprendre à cette musique. Elle m'assomme ! »

Coup de théâtre !

Le wagnérien, qui avait applaudi à tout rompre, se retourne vers le profane et du ton le plus aigre :

— Vous n'êtes pas musicien, Monsieur, vous venez d'en donner la preuve !

Et, haussant la voix, avec des accents dédaigneux et amers, il continue :

— Voilà bien la sottise, l'éternelle sottise humaine ! Tous les hommes de génie ont dû passer par là. Jadis, n'a-t-on pas crié contre Weber et son Freischütz? n'a-t-on pas dit que sa musique était trop fantastique? On répète aujourd'hui les mêmes inepties...

J'abrège le discours. Le bon bourgeois, dont la parole naïve avait mis le feu aux poudres, ne savait trop quelle contenance tenir et s'efforçait de calmer son adversaire.

— Monsieur, mettez que je n'ai rien dit. Je ne suis pas grand clerc en musique, il est vrai, mais j'ai beaucoup d'âmis musiciens qui pensent comme moi. Peut-être qu'au théâtre, avec les décors et les personnages sous les yeux, je serais entré plus facilement dans la pensée profonde du compositeur.

L'autre aussitôt, s'emparant de l'aveu :

— Vous y êtes, cette fois; vous avez dit le vrai mot sur la question. Le drame lyrique, entendez bien, l'opéra selon Wagner n'est pas seulement de la musique, c'est aussi de la poésie, et de la peinture, et de l'architecture! *Dass ist nicht bloss musikal!*

Sur cette parole, le calme renaît, et, pour nous montrer de bonne composition, nous applaudissons tous le morceau suivant, aussi nuageux cependant que le premier. Une seule chose, dans tout le programme, m'a vraiment plu, c'est un air et la chanson des matelots du *Vaisseau fantôme*. Cette chanson est originale, fortement rythmée, écrite tout à fait selon les règles de l'ancienne école. Aussi notre sectaire n'a pas battu des mains ; il faisait au contraire une moue effroyable ; il avait l'air de nous dire: vous prenez cela pour du Wagner, vous vous trompez, c'est du faux Wagner, du Wagner avant la conversion, ce n'est rien.

J'ai dit tout à l'heure que les cafés n'ont guère de clients attitrés et fidèles ; les brasseries n'en ont pas davantage. Les gens vont chaque soir où bon leur semble, au gré du caprice et de l'attrait du moment, et même chacun se vante assez volontiers de connaître tous les établissements, tous les « lokale » de la ville. C'est un mérite d'importance et qu'on n'acquiert pas en un jour. Je lisais récemment, à ce propos, dans le *Kladderadatsch* de Berlin, une bouffonnerie bien amusante. Il s'agit d'un député en villégiature qui tient le journal de ses impressions quotidiennes. Or, il s'ennuie et il écrit : « Le plus terrible ici, c'est qu'on se couche en même temps que les poules. A dix heures tout le monde est au lit, et les deux auberges sont fermées. Personne avec qui bavarder et boire en paix quelque *mass* de bière. C'est pourquoi, durant de longues heures je reste éveillé dans mon lit, et souvent je n'ai d'autre moyen de m'endormir que de compter tous les « lokale » que je connais à Berlin. L'autre jour j'étais déjà parvenu au soixante-dixième quand le sommeil m'a saisi... » J'ai lu ce passage à un de mes amis de Munich qui m'a répliqué : « S'il avait été Munichois, et que son insomnie eût été plus forte, il aurait pu compter jusqu'à cinq cents et au delà. »

On peut admettre, sans nulle exagération, que le tiers des habitants de Munich déjeune, dîne et soupe à la brasserie. Point de gêne ; on s'habitue aux regards du public ; on oublie même peu à peu qu'on a des voisins. Si l'on excepte le monde appartenant à la cour, c'est un pêle-mêle complet de toutes les conditions sociales. J'ai vu là des personnes mises avec recherche et élégance, et que cette promiscuité n'effarouchait en aucune manière. Chacun sait bien que, grâce à l'esprit de subordination si développé en Allemagne, il n'aura pas à souffrir la moindre impertinence de la part d'un inférieur. On est tranquille à cet égard. Je dirai même qu'il y a parfois comme un assaut de politesse exagérée entre tous ces commensaux d'un jour et d'une heure. Pour un rien, pour prendre une allumette, un journal, une chaise qui est manifestement libre, on salue, on s'excuse, on demande pardon, on prodigue les marques du plus profond respect. Tout cela sans doute ne laisse pas d'agacer un peu l'étranger, mais j'y vois, pour ma part, la barrière morale, la discipline nécessaire qui seule est en état de maintenir l'ordre au milieu de pareilles agglomérations. En France, où le sens de la hiérarchie n'existe plus, ou peu s'en faut, cette vie de quasi-communauté, à la brasserie, serait absolument impossible. Aussi personne n'y bouge de son café ou de son cercle ; on s'y cantonne avec ses amis, ses connaissances, ses égaux ; on s'y défend, au moyen de cette barrière matérielle, contre l'insolence et l'envahissement des nouvelles couches.

Dimanche dernier, à la nuit tombante, j'ai suivi la foule, et elle m'a conduit, au delà de l'Isar, dans un faubourg où abondent les brasseries. A droite, à gauche, sur un parcours de près d'un kilomètre, on ne voit pas autre chose ; les lourds bâtiments, avec leur porte d'entrée colossale, se succèdent sans relâche et sans fin. Une forte odeur d'orge fermentée vous saisit partout à la gorge et vous émeut. On se sent comme dans une sorte de voie sacrée, à deux pas des vrais sanctuaires de la vie nationale. J'ai choisi l'un d'entre eux presque au hasard, et j'ai été favorisé d'un spectacle dont, en France et même en Suisse, on ne saurait véritablement se faire aucune idée. Il y avait là deux à trois mille buveurs, peut-être davantage ; les salles, les jardins, les terrasses, tout regorgeait de monde : un véritable envahissement. J'ai eu beaucoup de peine à me caser tant bien que mal, et surtout à pouvoir prendre ma part de ces agapes fraternelles. Pas de garçon ni de servante, on se sert soi-même. Il faut d'abord s'emparer d'un krug, le laver ensuite à la fontaine, et enfin le présenter au comptoir, où on daigne vous le remplir au petit bonheur. Rien de plus primitif, comme on voit, et tout le reste est à l'avenant. Dans la grande salle où je me trouvais, c'était un coup d'œil à ravir en extase les admirateurs de Téniers. J'ai compris là, pour la première fois, que les peintures flamandes ne sont point exagérées. Les gens sont serrés et entassés avec un sans-gêne inexprimable ; on ne distingue, à travers l'épaisse fumée du tabac, que les pots de bière qu'on soulève lentement, parfois à deux mains, avec joie et componction. Sous la voûte noircie, dans cette clameur étourdissante où il y avait, mêlés au vacarme intermittent de l'orchestre, des rires, des chants, des éclats de voix, des cliquetis de verres, il me semblait assister à une assemblée d'anciens Germains. Ce peuple a besoin de se réunir, de vivre en famille, de se sentir les coudes, si je peux dire ; il aime la vie simple, la vie bien à l'aise, bien en dehors, au grand jour et en plein air. Et je ne pense pas que ces mœurs méritent d'être tant méprisées ! Aux grands jours patriotiques, à la veille des déclarations de guerre comme au lendemain des batailles sanglantes, quel souffle et quelle émotion devaient passer sur ces foules et faire en secret l'union des cœurs et des volontés.

§ 7. — La presse et l'opinion

Le peuple ici lit peu les journaux. Aussi les kiosques n'abondent guère à Munich ; je n'en connais qu'un seul, aux environs du Karlsthor, et jamais, même aux jours de crise, aux jours d'émotion populaire, on ne voit s'y former ces foules avides de nouvelles, dont, en France et ailleurs, on a si souvent le spectacle. Une douzaine de marchands de journaux font le tour des cafés et des brasseries et y vendent les petites feuilles locales. Le mouvement de l'opinion publique, au moins pour cette partie de l'Allemagne, est encore enfermé dans les limites des classes cultivées et dirigeantes. Le peuple ne se soucie point de faire de la politique ; il a ses chefs qui s'en occupent, il se repose sur leur vigilance. Ce fait contribue, dans une large mesure, à fortifier ou plutôt à maintenir son esprit de discipline et de subordination. Il faut ajouter aussi que le régime imposé à la presse allemande ne saurait favoriser l'éclosion de feuilles révolutionnaires à outrance. Le tempérament du Germain est calme, mais on s'en défie tout de même : on lui défend les excitants.

Je suis toujours étonné de voir combien les grands journaux allemands sont exactement et abondamment renseignés sur les choses de France. On y trouve chaque jour jusqu'à trois et même quatre correspondances de Paris, chacune ayant son domaine bien déterminé, la politique, les lettres, les beaux-arts, la vie mondaine. Et tout cela traité avec intelligence par des gens du métier et assez bons connaisseurs. On voit que, sans savoir absolument le dessous des cartes et le fin du fin de bien des choses, ils ont néanmoins pratiqué longtemps Paris et su prendre langue aux bons endroits. On les lit avec un vif intérêt, car la France est encore et toujours la nation qui éveille le plus l'attention du monde. Tous les yeux sont braqués sur ce coin de terre; et il ne saurait s'y passer le moindre évènement sans qu'il trouve aussitôt un écho dans le reste de l'Europe. On pourrait supposer qu'à cet égard les Allemands ne cherchent que le plaisir d'un spectacle, ces diables de Français ayant toujours été les premiers comédiens du monde : c'est cela sans doute, mais c'est encore autre chose. On a peur de la France ; on redoute ce volcan mal éteint ; on craint une de ces réactions soudaines dont l'histoire a enregistré tant d'exemples. Au lendemain de la guerre, après une série de victoires foudroyantes et inattendues, l'Allemagne a cru d'emblée et de bonne foi que l'ennemie héréditaire était pour jamais anéantie. Un ère nouvelle allait commencer ; les Allemands devenaient les maîtres du monde, et ils aimaient à citer ce vers de Corneille, — car ils connaissent Corneille mieux que leurs rivaux —

Un grand destin s'achève, un grand destin commence.

Aujourd'hui l'ivresse est bien dissipée ; on s'aperçoit que la France n'a pas dit son dernier mot, et qu'on a désormais près de soi, vigilante comme la haine, une nation toujours puissante et qu'on a blessée en plein cœur.

***

La littérature française, malgré les efforts du chauvinisme, exerce toujours en Allemagne une influence considérable. Paris demeure, quoi qu'on fasse, la capitale de l'esprit, et c'est encore là, au grand détriment des mœurs, que règnent les maîtres du théâtre et du roman. Le répertoire des Dumas, des Augier, des Sardou est peut-être mieux connu en Allemagne qu'en France même. On peut acheter ici, dans l'Universal bibliothek, la traduction de chacune de leurs pièces pour la grosse somme de vingt-cinq centimes. Je me suis souvent passé la fantaisie de lire ces ouvrages en allemand, et, outre que rien ne vaut ce genre de lecture pour apprendre la langue de la conversation, j'ai pu de la sorte, soustrait au charme du style, me rendre mieux compte de leur valeur intrinsèque. Pour les romans, même suprématie. On ne voit dans les gares et aux vitrines des libraires que les œuvres de Daudet, de Zola, de Feuillet, etc. Je ne connais aucun romancier allemand contemporain qui puisse rivaliser, dans son pays, avec nos écrivains actuels, même du second ordre. Toute la haute société allemande continue de lire des ouvrages français. On prétend même que les gallophobes les plus forcenés se laissent prendre, comme les autres, à cette séduction.

*
* *

J'ai noté tout à l'heure l'inquiétude évidente qui a succédé chez les Allemands réfléchis et au courant des choses à leur assurance d'autrefois, à leur fierté de soldats invincibles. Un phénomène qui met ce point en pleine lumière, c'est la réconciliation de la Prusse et du Saint-Siége. Il faut avoir vécu en Allemagne au lendemain de la guerre pour se rendre compte de l'importance de cette volte-face inattendue. Juifs, protestants, nationaux-libéraux, tout le monde applaudissait alors à la parole de Bismark : Nous n'irons jamais à Canossa ! Et la raison qui poussait le chancelier à attaquer l'Eglise avec tant de fureur, c'est qu'il jugeait le moment venu de détruire enfin la barrière religieuse qui sépare moralement depuis trois siècles le Nord et le Sud de l'Allemagne. Plus de catholiques, tous luthériens, c'était là son rêve. Et on conçoit qu'il ait pu s'y laisser séduire, tant il est nécessaire à un grand empire, pour avoir une base solide et durable, de posséder non seulement l'unité politique, mais l'unité religieuse ! Il a fallu pourtant y renoncer, et le petit voyage à Canossa s'est effectué peu à peu, sans fausse honte. Cela prouve sans doute que la politique prussienne est au-dessus des vains préjugés de l'amour-propre, mais cela prouve aussi qu'elle a dû rabattre beaucoup de ses espérances, et que, pour maintenir la nation forte, unie, compacte devant l'ennemi du dehors, elle se résigne à voir au dedans le nouvel empire menacé des mêmes divisions que l'ancien.

***

Deux choses ont agi profondément depuis une année, sur l'opinion publique en Allemagne, la crainte d'une rupture définitive entre la Russie et la Prusse, et le résultat des récentes élections au Reichstag en Alsace-Lorraine. On ne saurait imaginer quelle irritation violente elles ont produites chez les Allemands prussianisés. L'an dernier, ils étaient encore pleins de courtoisie affectée à l'égard de leurs rivaux ; ils leur faisaient les honneurs du nouvel empire ; ils s'étalaient, se gonflaient, se croyaient sûrs du lendemain. Aujourd'hui la situation leur paraît moins belle et moins rassurante, et leur mauvaise humeur tombe à bras raccourcis sur leurs nouveaux compatriotes récalcitrants. Il est manifeste que leur amour-propre a reçu là une cuisante blessure. « Si les Alsaciens, dit la grave *Allgemeine Zeitung*, veulent à tout prix rester Français, c'est qu'apparemment ils sont encore éblouis par le souvenir des anciennes gloires de la France. Son étoile a beau décliner à l'horizon, ils se rattachent avec frénésie à ce peuple qui a si longtemps guidé les autres dans la voie de la civilisation, et qui s'est donné une mission idéale en écrivant sur son drapeau la déclaration des droits de l'homme. Nous autres Allemands, que pouvons-nous leur offrir ? Les splendeurs évanouies de l'ancien empire d'Allemagne? La mince consolation d'appartenir à un peuple de savants et de penseurs? Hélas, à l'époque où notre science brillait de son plus vif éclat, nous étions méprisés de toute l'Europe. Et aujourd'hui encore, on nous traite de pédants, on nous regarde comme les derniers venus dans le concert du monde civilisé... etc. »

On peut être certain dores et déjà que l'orgueil blessé du vainqueur se laissera entraîner en Alsace aux mesures de compression les plus odieuses. La pente est fatale, et, malgré certains retours passagers, on ne saurait plus désormais remettre en honneur le régime de mansuétude préconisé par Manteuffel. On veut mâter les Alsaciens, leur faire sentir le poids de la force brutale, puisqu'ils demeurent insensibles au spectacle des grâces et des vertus germaniques. On a crié victoire pour l'élection de l'immigré Petri, tout en reconnaissant que les vieux Strasbourgeois n'ont pas voté par crainte des représailles, et qu'on n'est pas en présence ici d'une véritable consultation du suffrage universel. Quelle impudence tyrannique dans ce mépris des droits d'un peuple! Il est hors de doute que l'Allemagne s'est attachée aux flancs une nouvelle Lombardie, et il serait bien surprenant que la France, pour cette Lombardie-là, fût moins généreuse que pour l'autre, délivrée par ses armes il y a trente ans à peine. Rien ne fait mieux ressortir la mauvaise foi prussienne que l'attitude du gouvernement de Berlin vis-à-vis des polonais. Ceux-ci n'appartiennent pas, je suppose, à la race Allemande; ce ne sont pas d'anciens compatriotes délivrés de la servitude étrangère, et cependant on met tout en œuvre pour les germaniser au plus vite, pour leur faire oublier la langue de leurs ancêtres, leur langue nationale. Est-ce que la France à l'égard de l'Alsace a jamais eu des procédés semblables? Il faut donc aux hommes d'Etat prussiens une effronterie toute particulière pour oser se glorifier devant le monde d'être à la tête des nations civilisées.

CHAPITRE II

Augsbourg.

J'étais parti presque à regret pour Augsbourg. Aucun de ces pressentiments particuliers aux touristes n'avait excité mes désirs et enflammé mon imagination. Visite-t-on Augsbourg? Y a-t-il une seule raison pour qu'on s'y arrête quelques heures? Je me morfondais d'autant plus dans mon wagon qu'un brouillard intense, un brouillard d'hiver me dérobait absolument le paysage. Nul rayon de soleil, nulle perspective souriante pour détourner le cours mélancolique de mes idées. La nuée humide et cotonneuse m'accablait de ses formes indécises. J'ai pu remarquer néanmoins, grâce à des éclaircies passagères, que notre voyage s'effectuait au milieu du pays le plus plat du monde. La plaine, toujours la plaine, avec çà et là quelques bouquets d'arbres, je n'oserais dire de vraies forêts. Au bout d'une heure, en arrivant à Augsbourg, j'étais encore sous la même impression de tristesse, et pour un peu, par le premier train venu, je serais parti pour Ingolstadt ou Nuremberg. J'aurais eu bien tort.

Ausbourg m'a captivé d'emblée et quasi plongé dans l'admiration. Je ne connais pas d'autre ville, dans toute l'Allemagne, qui offre un tel intérêt au point de vue architectural. C'est un musée, une école en plein vent. On y trouve, il est vrai, peu de spécimens de l'art gothique, mais depuis l'époque de la première renaissance, il n'est pas une seule variété de style qui n'y soit fidèlement et dignement représentée. On peut suivre ici pas à pas, comme en feuilletant un manuel, toutes les capricieuses fluctuations du goût public durant trois siècles. Et ce qui augmente le charme de cette étude, c'est que chaque maison est vraiment une œuvre d'art, et qu'elle forme avec ses voisines un parfait contraste. Aucune ressemblance, ni dans les grandes lignes, ni dans les détails. On sent que les anciens habitants d'Augsbourg auraient cru manquer à l'honneur s'ils n'avaient pas donné, dans la symphonie de la rue, leur note personnelle. Du nouveau, de l'imprévu, de l'original, voilà ce qu'ils demandaient surtout à leurs artistes. Il me semble qu'un jeune architecte, au sortir de l'école, trouverait ici matière à d'utiles comparaisons et y recevrait une véritable « leçon de choses ». Il y profiterait plus, en tout cas, qu'au milieu de nos boulevards modernes.

On ne doit point s'étonner, d'ailleurs, qu'en dépit de son renom si modeste, Augsbourg ait su revêtir avec les siècles une parure si magnifique. Elle n'a jamais été ce qu'on appelle une capitale et aucun souverain n'y a jamais fixé sa résidence, mais la vieille colonie romaine, comme toutes ses sœurs, a mis à profit son heureuse situation géographique. On sait si les Romains s'entendaient à bien choisir leurs lieux de passage et centres de communication ! Augsbourg, se trouvant sur la route qui reliait le nord de l'Allemagne à l'Italie et au Levant, devint bien vite une ville commerciale du premier ordre et vit affluer dans ses murs des richesses considérables. Il est vrai que, pour la même raison, elle était fort exposée en temps de guerre, mais, malgré tant de sièges qu'elle eut à subir, tant de pillages exercés sur elle par le vainqueur, elle parvint toujours à se relever rapidement de ses ruines et à garder, par son luxe, le premier rang parmi les villes d'Allemagne. Ses grands négociants étaient de vrais personnages. Les Fugger prêtaient de l'argent à toutes les cours de l'Europe ; les Welser allaient fonder des colonies dans le Vénézuela ; les uns et les autres avaient des navires qui sillonnaient partout l'Océan. On ne saurait comparer ces riches marchands d'Augsbourg qu'à leurs émules de Gênes, de Florence, de Venise ; ils affectaient, à leur exemple, des allures à demi-princières, et s'entouraient d'une clientèle de savants et d'artistes. Aucun d'eux ne réussit cependant, comme les Médicis, à s'élever peu à peu jusqu'au niveau des familles souveraines, et si Philippine Welser eut pour époux un archiduc d'Autriche ; Agnès Bernauer, un duc de Bavière ; et Clara Töttin, un prince palatin, le monde n'a jamais vu dans ces unions si célébrées par les poètes que le triomphe éphémère de la beauté féminine et de l'amour humain. Peu s'en faut même qu'avec le temps et à travers le prisme de sa fantaisie, il n'ait pris ces riches patriciennes pour d'humbles bergères.

Je me suis promené longtemps, avec l'impression la plus délicieuse, dans l'immense rue Maximilien qui va d'une extrémité à l'autre d'Augsbourg. Rien ne m'a jamais rappelé, d'une manière plus vive et plus impérieuse, le type classique de la bonne ville allemande vers la fin du dernier siècle. Il me semblait à chaque instant que j'allais y voir déboucher quelques personnages des œuvres de Jean-Paul, de Goethe ou d'Hoffmann. Cette rue est très large, droite sans être alignée au cordeau, avec des trottoirs à peine indiqués par d'énormes dalles, et elle est décorée de plusieurs fontaines artistiques qui ne servent plus aujourd'hui qu'à charmer les yeux des passants. De minces filets d'eau jaillissent encore des narines des dauphins, de la bouche des tritons, de la mamelle des sirènes, mais le temps n'est plus où les Gretchen du voisinage s'y rassemblaient et y bavardaient à la nuit tombante. L'accès d'ailleurs en est défendu par des grilles impitoyables. C'est dans cette rue qu'on peut admirer l'Hôtel-des-Trois-Mores, d'une réputation historique, et la maison des Fugger, puissante, colossale, toute couverte de fresques récemment restaurées. Plus loin s'élève l'Hôtel-de-Ville, d'un style simple mais élégant, avec une grande salle d'apparat, dont la décoration est d'un luxe qui étonne. La Backerhauss, à quelques pas de distance, est un des plus fins joyaux de l'écrin d'Augsbourg.

C'est jour de marché. J'ai la bonne fortune de pouvoir observer les naturels du pays, ces fameux paysans souabes qui passent pour les Béotiens de l'Allemagne. Il faut reconnaître qu'on ne saurait guère imaginer un type plus lourd, plus épais, plus dépourvu de poésie. Je ne doute pas que, sous cette grossière enveloppe, il n'y ait des trésors cachés de candeur et de bonhomie, mais force m'est bien de constater que le culte de la matière est poussé très loin par tous ces braves gens. Les acheteurs vont et viennent, mais s'arrêtent surtout dans les brasseries, et quant aux marchands, privés des joies et des facilités de la locomotion, ils ont toujours, émergeant au milieu de l'étalage, un gigantesque pot de bière à leur portée. Je n'essaierai pas de décrire les costumes. Les femmes, en fait de mode, en sont encore à la crinoline, et comme elles se servent de deux morceaux de bois en guise de corset, on voit d'ici quel gracieux effet peut se dégager de tout l'ensemble. Les hommes portent de longues bottes étroites qu'on prendrait de loin pour des tuyaux de poêle, et sur leur veste s'étale une double rangée de florins qui sont réduits à jouer le rôle humiliant de boutons. Leur nombre est plus ou moins imposant, et on peut ainsi, dès le premier coup d'œil, se rendre compte de la situation sociale de leur propriétaire. Je me souviens qu'autrefois je recevais de temps en temps de ces vieilles pièces de monnaie percées d'un petit trou. Leur aspect me remplissait de mélancolie, car je songeais à tous les revers de fortune qui pouvaient leur avoir valu l'honneur d'être rentrés dans la circulation.

Augsbourg possède un musée qui n'attire pas

beaucoup les touristes. Au moins, pour aujourd'hui, j'étais seul à le visiter. Et je comprends cette indifférence, car si l'on excepte une douzaine de chefs-d'œuvre des deux Holbein, de Burgmayer et de Haltdorf, on s'y trouve en face d'une collection de tableaux grotesques au possible, et dignes tout au plus de figurer dans les corridors d'un monastère. Le musée, en effet, est installé dans un ancien couvent de religieuses, où l'on a dû, selon toute apparence, opérer la découverte de ces merveilles. J'estime toutefois que, comme on fait pour certains chefs-d'œuvre perdus au fond de quelque musée de province — les fresques et les tableaux du Corrège à Parme, par exemple — il vaut la peine de venir admirer les peintures que j'ai signalées tout à l'heure. Il n'y a rien à Munich qui puisse donner une meilleure idée du vrai génie de ces vieux maîtres allemands. Leurs tableaux du musée d'Augsbourg représentent les grandes basiliques de Rome, avec plusieurs scènes tirées de la vie des saints qu'elles ont reçus pour patrons, et on avait jadis le privilège, en priant devant ces merveilleux tryptiques, de gagner les mêmes indulgences qu'en visitant les sanctuaires eux-mêmes. Une chose m'a plu singulièrement, ce sont les portraits des donateurs, entourés de toute leur famille. Le père, la mère, les enfants, tous sont à genoux, les mains jointes, le regard presque en extase. C'est bien la bonne nature allemande des anciens jours, avec sa sincérité, sa bonhomie, sa candeur.

Jadis, avant la guerre, dans l'Allemagne du

Sud, la plupart des magasins avaient une enseigne en français. On pensait de la sorte être mieux compris des étrangers et faciliter par conséquent les transactions commerciales. Aujourd'hui, des considérations si mesquines ne sauraient être tolérées, et on n'aperçoit plus, ou peu s'en faut, que des enseignes en allemand. Un peuple-roi, même pour réaliser de gros bénéfices, ne doit jamais s'abaisser jusqu'à se servir de la langue des autres. C'est sa langue, sa langue à lui, qui mérite d'être universelle, et il a le droit, puisqu'elle est fille de son puissant génie, de l'imposer par tous les moyens à l'admiration du monde. Ainsi raisonne l'Allemagne victorieuse, et de là vient la révolution survenue dans la technique des peintres d'enseignes.

Une véritable croisade, on peut le dire, a été entreprise, en Allemagne, contre l'usage des mots étrangers et en première ligne des mots français. On veut à tout prix purger la langue allemande de cette foule de locutions hétérogènes qui la déparent et altèrent sa vraie physionomie. Elles rappellent trop vivement la servitude intellectuelle d'autrefois ; elles sont donc un sujet d'humiliation qu'on voudrait faire disparaître au plus vite. Aussi, dans un grand nombre de cercles ou sociétés littéraires, une forte amende est infligée à ceux qui, même par mégarde, prononcent un mot qui n'est pas d'une origine purement germanique. C'est la langue française, comme on pense, qu'on proscrit avec le plus de rigueur, mais les noms tirés du grec et de l'anglais n'échappent pas davantage à l'anathème. On ne dit plus *téléphone*, mais *Fernsprecher ;* on ne dit plus *tram-*

way, mais *Pferdebahn*. Bismark a essayé, personne ne l'ignore, d'imposer la langue allemande au monde de la diplomatie, et ce n'est pas sa faute, ni celle de ses compatriotes, si sa tentative a été couronnée d'un si médiocre succès.

Il est hors de doute que rien n'est plus légitime que ce désir des Allemands d'épurer leur langue. Par malheur, ils ont pris une telle habitude de l'enrichir aux dépens de celles de leurs voisins qu'on peut supposer, sans leur faire une bien grosse injure, qu'ils ne modifieront guère l'état présent des choses. C'est presque un besoin de leur nature de forger sans cesse des mots nouveaux, et dans leur langue, et dans celles des autres. Ils ne se contentent pas, en effet, de nous emprunter nos locutions françaises ; ils les recréent en quelque sorte en les transformant et en leur donnant une signification fantaisiste. Ainsi notre *blâme* devient un *blamage ; er hat sich blamirt*, il s'est blâmé, cela veut dire : il s'est rendu ridicule ; faire du *spectakel*, c'est faire du tapage ; un magasin de *delicatessen*, c'est un magasin de comestibles ; vendre de la *galanterie*, c'est vendre des articles de luxe, etc., etc. Une des choses les plus réussies en ce genre, c'est le nom qu'on donne maintenant en Allemagne à l'employé qui délivre les billets à la gare : on l'appelle *billeteur*, et on peut lui demander des billets de *tour* et *retour*. N'est-ce pas délicieux, et nos bons voisins, pour créer des mots dans n'importe quelle langue, ne sont-ils pas d'une fécondité merveilleuse ?

*
* *

Augsbourg est une ville historique, et entre beaucoup d'évènements considérables dont elle a été témoin, elle rappelle surtout cette fameuse confession de foi luthérienne, qui pour quelque temps mit un terme aux variations du protestantisme en Allemagne. On a beau faire, en ce pays, on finit toujours par se heurter au souvenir de la Réforme. Il n'est pas dans mon intention de l'étudier ici d'une manière approfondie, mais une pensée à son sujet me poursuit depuis longtemps, que j'éprouve une furieuse démangeaison de mettre au jour. Pourquoi le monde moderne décerne-t il tant d'honneurs aux premiers chefs du protestantisme ? On chante partout leurs louanges, on leur élève des statues, on voudrait que l'humanité se prosternât devant leur mémoire. La chose cependant paraît bien illogique. Raisonnons un peu.

Voilà des hommes qui, pour battre en brèche et détruire l'Eglise de leurs ancêtres, inscrivent sur leur drapeau le principe du libre-examen en matière religieuse. Plus de joug, plus de discipline, plus d'autorité ; tout chrétien, interprétant l'Ecriture à sa guise, peut déterminer comme il l'entend sa croyance et ses mœurs. Et ce nouveau principe, lâché à travers le monde, ne tarde pas à produire ses conséquences inévitables. De toutes parts on biffe les dogmes, on rogne les préceptes, on fait si bien preuve d'audace et d'indépendance qu'en peu de temps les bases mêmes de la société sont ébranlées. Alors les puissants du monde s'effraient, et les premiers réformateurs également ; ils délibèrent, ils se disent : « On va décidément trop loin ; les gens abusent de notre beau principe ; il faut donc enrayer, et à tout prix, car autrement la société va périr. » Tel est leur discours, et la peur leur fait ainsi décréter que désormais certains points de doctrine seront à l'abri de toute discussion, et que défense est faite au libre-examen d'examiner davantage.

C'est là la genèse des confessions de foi du protestantisme, et personne n'ignore quelle a été la suite de leur destinée. Au début, comme les princes avaient encore assez d'influence et qu'en somme l'esprit du mal y trouvait son compte, ces sortes de compromis purent se maintenir un certain temps. Le peuple s'en accommodait et s'y laissait plier sans trop de résistance, mais l'heure ne tarda pas à sonner, heure terrible et vengeresse, où le principe comprimé reprit tout à coup sa liberté d'action. On se mit à examiner de nouveau avec fureur ; on donna l'assaut aux dogmes fondamentaux et inviolables, et l'histoire de nos jours en témoigne, la lutte le plus souvent ne fut pas bien longue ; dès les premières hostilités, tout s'écroula, tout disparut, et bientôt on ne vit plus debout une seule profession de foi.

On ne saurait contester sérieusement l'échec lamentable des transactions imaginées par les réformateurs protestants. Je m'étonne donc que mes contemporains élèvent si haut ces hommes dans leur estime. On me dira sans doute que c'est pour glorifier le principe du libre-examen, ce glorieux principe qui a fini par émanciper peu à peu l'intelligence humaine, et dont ils ont été les héroïques représentants il y a trois siècles, sans en prévoir, il est vrai, et sans en vouloir toutes les conséquences. Mais c'est là précisément mon grief contre eux : ils n'ont pas prévu! ils n'ont pas voulu! c'est là pour moi la preuve de leur ineptie ou de leur volonté malfaisante. Quand les Pères du Concile de Trente posaient les statuts de la réformation catholique, ils en avaient d'avance calculé tous les effets, toutes les suites plus ou moins probables, et s'ils revenaient aujourd'hui sur la terre, ils les verraient encore observés dans toute l'Église. Ils ont eu conscience de la portée de leur œuvre ; et ils ont fait ce qu'ils ont voulu faire, ni plus ni moins. Quelle différence donc avec ses prétendus grands hommes de la Réforme, ces Luther, ces Calvin, ces Zwingli, ces Melanchton, qui ont lancé dans le monde un principe dont ils s'efforçaient eux-mêmes d'empêcher les funestes conséquences, et qui peut-être, parmi les protestants d'aujourd'hui, ne trouveraient pas un seul disciple véritable et fidèle! Quand on pense à ce misérable avortement de leur entreprise, ce n'est pas seulement tout chrétien qui devrait s'indigner, mais tout philosophe, tout politique, tout honnête homme. De deux choses l'une, ou ils ont consenti au mal qu'ils redoutaient si fort, ou ils ont cru à la durée de leurs vaines précautions. Dans le premier cas, ce sont de francs coquins, et dans le second, de parfaits jobards.

CHAPITRE III

Nuremberg.

J'ai fait mes adieux, de tendres adieux, à Augsbourg, et me voilà roulant à toute vapeur vers Nuremberg. Plus de mauvaise humeur, cette fois; le soleil brille, je me sens libre et dispos, je me prépare à savourer tout un monde d'impressions nouvelles. Nuremberg est, à coup sûr, la ville d'Allemagne que, depuis ma prime jeunesse, j'ai le plus désiré connaître. Son nom éveille en notre esprit tant d'idées, tant d'images pittoresques! Il nous rappelle les jouets de notre enfance, les vieux peintres mystiques, les maîtres-chanteurs, les hauts barons et lansquenets du moyen-âge. L'imagination humaine, en dépit des années, garde toujours son petit côté enfantin, et nous éprouvons une étrange impatience à voir enfin de nos propres yeux toutes ces villes et contrées lointaines où nos jeunes rêves ont tant de fois vagabondé.

Le voyage me paraît long. Au début, l'aspect du pays est on ne peut plus monotone; c'est toujours la plaine desséchée, immense, à perte de vue. Une seule chose y captive mes regards, les houblonnières, qui m'apparaissent au loin comme des forêts en miniature. La plante grimpe et s'enroule, avec une gracilité charmante, autour des perches colossales. On dirait un décor d'opéra-comique, tant c'est frais, pimpant, délicat. Au bas, dans l'intérieur des tiges, il y a des plantations de raves et de choux, et c'est toute l'Allemagne mangeante et buvante qui m'apparaît dans ce rapprochement allégorique. Quand la récolte du houblon est terminée, les perches sont réunies en faisceaux énormes, et on se demande, à les voir au loin se profiler sur l'horizon, si quelque armée de soldats-géants n'est pas campée dans le voisinage. A partir d'Eichstät, la contrée se transforme ; des forêts, des vallons, des collines se succèdent qui donnent enfin du relief au paysage. J'aperçois des châteaux en ruines ; je salue au passage la forteresse d'Ingolstadt, la petite ville si coquette de Pappenheim, et tous ces noms, lancés par la voix indifférente des conducteurs, évoquent en moi les terribles souvenirs de la guerre de Trente ans.

J'ai l'agrément, en arrivant à Nuremberg, de n'avoir point à m'occuper du choix d'un hôtel. Un officier bavarois, mon compagnon de route depuis Ingolstadt, veut bien m'épargner ce souci et me servir obligeamment de cicerone. Il a le grade de major, et vient ici pour passer je ne sais quel genre d'inspection. Très poli, très aimable, sans aucune trace de raideur officielle, il doit être de ceux qui, dans ce pays, sont réfractaires à l'influence prussienne. Il me conduit au Wurtembergerhof, vaste hôtel dans le goût moderne et à proximité de la gare. Il m'y présente comme un voyageur suisse de ses amis, et cette recommandation, faite d'une voix sonore, me procure aussitôt un divertissement des plus singuliers. Je viens à peine de prendre possession de ma chambre, et je suis en train d'offrir un léger sacrifice à la déesse de la propreté et de l'hygiène, quand je vois soudain la porte s'ouvrir avec mystère, et apparaître un domestique à la mine effarée. Il fait quelques pas, s'arrête, et reste planté devant moi, comme une borne, sans mot dire. « Qu'est-ce, mon garçon, lui dis-je ; je n'ai besoin de rien ni de personne. »

— Monsieur, répond-il avec émotion, vous arrivez de Suisse, n'est-il pas vrai?

— Oui, mon brave. Cela vous intéresse?

Il se tait un instant; son embarras est visible; il ajoute enfin :

— Monsieur, est-ce bien cher, le voyage d'ici en Suisse? Trente marks seraient-ils suffisants?

— A peu près; mais pourquoi voulez-vous quitter Nuremberg?

— Pourquoi? Parce qu'en Allemagne le service militaire est trop dur. Je ne veux pas retomber dans les mains de ces gens-là.

Là-dessus, nouveau silence. Et cette fois, j'ai beau l'interroger, mon homme ne sort plus de son mutisme. Il me regarde avec des yeux troublés dont l'expression me paraît peu rassurante. Serait-ce vraiment une victime du militarisme prussien? Est-ce un idiot, est-ce un espion? Je parviens, non sans peine, à le pousser doucement vers la porte, et, quel que soit son cas, je me félicite d'être enfin délivré de sa présence.

*
* *

Je rejoins mon major, qui m'attend déjà dans la grande salle à manger de l'hôtel. On voit tout de suite qu'à son égard le régime militaire a les effets les plus consolants. Il porte double et triple menton, et la joie de vivre s'étale ouvertement sur sa bonne grosse figure épanouie. Je prends un vrai plaisir à sa conversation, tout émaillée de traits piquants et d'ingénieux aperçus que contribue à mettre en relief un grand fond de bonhomie et de jovialité bavaroise. Quand un Allemand se mêle d'avoir de l'esprit, on sait qu'il ne s'arrête pas à moitié chemin. La plaisanterie est un peu lourde, je l'accorde, elle ne laisse rien ou presque rien à sous-entendre, mais elle entre dans le vif des choses, elle fait réfléchir. J'ai passé, je l'avoue, en compagnie de mon cicerone improvisé, la soirée la plus instructive et la plus agréable. Il m'a conté cent anecdotes, et des plus plaisantes, sur la campagne de 70, et je n'ai pas saisi, dans le flot verveux de sa parole, le moindre accent de haine à l'égard de la France. Toujours courtois, presque sympathique. Vers la fin, comme on avait prononcé je ne sais comment le nom de Bayreuth, il s'est lancé sur la question de Wagner, et son admiration pour le grand incompris m'a paru médiocre. « Lorsque, m'a-t-il dit, dans un concert dont j'ignore le programme, j'entends l'orchestre attaquer un morceau qui ne paraît être ni une marche, ni une ouverture, ni un pot-pourri, ni l'introduction à une valse, ni quoi que ce soit qui ressemble à quelque chose de connu, je me dis : c'est du Wagner, et je ne me trompe jamais. » — « Pour deux raisons, me dit-il encore, je ne peux souffrir les opéras de Wagner. La première, c'est que la mode vous oblige à les écouter, dans une extase continuelle; il n'est pas permis de faire le moindre mouvement, ni d'applaudir, ni de tousser, ni de se moucher, si bien qu'on sort de là fatigué outre mesure et qu'on a toutes les peines du monde à se remettre d'un pareil martyre, *sich von einer solchen strapazen erholen*. La seconde, c'est que l'obscurité de la salle m'est tout à fait désagréable, *unheimlich;* mes yeux, constamment fixés sur une scène éblouissante, ne peuvent plus rien voir et distinguer quand je quitte le théâtre. Et je m'en vais toujours, vous pouvez le croire, avant la fin. »

Nuremberg appartient à la Bavière depuis le commencement de ce siècle, mais ce n'est pas encore une ville bavaroise. On peut dire qu'au sortir de Munich c'est un véritable changement à vue. Choses et gens, rien n'a plus la même physionomie, et on se croirait transporté à plus de cent lieues vers le Nord. Partout des visages renfrognés, aux traits anguleux, aux regards sournois. A l'hôtel, le service est fait avec la froideur et la correction la plus administrative. Plus de sourires bon enfant, comme à Munich, plus d'aimables et perpétuels *guten Tag*. De leur côté, les voyageurs observent entr'eux cette réserve gourmée qui prétend imiter la distinction.

On peut se rencontrer vingt fois dans les escaliers sans échanger la moindre marque de politesse. C'est de nouveau le chacun pour soi de notre belle civilisation.

Mon commensal d'hier soir me disait que les habitants de Nuremberg sont sérieux, appliqués à leurs affaires, commerçants dans l'âme, et qu'on ne saurait plus trouver ici, pour cette raison, la vie bruyante et en dehors, le « Bummel » des restaurants et brasseries de Munich. Je m'en suis bien aperçu ce matin quand je suis entré, pour déjeûner, dans un des plus grands cafés de la ville. Solitude complète, et quelle salle! basse, enfumée, sans aucun luxe ni confort. Il est évident qu'on cherche à économiser ici le plus de place possible, tant les tables, chaises et banquettes sont resserrées et entassées les unes contre les autres. Tout embonpoint est proscrit par ces farouches commerçants. Une servante, à peine réveillée et stupéfaite de ma présence, est venue me servir en rechignant, de l'air du monde le plus maussade et le plus effronté. Comme nous sommes loin de Munich, décidément! Làbas, à cette heure, les cafés regorgent de monde ; on déjeune à la hâte avant d'aller à ses affaires ; on se salue, on se donne des poignées de mains, on rit ; on veut commencer la journée comme on la finira, gaiement.

Dès mes premiers pas dans les rues de Nuremberg, une chose me frappe qui me paraît topique, c'est le nombre considérable des maisons de banque. Partout ces mots : *Bank, Wechselstube, Wechselgeschäft*, etc. Je me sens dans un repaire de manieurs d'argent, dans une de ces villes où, grâce aux compromissions de la Réforme, les chrétiens ont su si bien se mettre à la remorque des fils d'Israël. On oublie trop, ou plutôt on ignore assez généralement que le prêt à intérêt, c'est-à-dire l'usure, comme l'appelaient nos ancêtres, n'est autorisé en France, et dans la plupart des pays catholiques, que depuis la fin du siècle dernier. Auparavant, c'était, à peu d'exceptions près, le monopole des protestants et des Juifs. Et de là l'importance de certaines villes de la Suisse et de l'Allemagne qui, mieux abritées peut-être par leurs sacs d'écus que par les bastions de leurs remparts, ont gardé si longtemps leur indépendance au milieu de tant de peuples asservis. Toute l'activité de leur génie, elles l'avaient tournée vers ce terrible commerce de l'argent, et elles négligèrent, pour cette raison, la culture des belles lettres et des beaux-arts. Quelle froideur, quelle sécheresse d'esprit dans toutes ces petites Romes protestantes! On n'y songe qu'à entasser, à économiser, à tirer des moindres choses le parti le plus fructueux. C'est la destinée de Nuremberg, visiblement écrite sur ses monuments de tout genre, sur ses tours, sur ses églises, sur ses vieilles maisons demeurées intactes depuis le moyen-âge. On y voit que ses habitants n'ont jamais eu, comme leurs voisins d'Ausgbourg, le noble souci d'embellir leur ville et de la maintenir sans cesse au niveau de tous les progrès et fluctuations de l'art. Ils se sont contentés d'avoir le culte de leurs antiquailles, ils en ont conservé jusqu'aux débris les plus insignifiants, et cette opération, outre qu'elle était peu coûteuse, a produit avec le temps les résultats les plus magnifiques. Ils peuvent écrire maintenant à la première page de leur grand livre, colonne de l'actif : Nuremberg, ville moyen-âge absolument intacte, très aimée des touristes, et d'un excellent rapport.

Les touristes ont raison d'aimer Nuremberg : elle mérite, et au-delà, sa réputation. C'est une ville étrange, à demi-fabuleuse, manifestement égarée dans notre âge prosaïque. Elle a l'air d'un dessin de Gustave Doré que la baguette d'une fée aurait réalisé sous nos yeux. Pas une maison dans la vieille ville, qui n'ait son cachet d'antiquité; partout des fenêtres en saillie formant balcon, et sur les toits en pente rapide, d'une élévation prodigieuse, une forêt de pignons et de clochetons aux contours les plus extravagants. Parfois le toit disparaît, et il est remplacé par une façade triangulaire, finement dentelée et percée à jour. On dirait d'un double escalier mystérieux à l'usage des êtres fantastiques de la nuit.

Une chose m'enchante, c'est de retrouver ici des monuments en pierre, en vraie pierre usée et noircie sous l'action des siècles. Plus de briques rouges ni de badigeonnage, et comme l'opération du grattage fait naturellement horreur aux gens de Nuremberg, il en résulte que les fontaines, les églises, l'Hôtel-de-Ville, tout semble avoir été passé au noir de fumée. Il y a, sur le mur extérieur de l'église Saint-Sébald, une merveilleuse série de bas-reliefs en pierre si encrassés par le temps qu'avec les demi-teintes produites par la poussière, on les croirait coulés en bronze.

Il faut rendre hommage aux habitants de Nurenberg pour le plein succès de leur combinaison financière. Comme leur ville est attrayante aujourd'hui pour le touriste ! Rien de moderne, rien qui détonne au milieu de ce décor féodal. Les boulevards et les maisons dans le style de notre époque, on ne les trouve qu'en dehors des fortifications de l'ancienne ville. A l'intérieur, tout se perpétue, tout reste et doit rester fidèlement immuable. Et cet esprit, je dirais presque cette frénésie de conservation va si loin que lorsqu'on est forcé de détruire un monument pour cause de nécessité publique (cela peut arriver même à Nuremberg) on cherche à diminuer l'amertume de ce sacrifice en le rappelant par une inscription aux générations futures. J'ai lu, dans un petit square, un de ces *mementos* plaintifs : Ici s'élevait autrefois la chapelle de... ; c'est navrant. On reconnaît là cet amour de l'ordre et de l'économie qui protège les moindres reliques du vieux Nuremberg. Avant d'y porter la main, on y réfléchit à deux fois. Il semble qu'on y voie comme un sacrilège, et qu'on aimerait mieux tout de suite livrer la caisse au pillage.

On a grand peur ici, comme on imagine, de toutes les variétés possibles de voleurs. Outre le vagabond et le malfaiteur de profession, il y a le gamin, il y a l'artiste, il y a l'Anglais, et c'est contre eux surtout que la vigilance municipale s'est évertuée de la manière la plus rigoureuse. Elle a muni certains monuments d'une grille tutélaire qui les met à l'abri de toute familiarité criminelle. Impossible de les approcher ; il faut les admirer à distance. Et rien n'est lamentable comme les pauvres statuettes qui semblent prisonnières derrière leurs barreaux de fer forgé, si ce n'est peut-être les encoignures des vieux ponts de pierre, où la grille empêche le menu peuple de s'y asseoir comme autrefois.. La célèbre et charmante « belle fontaine » est protégée par une véritable barricade, et il faut, pour y puiser un peu d'eau, faire jouer une immense bascule, dont le mécanisme, d'ailleurs, m'a paru aussi simple qu'ingénieux. On sait joindre ici l'utile et l'agréable.

Nuremberg n'est plus classée comme forteresse c'est une ville ouverte; mais on a jugé bon, nous savons pourquoi, de lui laisser une partie de sa vieille armure. Elle est encore entourée d'un fossé large et profond, et on n'y pénètre que par des portes colossales qu'on prendrait de loin pour autant de citadelles. Le fossé sera peu à peu comblé, sans doute, mais je présume qu'on saura traîner les choses en longueur. Il faut bien se défendre, et par tous les moyens, contre les envahissements de la ville moderne. Du reste, pas un pouce de terrain perdu dans ce fossé privé de soleil; tout est cultivé, couvert de treilles, chargé de fruits et de légumes. Est-ce que la terre n'est pas en ce monde pour toujours produire? Quant aux portes, on les gardera coûte que coûte en dépit du progrès des mœurs et des idées, et la preuve, c'est qu'aux environs de la gare, on est en train d'en rebâtir une, et en bonnes pierres massives, avec un aigle impérial largement sculpté. Ce n'est pas l'avenir ici qu'on regarde, c'est le bon vieux temps, et on veut le maintenir dans son intégrité le plus longtemps possible pour le plaisir des touristes et le bon état des finances de la cité.

J'observe à chaque pas qu'il y a ici plus de gens misérables qu'à Munich. Un très grand nombre d'enfants vont pieds nus dans les rues. J'ai rencontré deux ouvriers, jeunes encore, qui se traînaient sur des débris de bottes indescriptibles. Et je ne parle pas des pantalons déchirés, effilochés, rapiécés avec effronterie; on en voit tant que c'est une souffrance aussi bien pour l'œil que pour le cœur. L'extrême misère coudoie ici l'opulence, comme c'est toujours un peu le cas dans les villes où l'esprit juif et protestant a pu se donner libre carrière. A cet égard je recommande la « Findelgasse » aux touristes désireux de faire une étude de mœurs. C'est une rue en pente, tortueuse, bordée de maisons à demi croulantes, que les édiles de Nuremberg ont réservée aux marchands de vieux habits. Non, jamais, dans aucun ghetto d'Allemagne ou d'Italie, pareil spectacle n'avait encore affligé mes yeux ! En pleine rue, à même sur le pavé, sont étalées toutes les choses ignobles, sordides, repoussantes que peut recéler l'arrière-boutique d'un magasin de bric-à-brac, robes effrangées, souliers qui baillent, chapeaux sans forme ni couleur, mille sortes de loques, de nippes, de chiffons, de guenilles, des miroirs fendus, des assiettes ébréchées, des vases en détresse, tout le débris enfin, toute la casse, tout le détritus d'une grande cité industrielle. On s'étonne qu'au milieu de l'Europe civilisée, il puisse se trouver des acheteurs pour de telles marchandises, et il y en a, puisqu'on les offre, et ces acheteurs sont de pauvres ouvriers, des paysans qui regardent ces trésors d'un œil avide, sans oser se baisser ni rien toucher, calculant le nombre de pfennigs qui restent encore au fond de leur poche. J'en ai remarqué quelques-uns dont l'attitude m'a serré le cœur. Ces horribles bazars sont surtout tenus par des femmes ; de vraies figures de mégères ; il faudrait un Callot pour les peindre.

Il est presque superflu de constater, après les observations précédentes, que Nuremberg compte parmi les places fortes du socialisme en Allemagne. Ceci doit engendrer cela. La police est très active et très rigoureuse, comme dans le reste de l'Empire, mais les réunions secrètes vont leur train et on y maudit ferme l'infâme capitale. Une chose non moins naturelle, c'est le peu de sympathie qu'on semble avoir ici pour la maison royale de Bavière. Il y a bien çà et là, dans les vitrines, quelques portraits de Louis II et du prince-régent, mais ils ne peuvent lutter pour le nombre avec ceux de Guillaume et du Kronprinz. La vraie, la seule capitale pour ces Bavarois de seconde cuvée, c'est Berlin.

Les Juifs ont à Nuremberg une fort belle synagogue. Elle y témoigne de leur puissance. On voit qu'ils sont sortis depuis longtemps de l'obscurité du ghetto, et que, leurs aptitudes de race trouvant ici matière à s'exercer, ils ont su s'y mettre en possession d'une grande et large place au soleil. Avant le XVIe siècle, on les avait chassés de la ville à plusieurs reprises, mais leur persévérance est proverbiale, et leur flair les ramène toujours aux bons endroits. Les banquiers protestants, du reste, sont leurs alliés naturels, et les Juifs n'ont rien à craindre de ces compères qui adorent en secret le même dieu. Tout le monde se vaut et se soutient dans la Franc-Maçonnerie de la Bourse, et même les Juifs y ont un droit d'aînesse que les nouveaux venus se gardent bien de méconnaître. Etre admis dans ce saint des saints, c'est toute leur envie. Pour revenir à la synagogue, j'en ai rarement vu de plus belles. Toute en pierres blanches, dans le style mauresque, avec une coupole des plus majestueuses. Au milieu des vieilles maisons gothiques et enfumées, rien n'est plus saisissant que ces fraîches dentelles aériennes, ce portique, ces arabesques, ces pilastres grêles, encastrés dans d'énormes pans de murs carrés et massifs.

Une petite rivière, la Peignitz, serpente au milieu de la ville et la divise en deux parties à peu près égales. Ses eaux sont jaunes, vertes, noires, épaisses ; on dirait de la boue roulant des immondices. Pas de quais, bien entendu. Les maisons branlantes, appuyées sur des pilotis, les galeries, les pavillons, les mille excroissances qui les surchargent, tout cela forme, avec les murs moussus et écaillés, un coup d'œil des plus pittoresques. Je suis resté longtemps, sur l'un des ponts, à jouir du spectacle de ces vieilles choses. Tout était silencieux, tranquille ; l'eau sombre glissait sans bruit sous les arches.

Toute bonne règle a ses exceptions, et le caractère gothique de Nuremberg saisirait moins peut-être, si çà et là n'émergeaient de la masse quelques monuments d'un autre style. C'est d'abord un théâtre minuscule, carré, étriqué, et décoré de la façade la plus insignifiante, On y peut lire cette inscription : *Die Stadt den Musen*, la ville de Nuremberg aux muses. Je ne sais si, à l'intérieur, la poésie, la musique et la danse sont vraiment fêtées et honorées, mais, pour l'extérieur, les muses n'ont pas dû être bien satisfaites du cadeau. L'Hôtel-de-Ville est également un édifice dans le goût italien ; et à son aspect on se croirait au milieu d'une rue de Vérone ou de Padoue. Il faut noter encore la délicieuse fontaine des « Vertus », à deux pas de l'Eglise Saint-Laurent, et en face du vieux palais des Nassau. L'inévitable grille en diminue un peu le charme, mais c'est un vrai bijou de l'époque de la Renaissance. L'eau coule et jaillit de toutes parts, formant, au-dessus des jolies statuettes, comme un frais arceau de pluie et de rosée. Il y a sept vertus, les théologales et les cardinales, et toutes s'emploient à démontrer, dans ce déluge en miniature, qu'elles sont en nous les nourrices généreuses de la vie chrétienne.

Les trois églises les plus importantes, Saint-Laurent, Saint-Sébald et Notre-Dame, contiennent une foule de choses admirables, ou tout au moins très intéressantes. Il y a plaisir et profit à les étudier en détail. La sagesse des anciens édiles y a sauvé tout ce qu'elle a pu du vandalisme réformateur, les vitraux, les statues, les tombeaux, les bas-reliefs, et jusqu'aux autels surmontés de leurs tabernacles. Beaucoup de débris artistiques, retrouvés après le grand orage, ont été pieusement recueillis et montent la garde autour des églises. Rien de curieux comme ces sortes de musées archéologiques en plein air. Et c'en est un du même genre, ou à peu près, que la vieille maison du peintre Albert Dürer, qui, toute penchée sur sa base, menaçant ruine, vous regarde avec ses centaines de petits vitraux en culs de bouteilles. On la renforce de temps en temps, par des procédés discrets et respectueux, mais il est convenu qu'elle doit traverser les siècles et qu'elle attendra la fin du monde pour s'écrouler. Un autre musée, d'un intérêt non moins réel, c'est la fameuse échoppe adossée à la chapelle Saint-Maurice, et où se débitent les saucisses rôties, renommée de Nuremberg. J'y suis entré ; la salle est très basse et très étroite, et force bibelots moyen-âge décorent les murailles. C'est la vraie *Bierstube*, selon l'ancienne formule. On prétend qu'Albert Dürer y venait souvent manger et boire. J'espère pour lui que la bière et les saucisses rôties y étaient meilleures que de nos jours.

Il ne faut pas omettre de mentionner le vieux palais impérial, d'où l'on jouit sur l'ensemble de la ville d'une fort belle vue. On y peut aussi regarder, avec les yeux de l'imagination, dans le lointain des siècles passés, et s'y remémorer tant d'évènements accomplis à Nuremberg, tant de personnages fameux mêlés à son histoire. Les vieux monuments sont de grands magiciens et de grands parleurs, et, comme à tous les bavards, il leur arrive assez souvent de mentir. Une jolie légende, c'est celle qu'on raconte au sujet des colonnes de la chapelle impériale. Le diable avait parié qu'il aurait le temps de les mettre en place avant que le chapelain de la burg eût achevé de dire une messe. Ce dernier ne se laissa pas vaincre, et, de colère, messire Satan jeta sur le sol une des colonnes qui se brisa par le milieu. On voit même encore aujourd'hui — la chose est bien concluante — le cercle de fer qui rejoignit plus tard les deux blocs de marbre. Ce qui me frappe le plus dans ce récit, ce n'est pas le peu de temps que mettent les prêtres d'Allemagne à dire leur messe, c'est ce personnage du diable qu'on retrouve toujours et partout dans les histoires de construction au moyen-âge. On ne peut bâtir un pont ni une cathédrale sans qu'aussitôt le démon ne soit mêlé à l'affaire et ne joue le rôle de principal entrepreneur. D'où vient cela? Quelle pensée se cache sous cette allégorie ? Ceux-là, je pense, pourraient facilement répondre à la question, qui ont présidé à la construction d'un édifice public. Ils savent que, si l'amour des grandes choses, la générosité, la foi, leur ont prêté leur noble concours, ils n'ont pu refuser l'appui de certains sentiments moins élevés, la vanité sotte, l'ambition, l'intérêt. Dans l'œuvre commune, c'est la part du diable, et ce n'est pas toujours la moins importante.

Avant le départ.

Mon séjour à Nuremberg me laissera d'heureux souvenirs. J'y ai, comme touriste, goûté de réelles jouissances, et la charmante bonne humeur de mon major, que je retrouvais chaque soir à la table d'hôte, ne m'a jamais permis de m'y ennuyer un seul instant. Il faut convenir que l'Allemand du Sud n'a rien de foncièrement hostile à la France. Son chauvinisme, quand il existe, est de trop fraîche date pour ne pas céder devant la moindre parole aimable et courtoise. Il est grand partisan, sans doute, d'une Allemagne forte et unie, mais il apprécie beaucoup la paix, la vie facile, les bons rapports entre voisins, et pour peu que la France lui parût renoncer aux idées de conquête, il lui rendrait bien vite, et de grand cœur, toutes ses anciennes sympathies. Je ne remarque pas non plus qu'il soit très enchanté de l'annexion de l'Alsace-Lorraine; il n'y voit qu'une ruse prussienne pour maintenir l'Allemagne sur le qui-vive et l'empêcher de se désunir, de se désagréger sous l'effort du particularisme. Comme il serait heureux d'avoir récolté moins de succès en 1870 et d'être en possession d'une paix véritable, d'une bonne paix définitive et assurée! Aujourd'hui, il a peur de tout, peur de la France, peur de la Russie, peur de leur ombre et de la sienne. Il passe sa vie en des transes continuelles; ses nuits sont troublées par le cauchemar des coalitions possibles; il trouve décidément qu'à ce prix la gloire des armes est trop chère.

Je suis allé prendre congé du major et le remercier de tous ses bons soins; il a voulu m'accompagner jusqu'à la gare. Chemin faisant, je lui exprime mon admiration pour les divers trésors artistiques de Nuremberg, je ne taris pas d'éloges sur les chefs-d'œuvre de ces maîtres qu'on appelle Albrecht Dürer et Adam Kraft, et je lui déclare que ma satisfaction serait complète, si sur un point, un grand point, mon attente n'avait pas été déçue. « J'espérais, lui dis-je, trouver ici les plus beaux magasins de jouets du monde ; je me réjouissais à la pensée de plonger mes regards dans des montagnes, des entassements de poupées multicolores, et rien, absolument rien, pour la joie des enfants et la tranquillité des familles ! Ai-je mal dirigé mes recherches, ou ne sommes-nous pas à Nuremberg ? »

« Cher monsieur, répond l'officier, ne soyez pas surpris le moins du monde. On fabrique encore beaucoup de poupées à Nuremberg, mais, comme ce n'est pas aux Nurembergeois qu'on les vend, on ne prend pas la peine de les étaler à leurs yeux. Vous savez bien que, selon le proverbe, les cordonniers sont toujours les plus mal chaussés. Au surplus, il y a longtemps que notre ancien monopole est battu en brèche par la concurrence étrangère. Vos ouvriers sur ce terrain sont même plus habiles que les nôtres, et c'est peut-être en France, au temps où nous sommes, qu'on fabrique le mieux les poupées. »

Je n'ai pas osé lui répondre, car il y avait une pointe de malice dans son regard ; il avait l'air de vouloir m'insinuer qu'il est plus facile de faire des poupées que des hommes.

La gare de Nuremberg est à deux pas des fortifications, et avec ses tours et ses murs crénelés, elle offre à peu près l'aspect d'une citadelle. C'est dans l'ordre, car les gares sont, en Allemagne, surtout construites en vue de la guerre. Immenses, régulières, symétriques, il suffit d'un coup d'œil pour en saisir le plan général; elles ont deux étages, des abords faciles, de vastes quais d'embarquement, et on sent que des régiments peuvent y manœuvrer à l'aise, sans même troubler le service ordinaire des voyageurs. Tout y est, du reste, mené militairement ; les employés sont de véritables soldats. Quel énorme avantage pour l'armée allemande ! Personne ne conteste que la rapidité de sa mobilisation n'ait été l'une des causes principales de son triomphe en 70, mais a-t-on bien profité de la leçon en France, et a-t-on su remédier à l'ancien état de choses autrement que par des demi-mesures très insuffisantes? Je me rappelle en ce moment certaines gares françaises — et des plus importantes sans contredit au point de vue stratégique — qui sont absolument demeurées ce qu'elles étaient il y a vingt ans, de vrais labyrinthes aux détours étroits et compliqués, où la foule se rue et se bouscule, comme dans les couloirs d'un théâtre, Celui qui voudra connaître à quel point l'Allemagne l'emporte ici sur la France n'a qu'à se rendre à Strasbourg, et y comparer les deux gares, l'ancienne et la nouvelle. Le contraste ne manquera pas de lui faire impression, et s'il est Français et doué d'un peu de bon sens, il tremblera devant les menaces de l'avenir. On n'a pas voulu trop exiger des hautes et puissantes compagnies, c'est très bien, mais, il me semble, dès qu'il s'agit du salut de la patrie, que toute considération secondaire devrait disparaître.

CHAPITRE IV

Une solennité religioso-musicale à Bayreuth.

Je quitte Nuremberg et le lecteur perspicace devine bien où je vais. A Bayreuth, dans la capitale de l'art, de l'art nouveau, de l'art unique, de l'Art avec un grand A ! On y donne aujourd'hui *Parsifal*, le fameux drame chrétien de Wagner, et l'occasion me paraît propice, après les plaisanteries de mon joyeux major, pour me rendre compte enfin par moi-même des merveilleux progrès de la musique à notre époque. Il est hors de doute que les solennités artistiques de Bayreuth sont devenues une des plus grandes attractions de l'Allemagne actuelle et qu'on s'y précipite en foule de toutes les parties du monde connu. L'affluence aujourd'hui promet d'être énorme ; la gare de Nuremberg est bondée de touristes qui, la plupart, portent au front le signe des prédestinés. Il est impossible de s'y méprendre, ce sont des frères en Wagnérisme. Personne ne discute, on ne parle qu'à voix basse. Plusieurs dames anglaises, armées de lunettes bleues, sont plongées dans la lecture du livret de Parsifal. Il y a dans cette foule, comme parmi des pèlerins, une sorte de recueillement. Le théâtre de Bayreuth est, en effet, pour certaines gens, un véritable sanctuaire, et nous allons assister tout à l'heure, non pas à une représentation banale, mais, comme le programme l'indique, à une fête, à une cérémonie religieuse. *Ein Bühnenweihfestspiel!* Ce long mot explique bien des choses et me fait comprendre, en particulier, le fanatisme exclusif et intraitable des admirateurs du célèbre musicien. A une époque de transition comme la nôtre, où l'esprit humain flotte entre la foi positive du passé et les systèmes philosophiques les plus vagues et les moins consolants, bien des âmes effrayées et découragées, surtout au sein du protestantisme, s'enflamment parfois d'un beau zèle pour une doctrine scientifique ou artistique. Elles ont besoin d'un enthousiasme quelconque ; elles veulent à tout prix se dévouer à une idée, faire en ce monde figure d'apôtres vaille que vaille. Le Wagnérisme, comme aussi l'Armée du Salut, a certainement trouvé dans cette disposition morale un de ses meilleurs éléments de propagande et de succès. On ne saurait croire à quel degré d'exaltation peuvent atteindre ces illuminés d'un nouveau genre ; ils traitent couramment leur grand homme de Messie ; ils entassent sur ses œuvres les gloses et les commentaires (1) ; ils croient y découvrir chaque jour des beautés nouvelles et mystérieuses, où ils s'abîment en contemplations passionnées, délirantes, éperdues. La surexcitation cérébrale qui en résulte, on peut l'imaginer, et plusieurs wagnériens, comme le chanteur S...,

1. Deux énormes volumes, de 800 pages chacun, viennent de paraître qui contiennent seulement le catalogue des livres et brochures publiés sur Wagner et son système.

sont morts en état de démence. Il y a dans ce phénomène, à coup sûr, un je ne sais quoi qui tient de la folie religieuse.

Nous partons. La contrée est bien faite pour préparer aux choses que nous allons voir et entendre. Dés collines boisées se succèdent sans relâche, variant à l'infini l'aspect du paysage, et, à travers la sombre verdure des sapins, émergent de loin en loin d'énormes blocs de rochers qui sous leur robe blanchâtre, avec leur forme d'aiguilles pyramidales, prendraient sans doute à nos yeux, par un beau clair de lune, des attitudes de spectres. Une rivière aux flots sombres serpente avec lenteur au milieu de ces collines. Parfois la vallée se resserre ; la végétation fait place à la pierre nue ; tout est solitaire, sauvage, fantastique. On croirait, en écoutant le souffle bruyant de la locomotive, que nous sommes emportés par les chevaux de la damnation de Faust.

A Bayreuth, chacun s'empresse, se précipite hors de son wagon. Il s'agit d'arriver à temps ; il est déjà deux heures et demie, et la représentation, je me trompe, la cérémonie commence à quatre heures. On peut déposer ses bagages dans une espèce de vestiaire improvisé sur le quai de la gare. J'en profite, et je me hâte de sortir, voyant les gens s'empresser autour de moi, comme s'ils n'avaient pas une minute à perdre. La foule, par malheur, se répand dans toutes les directions et rien ne m'indique de quel côté se trouve le bon chemin. Un de mes fuyards pourtant me vient en aide. C'est un Allemand qui essaie de baragouiner le français, et que j'entends dire gravement à son interlocuteur : « Si vous voulez, nous prendrons une voiture avec un *cheval.* » Ce langage me fait sourire, mais il me suggère une idée. Je hèle une voiture et je crie au cocher : En route, et *schnell !* jugeant bien inutile, comme on pense, de lui spécifier le but de la course. Est-ce que tout ce monde n'est pas venu pour entendre la musique de Wagner ? Le cocher cependant me regarde et me dit d'un air étonné ; *wohin ?* Je ne réponds que par un geste qui me paraît devoir suffire, mais il insiste : *wohin ?* Enfin je m'écrie : *Wagners-theater !* et le voilà parti à bride abattue.

Le théâtre de Wagner est situé sur une colline, à une petite distance de la ville de Bayreuth. C'est une construction légère, en bois et en briques, mais répondant, par ses proportions colossales, à toutes les exigences de la scène moderne. Rien de grandiose néanmoins, aucun caractère architectural, et un péristyle ridicule, mesquin au-delà de toute idée. On dirait que, sur ce point comme sur les autres, on a voulu rompre avec les vieilles traditions. L'art est fêté à l'intérieur, mais rien au dehors n'en doit paraître. Je fais le tour de l'immense bâtisse, et j'aperçois, se penchant aux fenêtres, plusieurs petites filles costumées en pages, tout heureuses de montrer leur figure fardée et encadrée dans une perruque blonde ou noire. Il est peu probable qu'elles soient bien pénétrées de la portée philosophique de *Parsifal.* Autour du théâtre il y a deux ou trois cantines, où déjà quelques amateurs sont attablés, qui se disposent joyeusement, le *krug* en main, à s'abreuver aux sources les plus pures de l'art.

Les bureaux s'ouvrent, et j'acquiers aussitôt le droit, malgré mon indignité de profane, d'occuper une place dans le sanctuaire. Il m'en coûte, il est vrai, la somme de 25 francs, mais peu importe, j'ai toujours pensé que les révolutions, même en musique, se font aux frais du petit monde.

Le temps s'écoule, et le mouvement des voitures, pleines de futurs spectateurs, s'accélère. Je vois passer mon cocher deux ou trois fois ; il a dû faire une journée très fructueuse. Devant le théâtre s'étend une vaste plateforme, où le public se promène comme dans un foyer, et d'où l'on jouit sur Bayreuth d'une assez jolie perspective. La petite ville, rajeunie par son regain de célébrité actuelle, semble être assise et se reposer mollement au fond de la vallée, au milieu d'un cercle de collines et de forêts qui lui font à l'horizon une sorte de diadème. L'heure avance ; les voitures se pressent, toujours plus nombreuses. Elles montent par le côté droit de la route, et après avoir fait le tour du théâtre, s'en reviennent à vide par le côté gauche. C'est une réduction, une miniature des Champs-Élysées au retour des courses. Les bonnes gens du pays s'extasient sur ce spectacle : *mein Gott*, combien de voitures ! et il en arrive toujours, et de toutes les formes, et de toutes les couleurs ; il y a de vrais équipages, des remises, des fiacres, même des tapissières. Jusqu'au dernier moment la procession continue, mais soudain, deux ou trois minutes avant l'heure, elle s'arrête comme par enchantement. Chacun sait qu'il faut être exact, et que les retardataires, fussent-ils grands seigneurs ou princes, trouveraient toutes les portes impitoyablement fermées.

J'entre dans la salle, et je parviens sans trop de peine à me mettre en possession de mon fauteuil. Cette salle est un simple amphithéâtre qui s'élève par une pente assez rapide et s'élargit comme un éventail à demi déployé. Point de galeries circulaires ; tout au fond seulement un rang de loges pour les souverains et autres personnages officiels. On a multiplié les portes, les issues, et la salle, en cas d'incendie, serait promptement évacuée. Au reste, un seul genre de places pour tout le monde, car ici, ne l'oublions pas, nous sommes dans un temple, et l'égalité des adeptes est une loi qui s'impose. A partir de la scène, et se faisant vis-à-vis, se dressent en s'effaçant toujours davantage, d'immenses pans de murs flanqués d'une colonne, qui produisent l'effet de coulisses avancées. Cette disposition de la salle ramène fortement les yeux vers la scène, de même que dans une église catholique tout converge vers le chœur et le tabernacle. Contre les colonnes et à leur sommet sont appliqués d'énormes globes opaques, d'où filtre durant les entr'actes une lumière discrète, qui s'éteindra à peu près complètement pendant l'action. On dirait des lanternes vénitiennes perdues dans le lointain, un soir de fête.

A l'heure fixée, c'est-à-dire à quatre heures de l'après-midi, l'obscurité se fait tout à coup dans la salle ; un silence profond s'établit, les portes se ferment. L'assistance, auparavant déjà bien recueillie, prend une attitude voisine de l'extase. Chacun sent que désormais, comme chez le photographe, il ne faudra plus bouger. Un intrus essaie pourtant d'ouvrir une porte, une échappée de jour se produit dans les ténèbres, mais un murmure énergique, presque une clameur, arrête aussitôt cette tentative irrévérencieuse. Les fidèles sont prêts; du fond de l'orchestre montent des sons légers, mystérieux, très doux. Le prélude commence.

Je n'ai pas l'intention de raconter ici le drame de Parsifal, et encore moins de discuter le système musical de Wagner. Les critiques les plus autorisés et même les autres ont tant rabâché sur ce dernier point depuis vingt ou trente ans qu'il serait fort malséant à moi de venir aussi donner mon avis sur le *léitmotiv*, la mélodie continue, le drame lyrique, et le reste. Il me semble que la discussion théorique étant depuis longtemps épuisée, il faut se borner désormais à étudier le système wagnérien dans ses conséquences, et c'est pourquoi je me permettrai quelques observations, non pas précisément en dehors, mais à côté du sujet. Il y a une chose, en premier lieu, qui me répugne toujours et me fait horreur : c'est l'engouement. Dès que j'en aperçois, chez n'importe qui, la moindre trace, je me défie, je me tiens sur mes gardes, je suis prêt à crier à la sottise. Le véritable sentiment de l'admiration n'empêche en aucune manière qu'on ne puisse rendre justice à tout le monde et mettre chacun à son rang. Or, la preuve est faite aujourd'hui qu'un bon Wagnérien ne saurait souffrir personne à côté de son idole; il ne se contente pas de jeter Rossini par-dessus bord, il y jette aussi Meyerbeer, et Mozart, et jusqu'au

Wagner des premières années. Où s'arrêtera ce farouche exclusivisme, qui ne ressemble guère, on en conviendra, aux larges bienveillances de l'admiration ? J'ai peine à comprendre, en second lieu, que la bataille s'éternise à ce point autour de Wagner et de ses théories. Voilà trente ans qu'on joue les opéras du grand incompris sur toutes les scènes de l'Allemagne, et qu'on en donne des fragments considérables dans les concerts classiques de Paris et d'ailleurs, et pourtant la cause ne paraît pas plus qu'au premier jour gagnée d'une manière complète et définitive. On siffle moins, on applaudit davantage, mais au fond c'est toujours à recommencer. La cause en est au réel fanatisme, qui anime les vrais adeptes de Wagner. Au lieu de jouir paisiblement de sa musique qu'ils trouvent si délicieuse, comme autrefois nos pères jouissaient de celle de Meyerbeer ou de Rossini, ils veulent encore à tout prix, et de haute lutte, faire des prosélytes et nous précipiter de vive force aux pieds de leur seul et unique grand maître. On résiste naturellement à ce genre de conversions culbutantes, d'autant plus que l'œuvre d'art, si la muse l'a vraiment conçue, finit tôt ou tard par s'imposer d'elle-même et triompher. Quand Mozart, ou Meyerbeer, ou Rossini sont morts, il y avait belle lurette que leur gloire était partout reconnue. Une dernière observation, non moins importante que les autres, c'est que jamais aucune musique, de l'aveu de tout auditeur sincère, n'a produit un tel effet de lassitude, d'énervement et de surexcitation fébrile. Le poète Baudelaire, l'auteur peu suspect des *Fleurs du mal*, a donné cette singulière louange à la musique wagnérienne : « Ma volupté avait été si forte et si terrible que je ne pouvais m'empêcher d'y vouloir retourner sans cesse... C'est le débordement d'une nature énergique, qui verse dans le mal toutes les forces dues à la culture du bien ; c'est l'amour effréné, immense, *chaotique*, élevé jusqu'à la hauteur d'une contre-religion, d'une religion satanique. » Pour moi, je n'ai pas, cela va sans dire, éprouvé ces sensations de névropathe, mais ce que je puis déclarer, c'est que la longue partition de *Parsifal*, si j'en excepte les chœurs, chœurs des chevaliers du Graal et des filles-fleurs, m'a fait connaître par les incohérences et les somnolences de sa mélopée, toute la somme d'ennui qu'un mortel peut ou plutôt ne peut pas endurer sur la terre. Des sons, des sons qui se suivent et se heurtent, mais entre ces sons nul plan, nul dessin facile à saisir, rien où puisse s'accrocher et se complaire notre goût naturel pour la symétrie. Il me semblait voir, en les écoutant, une vallée sauvage au milieu de nos grandes Alpes ; partout des rochers nus, des sapins foudroyés par l'orage, des torrents au lit obstrué de pierres gigantesques. Ce spectacle a sa grandeur, sans doute ; ce sont de sublimes horreurs, comme disait un grand écrivain, mais cela ne répond pas le moins du monde aux notions les plus élémentaires de l'art. La forme manque à cet affreux chaos, la forme qui s'empare de la matière, et lui communique la vie avec la beauté.

Une idée me poursuit quand je pense à Wagner, c'est que la Providence, en cette fin de siècle, l'a envoyé parmi nous comme un justicier. Comparez, je vous prie, sa physionomie renfrognée et dure, au visage souriant et fin d'un Rossini, par exemple, et voyez s'il n'a pas l'air d'un pédagogue, d'un vieux magister armé de sa férule. Il est venu, avec ses œuvres et ses brochures innombrables, donner des leçons à tout le monde et apprendre à chacun son métier. Les directeurs de théâtre, en premier lieu, comme il les a fait rentrer dans le droit chemin ! Ils avaient accoutumé de lésiner sur la dépense et ne renouvelaient guère les costumes et les décors. Aujourd'hui, avec la nouvelle conception du drame lyrique, où tous les arts doivent concourir à la puissance de l'action, ils sont condamnés à réaliser des prodiges de mise en scène. Tout doit être conforme à la vérité historique, étonnant de couleur locale, ruisselant de luxe et de fantaisie. Et de fait, il faut reconnaître que les décors de *Parsifal*, ce que les Allemands appellent la *scènerie*, sont vraiment magnifiques et brossés de main de maître. Au premier acte nous avons tous été ravis de ce merveilleux paysage : un lac entrevu au fond d'une allée d'arbres séculaires et tout pailleté d'or sous les premiers rayons du soleil. C'est l'œuvre d'un peintre, comme aussi le sanctuaire des chevaliers du Graal. Les yeux sont charmés, et on oublie, devant ces tableaux et ces architectures, la longueur interminable du spectacle. Les petits moyens, du reste, ne sont pas négligés, lumière électrique, changements à vue, machinerie savante, boîtes à surprises. On se croirait chez un confrère de Robert Houdin en voyant s'illuminer ou s'éteindre tout à coup le fer de la lance, la colombe, le calice. Au premier acte, la forêt s'éloigne sous les yeux du public et c'est une chose plaisante que tous ces gens si sérieux suivant avec intérêt la marche lente du décor. Je me suis rappelé, à ce moment, les théâtres mécaniques des champs de foire, où l'on faisait sans bouger de place les voyages les plus merveilleux et en même temps les petits théâtres de province d'autrefois où les plus beaux opéras se jouaient dans les mêmes décors vermoulus. Il est vrai qu'alors la musique était moins savante et moins humble; elle se chargeait à elle seule de captiver les spectateurs.

Les artistes, chanteurs ou musiciens, méritaient aussi leur châtiment, et on peut dire que le bourreau de Bayreuth a su leur administrer la plus jolie volée de bois vert qu'ils aient jamais reçue dans le cours des siècles. Ils expient maintenant, sous cette rude main, leur fol amour-propre et leurs impertinences légendaires à l'égard du public, des poètes et des compositeurs. Pour les musiciens, on les a relégués au fond d'une cave, où ils peuvent s'évertuer à tour de bras sur leurs instruments sans qu'un regard de pitié ou d'admiration vienne jamais les récompenser de leurs efforts. L'infortune des chanteurs n'est pas moins inénarrable. Plus de cavatines, d'airs de bravoure, de morceaux brillants ; plus de roulades, d'effets de voix, de prodiges de virtuosité, mais le récitatif à jet continu, la traînante mélopée sans trêve et sans fin, où il est très facile, et on s'en aperçoit, d'émettre ici et là quelques notes douteuses. Combien le labeur doit être pénible d'apprendre ces déclamations si monotones, où rien de chantant ne vient aider un peu la mémoire! Et cependant, malgré ce dur martyre, on enlève encore aux chanteurs leurs plus douces consolations ; plus de bravos, de rappel, d'ovations enthousiastes ; toutes ces choses sont supprimées par le maître comme contraires à la majesté du grand art. A Bayreuth, on n'applaudit qu'à la fin du spectacle, et encore faut-il attendre, même après la fermeture du rideau, que l'orchestre ait joué la dernière mesure de la partition. Malheur aux émules de nos Romains qui voudraient interrompre auparavant la béate sérénité des adeptes! Et ce n'est pas le dernier mot de l'épreuve à laquelle sont soumis nos chanteurs modernes ; on les traite, dans le nouveau drame lyrique, comme des mimes, des marcheurs, des figurants. Un acte wagnérien se compose, non pas d'une succession de scènes, mais d'une série de tableaux vivants. Dès que Gurnemanz ou Amfortas, ou Kundry, ou Parsifal veulent bien commencer un de leurs interminables récits, tous les autres acteurs sans exception, même le ténor et la prima dona, se groupent d'une manière savante et gardent la pose jusqu'à la fin. Immobilité complète; on dirait des statues, et c'est ainsi que l'art des Praxitèle et des Phidias vient aussi prêter son concours à l'œuvre d'art universelle. Au premier acte, tournant le dos au public et regardant la scène mystérieuse du Graal, l'excellent ténor Vogl, du grand théâtre de Munich, est resté plus d'une demi-heure sans faire le plus petit mouvement. Et il me semblait qu'en sa personne tous les chanteurs d'autrefois avaient été mis, dans ce coin de la scène, comme en pénitence pour y recevoir la correction dont j'ai parlé tout à l'heure.

Le public, comme on imagine, ne devait pas être oublié dans cette généreuse distribution de coups de férule. N'a-t-il pas applaudi cent fois des inepties et refusé son admiration aux plus beaux chefs-d'œuvre? Est-il rien de comparable à son ignorance, à ses caprices, à sa frivolité stupide? Aussi, défense à lui désormais de prendre une salle de spectacle pour un lieu de réunion mondaine, où l'on rit, où l'on babille, où l'on s'amuse. Il est impossible aujourd'hui d'y reconnaître personne; plus de lumières, partant plus de toilettes élégantes, et le silence est de rigueur, le silence le plus absolu. J'avais une frayeur extrême, durant cette longueur des actes, qu'un pauvre diable d'asthmatique fût pris soudain d'un accès de toux, car je crois bien qu'on l'aurait écharpé ou jeté sans ménagement à la porte. Rien qui sente ici la joie, le délassement, rien qui mette à l'aise; on est un peu comme des écoliers en classe ou des fidèles assistant à un office. Jadis, quand nos pères avaient trouvé quelque morceau bien venu, facile, agréable, ils se livraient à leur plaisir sans arrière-pensée, et ne se gênaient pas pour crier bravo et même *bis*. Aujourd'hui, le premier devoir du spectateur est de rester grave, impassible, plongé dans le recueillement. Il ne lui faut rien moins, du reste, que son attention la plus soutenue pour découvrir, sous la trame enchevêtrée de l'orchestration, toutes les richesses musicales prodiguées par le maître, et surtout pour saisir l'idée fondamentale du poème et en suivre avec intelligence les péripéties. C'est un vrai travail, et encore *Parsifal*, au point de vue de la clarté, l'emporte de beaucoup sur l'*Or du Rhin*, la *Walkyrie*, *Siegfried*, le *Crépuscusle des dieux*, etc. On peut, à la rigueur, après une étude approfondie du poème de Wolfram d'Eschenbach, se faire une idée des trésors de profondeur cachés sous cette vieille légende romantique. Les Allemands nous l'ont empruntée il y a plusieurs siècles, et c'est notre Perceval que nous retrouvons à Bayreuth, nous donnant la solution chrétienne du problème de la vie. J'ai entendu, derrière moi, une dame protester à voix basse contre cette profanation sur la scène des plus augustes mystères du christianisme, et je trouve, en effet, qu'il est peu séant de faire prêcher l'Evangile à des gens fardés, au milieu de vains décors, sous les reflets blafards de la lumière électrique. Quoi qu'il en soit, Wagner a rigoureusement fustigé la paresse et l'indifférence du public, et c'est grâce à lui que bien des personnes ont appris à connaître la mythologie des vieux Germains et force légendes du moyen-âge. Autour de moi, je n'ai vu que des gens armés de brochures ; on lisait à force pendant les entr'actes, on se bourrait de science pour mieux comprendre le grand art. Si le mouvement wagnérien continue, il faut plaindre d'avance nos arrière-neveux ; le théâtre ne sera plus un lieu de plaisir, mais une annexe, un prolongement de la Sorbonne.

Le premier acte de *Parsifal* dure une heure trois quarts; les deux autres sont à peu près taillés sur le même patron ; il est donc facile de comprendre qu'on sort de là rendu, exténué, à moitié mort. Les entr'actes heureusement sont aussi très longs, et comme la nuit, en cette saison, est encore assez lente à venir, tout le monde en profite pour se promener ou se restaurer à la cantine. Très curieuse à observer, cette foule cosmopolite. On y reconnaît d'emblée, au milieu de la masse des simples touristes et des curieux, quelques-uns des types les plus caractéristiques de la famille wagnérienne. Au premier rang voici le *patriote*, l'Allemand qui veut favoriser l'art national, *die deutsche Kunst*, et qui le proclame supérieur à tout autre, incomparable, définitif. Il a remarqué que, depuis un siècle, les compositeurs allemands n'ont pas fait brillante figure au théâtre à côté des maîtres italiens et français. Quelle honte pour l'Allemagne, cette terre classique de la symphonie d'avoir été si longtemps, au point de vue du drame lyrique, tributaire d'un ramassis de Welches ignorants et frivoles ! A ses yeux Wagner est donc un homme providentiel, envoyé tout exprès pour venger l'honneur national. Il possède à lui seul, pour ce motif, plus de facultés géniales que tous ses confrères du monde entier, passés, présents et futurs. La nation qui s'est illustrée par tant d'exploits militaires ne saurait céder la place à aucune autre, même sur le terrain de la musique dramatique. Un bon Allemand, par conséquent, doit défendre, soutenir, prôner Wagner, comme en ce moment les Italiens s'enthousiasment pour le jeune auteur de la *Cavalleria rusticana*. Cette idée a fait tant de progrès depuis le triomphe des armées allemandes que la Société directrice des représentations de Bayreuth est devenue tout à fait prussienne, et que l'empereur Guillaume, cédant au vœu général, s'en est déclaré le haut protecteur. Il serait fort à souhaiter que les naïfs wagnériens de Paris eussent parfois l'occasion d'entendre raisonner les wagnériens patriotes.

Un second type, c'est le *gobeur*. Celui-là, bien qu'il n'ait pas reçu toujours une très forte éducation musicale, se croit malin, et il s'empresse d'ajouter foi à l'éternelle histoire du pauvre homme de génie méconnu et persécuté. Les Parisiens ont jadis sifflé le *Tannhaüser*, cela suffit, et son imagination lui représente aussitôt des légions de monstres épouvantables, la frivolité mondaine, les rivalités jalouses, la haine instinctive du Philistin pour le véritable artiste, et tout cela s'acharnant, avec une fureur toujours inassouvie, sur le grand homme qui gémit et meurt de faim dans sa mansarde. Ainsi Socrate autrefois dut boire la ciguë, ainsi le Sauveur lui-même fut crucifié sur le Calvaire. Le gobeur est la sincérité même, et il grince des dents, il roule des yeux furibonds au souvenir de tant d'iniquités si manifestes. L'idée qui détermine surtout son engouement sans bornes, c'est qu'en ce monde, plus les siècles s'écoulent, plus les choses progressent. A l'en croire, il n'y a pas plus de décadence pour les beaux arts que pour les sciences naturelles et expérimentales. Comme le chemin de fer de nos contemporains est bien supérieur à la patache de nos pères, ainsi la musique de Wagner doit l'emporter sur celle des Meyerbeer et des Rossini. Les primitifs ont toujours tort un jour ou l'autre ; il faut donc se hâter d'applaudir aux rénovateurs de l'art et prévenir de la sorte le jugement de la prospérité. Wagner, c'est l'avenir, et les autres le passé ; le choix à faire ne saurait donc être douteux ; et quand même cette nouvelle musique semblerait assommer et ennuyer les honnêtes gens, peu importe ! il faut, afin d'éviter les moqueries des générations futures, crier bien vite et sur tous les tons qu'elle est sublime et qu'on la comprend.

Il y a encore une autre catégorie bien déplaisante de wagnériens, et le type qui la représente peut, je crois, s'appeler le *poseur*. Il s'est mis en tête de trancher sur le vulgaire, et comme aujourd'hui le goût de la musique s'est très répandu dans la haute et basse bourgeoisie, il s'agit pour lui d'élever une barrière qui le sépare du menu fretin des amateurs. Les fils ou filles d'épiciers en gros qui ont suivi les cours d'un conservatoire quelconque n'entendent pas du tout qu'on les confonde avec la grande masse du public. Vous concevez bien qu'après avoir donné tant d'argent à des professeurs on a bien acquis le droit de mépriser un peu les ignorants et les profanes. On veut donc une musique qui ne soit pas celle de tout le monde, une musique au-dessus de la portée de la foule, savante, mystérieuse, hérissée d'obstacles apparents, et le wagnérisme, qui a su profiter de mille circonstances, est venu juste à point révéler à ces amours-propres surchauffés le moyen de constituer un monde musical à part, de bon ton, tout à fait *select*. Etre wagnérien, cela donne tout de suite un petit air de connaisseur émérite ; on se gausse, avec un léger sourire entendu, de la cavatine, de la ritournelle, du second couplet, on parle avec commisération de la musiquette d'Auber et on veut bien concéder qu'il y a un acte, dans *Guillaume Tell*, où Rossini a fait preuve d'une certaine puissance artistique. Et ne réclamez pas, ne présentez pas la moindre observation ! on briserait aussitôt l'entretien en vous traitant de sot et d'ignorant. Détail particulier : le wagnérien poseur se pâme devant une partition dont les pages ressemblent à un grimoire cabalistique. Plus il y a de signes extravagants enjambant les portées, plus il prend un air grave, extatique, ému. C'est la seule vraie musique aujourd'hui pour les rejetons de monsieur Prudhomme.

La représentation de *Parsifal* finit vers dix heures, et me fiant à certaines indications du programme, j'espérais pouvoir me rendre immédiatement à Ratisbonne. On sait que, durant les solennités musicales de Bayreuth, des trains supplémentaires partent la nuit dans toutes les directions. La gare est envahie par le flot des spectateurs ; les quais, les buffets, les salles d'attente regorgent de monde. Je parviens pourtant à me caser au bout d'une table ; je soupe tant bien que mal, plutôt mal que bien, cela va sans dire, mais avec l'appétit le plus féroce que j'aie jamais ressenti de ma vie. La musique de Wagner finira, j'en ai bien peur, par nous conduire au cannibalisme. A dix heures et demie un train part pour Nuremberg, un autre à onze heures pour Dresde, un troisième à minuit pour Francfort ; la gare peu à peu se désemplit. Nous restons une trentaine environ dans la grande salle du restaurant. On cause, on mange, on boit, on dort. J'ai pour voisin un homme très aimable, conseiller municipal à Passau, qui n'est guère disposé à dormir, et encore moins à laisser dormir les autres. Nature bienveillante, expansive ; un véritable Allemand du Sud. « Monsieur, me dit-il — se méprenant sur mes sentiments — quelle musique merveilleuse nous venons d'entendre ! Quel chef-d'œuvre incomparable ! » Je hasarde modestement quelques critiques, et voilà mon homme qui, sans coup férir, rend soudain les armes. « Vous avez raison, monsieur, mille fois raison ; c'est ennuyeux comme la pluie. A Vienne, où je vais souvent, on ne donne pas du tout dans la folie wagnérienne ; on y aime trop la mélodie, les opérettes, les valses de Strauss. Et il en est ainsi, croyez-moi, dans la plus grande partie de l'Allemagne. Le wagnérisme est avant tout affaire d'amour-propre national, et il s'y mêle en même temps, à mon avis, je ne sais quelles considérations religieuses. Wagner a su se faire un certain nombre de partisans en sa double qualité de protestant et d'antisémite. Ajoutez à cela que les directeurs de théâtre et les éditeurs de musique ont un immense intérêt à propager et à surexciter l'engouement actuel. Les partitions du maître se vendent à des prix exorbitants, et le tapage, la discussion, les critiques passionnées valent toujours mieux pour la caisse que l'indifférence du public. Il est vrai que des chanteurs célèbres semblent très enthousiastes de cette musique, où ils ne peuvent cependant espérer aucun succès personnel et extraordinaire ; mais, en revanche, au point de vue de la réclame, voyez comme ils profitent de leur dévouement. Tous les journaux d'Allemagne, au lendemain d'un festival de Bayreuth, publient des télégrammes aussi émouvants que ceux des chancelleries : Vogl a très bien chanté ce soir, la Materna était mieux disposée qu'avant-hier, etc. Tout cela, en somme, sent le puffisme, et je suis convaincu qu'avant peu d'années il n'en restera plus qu'un amer souvenir. » J'ai laissé parler mon brave magistrat, qui termine sa harangue par l'éloge de Paris. Quelle ville! quelle vraie capitale du monde! « A Vienne, me dit-il, on est aimable et courtois pour l'étranger, mais à Paris, c'est bien autre chose, l'étranger y est tout à fait chez lui. »

A deux heures du matin, on sonne; une locomotive hurle dans la nuit, et tous mes compagnons, y compris le Bavarois, se lèvent et partent; je reste seul. Surpris de cet abandon qui jette un jour défavorable sur les aptitudes musicales des habitants de Ratisbonne, je m'informe, et j'apprends du chef de gare que je ne pourrai partir pour cette ville avant six heures. Que faire? Je médite, je rédige quelques notes, j'essaie de dormir dans une salle d'attente, et, à la première lueur du jour naissant, je sors et m'engage au hasard dans les rues de Bayreuth. Singulière, cette promenade à demi-nocturne, à travers la petite ville encore endormie! Il vient de pleuvoir; la fraîcheur de l'air est délicieuse, et mes pas retentissent si bien sur le pavé qu'à chaque instant je me crois poursuivi par le guet, un guet du bon vieux temps avec mousquets et hallebardes. Les rues sont larges, bien entretenues; ici et là, près de la gare, quelques maisons ont très belle apparence. Je remarque, sur ma gauche, un petit théâtre, avec une façade ornée de statues, dans le goût italien du dernier siècle. C'est bien ce qu'on pouvait imaginer d'avance, et je songe à la margrave de Bayreuth, cette sœur dévouée du grand Frédéric, je songe à toutes ces petites cours allemandes des âges disparus, où sous la protection d'un prince philosophe, on faisait fête aux beaux-arts et à la poésie. Une immense et large rue, sans nulle trace d'alignement, traverse Bayreuth dans toute sa longueur. Des fontaines, de loin en loin, en rompent la monotonie. C'est dans cette rue que se trouve le palais, masse allongée, presque imposante, noire. Elle fait front à une petite place en forme de cour, où s'élève la statue du roi Maximilien II. Un détail d'ornementation m'a paru charmant, quoique bizarre ; c'est une succession de têtes de grands hommes et de muses qui semblent courir comme une frise autour du monument. Elles sont assez spirituellement accouplées et sortant de leurs niches comme d'autant de lucarnes, elles se regardent et se sourient avec la constance et la fidélité du marbre. Les muses, d'ailleurs, sont très bien portantes ; il est vrai que leur emploi l'exige, puisqu'elles doivent avoir des nourrissons.

Avant de monter dans le train pour Ratisbonne, j'ai acheté une biographie de Wagner. Elle est très élogieuse, comme on pense, mais j'y trouve des faits révélateurs. Ce qui me frappe le plus, ce n'est pas le côté hargneux du musicien, ses haines, ses jalousies, ses ingratitudes, c'est plutôt sa volonté tenace et rusée, son orgueil sans bornes qui se plie à tout et se sert de tout — quoi qu'on ait dit — pour arriver au succès. Il avait commencé par se livrer à la culture de la poésie, et ce n'est qu'assez tard, après l'audition d'une symphonie de Beethoven, que, s'il faut l'en croire, il fut saisi et pour toujours par le démon de la musique. « Je résolus, dit-il dans une de ses brochures, de devenir musicien. » Quel trait de lumière! la volonté, l'ambition, le désir, voilà le grand principe de son talent. Il n'est pas très sûr qu'il soit uniquement né pour chanter, comme Mozart, comme Rossini, comme le rossignol et la fauvette. Il a sans doute étudié son art avec ardeur et intelligence; il s'en est approprié les secrets qui sont à la portée de tout le monde, mais l'inspiration, cette fille du Ciel, est-elle venue souvent le visiter? Wagner est plein de réminiscences timides et honteuses d'elles-mêmes; il commence un air, on va le finir, car on le connaît de longue date, mais il tourne court, nous laisse en plan, et termine la chose par un trait bizarre qui étonne et qui détonne. Ses mélodies semblent arrêtées dans leur vol comme des fusées humides qui s'éteindraient en route. En 1830, au lendemain de la Révolution, Wagner eut l'idée d'écrire une ouverture politique. Pourquoi cette idée saugrenue? Pourquoi, s'il voulait parler politique, ne pas écrire un livre ou une brochure? C'est absolument le procédé de Cornélius, chez qui la conception philosophique et littéraire précédait la vision de l'œuvre artistique elle-même. *Je résolus de devenir musicien !* le biographe aurait dû taire cette parole, si peu favorabe à son héros, si différente en tout cas de celle d'un grand artiste d'autrefois, et où se peignaient si bien la surprise, la modestie, la joie du véritable génie qui prend enfin conscience de lui-même: Et moi aussi je suis peintre! *Anch'io son pittore !*

CHAPITRE V

Ratisbonne.

Le voisinage de Nuremberg n'est guère favorable à Ratisbonne, et c'est jouer de malheur de visiter cette dernière ville après l'autre. On s'y trouve bien en présence de quelques monuments gothiques de la bonne époque, mais il s'en faut qu'elle possède autant de choses merveilleuses que sa rivale, et surtout qu'elle ait su, comme elle, conserver ses trésors avec tant de soin. A part la cathédrale et l'Hôtel-de-Ville, rien n'est intact, rien n'a gardé dans sa pureté le vrai caractère moyen-âge. Les rues sont étroites et tortueuses; à peine y remarque-t-on ici et là quelque maison ayant une apparence de style; on sent partout le laisser-aller, le « va comme je te pousse » d'une administration sans prévoyance et sans esprit calculateur. Elle a vécu au jour le jour, insoucieuse des beaux profits que savent tirer les villes économes de la passion des amateurs pour les vieilles architectures.

Ratisbonne, pour dédommager le voyageur, a le prestige de ses grands souvenirs historiques. C'est ici que, durant les deux derniers siècles, l'ancien empire d'Allemagne tenait ses Etats généraux. On ne songe pas sans un serrement de cœur, en parcourant les salles de l'Hôtel-de-Ville, à ce passé si près de nous, et néanmoins si complètement submergé dans l'abîme. Où sont les princes électeurs, la lutte des voix et des influences, la pondération savamment calculée entre le Nord et le Sud, les protestants et les catholiques, la Prusse et l'Autriche? En moins d'un siècle, par la glorieuse épée de la Révolution et l'intelligente diplomatie du libéralisme, la France a su faire table rase de tous ces petits princes débonnaires et mettre à leur place un empereur avec deux millions de soldats. C'est une belle chose, les théories modernes.

Je n'ai pu me distraire de mes tristes réflexions que par une marche forcenée à travers la ville. Un vrai dédale, ce réseau enchevêtré de petites rues, et où l'on risque fort de revenir vingt fois sur ses pas! Heureusement, la ville est en fête; j'aperçois partout des drapeaux, des tentures, des guirlandes, des arcs de triomphe, et aussi un débordement d'inscriptions qui, pour l'énormité de la platitude, ne le cèdent en rien à celles qui ont cours dans les autres pays civilisés. Elles m'apprennent qu'on célèbre le cinquantième anniversaire de la fondation d'un gymnase, et que le dit gymnase a fourni des légions de grands hommes à la patrie, et dans tous les genres. J'en suis ravi, et je vois défiler avec un intérêt d'autant plus vif le cortège officiel, où se dissimulent sans doute, pleins de modestie, un certain nombre de ces illustres personnages. Au reste, l'entrain, la cordialité la plus franche rayonnent sur les figures largement épanouies; on sent que tous ces vieux *labadens* sont heureux de se revoir, et les ecclésiastiques, en particulier, ne semblent pas disposés le moins du monde à la mélancolie.

Cette solennité quasi universitaire a attiré, comme on imagine, beaucoup d'étudiants à Ratisbonne. La plupart portent leurs insignes, et leurs groupes joyeux et tapageurs jettent une note gaie à travers la ville. Un Français, ignorant des choses germaniques, sera toujours surpris et même un peu choqué à la vue de ces petites casquettes bleues, rouges, vertes, blanches, violettes, etc., qui servent en Allemagne à distinguer de la foule la jeunesse studieuse. Il n'en saurait comprendre ni l'utilité, ni la signification, et ceux même qui, en ce moment, à la suite du professeur Lavisse, engagent si fort les étudiants français à imiter leurs confrères d'outre-Rhin, s'obstinent à commettre à cet égard une erreur qui est bien la plus singulière du monde. Ils proposent à leurs jeunes compatriotes de porter un béret en guise de casquette, et de donner à ce béret telle ou telle couleur selon leur genre d'études respectives. Rien de plus grotesque et en même temps de plus inutile. A quoi bon distinguer publiquement les carabins des juristes, et les juristes des potards? Il faudrait bien plutôt les rapprocher, les grouper, et, dans l'intérêt même de leur future carrière, les habituer à vivre, à causer, à discuter ensemble. En Allemagne, les insignes représentent une société particulière, je veux dire la corporation librement fondée et constituée, où l'étudiant, de son plein gré, et quelle que soit son école, s'est fait présenter et recevoir. Il y trouve des amis qui ne seront pas nécessairement plus tard des rivaux et des concurrents; il y entend traiter les sujets les plus divers; il y augmente sa culture générale. En tout cas, il est heureux de faire partie d'un de ces corps d'étudiants si célèbres en Allemagne, et c'est pourquoi ces petites casquettes aux couleurs si variées sont portées d'un air crâne et qui impose le respect. Il faut avouer néanmoins que leur forme est assez ridicule. Les unes sont étroites et coupées à angle droit; d'autres sont évasées comme la toque des marmitons; d'autres enfin, dont le fond retombe sur la visière, éveillent le souvenir des postillons du bon vieux temps. Mais peu importe, c'est l'emblème officiel de la corporation choisie, et je crois qu'il ne faut disputer ni des goûts, ni de la forme et de la couleur des casquettes.

Au surplus, quelle différence, et à bien des points de vue, entre l'étudiant français et l'étudiant allemand! Ce dernier, muni de ses insignes, tranche volontiers du personnage. C'est une manière de petit hobereau. L'avenir lui appartient, avec la gloire, les honneurs, les hautes fonctions grassement rétribuées. On le sent à ses allures cavalières, où perce un profond mépris du Philistin. Et le peuple lui-même, malgré le progrès des idées démocratiques, le regarde en effet comme un de ses maîtres futurs; il lui cède le pas en toute circonstance; il n'ose pas trop se plaindre de ses équipées. En France, pays essentiellement égalitaire, il sera toujours difficile aux étudiants de porter la moindre marque distinctive. On verrait là je ne sais quelle prétention à constituer une caste privilégiée. Rien ne fait reconnaître, à Paris, le calicot de l'étudiant, et ce n'est pas toujours le dernier qui prime l'autre, même à Bullier. Plus de hiérarchie, le niveau partout! Que dirait-on, si les étudiants parisiens, à l'exemple de leurs confrères d'Allemagne, organisaient d'immenses cortèges en voiture ou à cheval? On les sifflerait d'importance, et on leur jetterait peut-être des pommes cuites comme à des cabotins de bas étage.

Il est si vrai que la vie de l'étudiant allemand est empreinte d'un caractère aristocratique que des plaintes à cet égard sont souvent formulées dans la presse et jusqu'au sein du Reichstag. Socialistes, progressistes, nationaux-libéraux, membres du Centre, tous sont d'accord pour attaquer ces mœurs d'un autre âge, et il n'y a pour les défendre que les vieux conservateurs, le parti étroitement fidèle aux anciennes traditions. Que reproche-t-on à ces jeunes gens? Leur luxe d'abord, leur amour de l'élégance, leurs prodigalités excessives. Et sous ce rapport, il est certain que, depuis une vingtaine d'années, une grande transformation s'est opérée parmi les étudiants d'Allemagne. Ils avaient jadis des goûts très simples, préféraient la brasserie aux cafés somptueux, et ne cherchaient guère par une mise soignée à épater le bon bourgeois. Aujourd'hui, tout est bien changé; vêtus dans le dernier goût, les cheveux coiffés à la Capoul, le stick en main, ils appartiennent visiblement, et corps et âme, à l'aimable monde de la « gomme ». On a pu constater, si je ne me trompe, le même phénomène en

France, vers la fin de l'Empire; l'étudiant bohême, mis à la mode par Murger, fit place alors à l'étudiant correct, un peu guindé, qui s'est maintenu jusqu'à nos jours. La vraie cause d'un tel changement, je l'ignore, mais pour l'Allemagne, il faut la chercher sans doute dans les victoires de 70 et dans les milliards qu'elles ont rapportés. Les maîtres du monde, on le conçoit, ne peuvent plus s'habiller comme des pleutres.

Un second reproche qu'on fait aux étudiants d'Allemagne, c'est la barbare coutume de leurs duels à la rapière. Quel en est le vrai principe? A quel sentiment cela peut-il bien répondre? Il ne s'agit point ici de faire preuve de courage, puisqu'en dehors du cas d'un accident fort peu probable, la vie des combattants n'est jamais mise en péril. La poitrine est couverte d'un plastron, les yeux sont préservés par d'énormes lunettes, les joues seules sont exposées au brutal contact de l'acier. Il n'est pas non plus question de venger une injure, puisque les cartels s'échangent sans motifs entre les corporations rivales et sans qu'un seul des protagonistes soit précisément désigné d'avance. Où donc est le plaisir, l'attrait, la gloire d'un pareil combat? J'ai longtemps réfléchi sur ce mystère, et je n'y vois d'autre explication que le vieux fond barbare du Germain. L'étudiant veut montrer qu'il ne craint pas la douleur, et qu'il verra couler le sang, son propre sang, avec une patience et une fermeté stoïques. Pareil aux guerriers indiens, il s'imprime une sorte de tatouage qui doit le rendre terrible à tous ses ennemis. Le duel à la rapière, c'est sa veillée d'armes, son baptême de noblesse, et il en sort sacré pour la lutte comme un nouveau Don Quichotte, ou, pour mieux dire, comme un nouveau chevalier de la *Triste figure*. On n'a pas idée, en effet, de l'état lamentable où ce régime réduit bientôt sa pauvre joue gauche. Des estafilades dans tous les sens, et qu'il élargit au besoin lui-même, afin qu'elles soient bien franches, bien en vue. La plupart des étudiants que je rencontre ici sont balafrés, tailladés, déchiquetés comme à plaisir. Ils en sont fiers, la chose est sûre, mais je me suis demandé bien souvent si ces agréments hétérogènes de leur physionomie étaient de nature à faciliter beaucoup leurs succès dans le monde. Peut-être! La coutume a soin de tout ennoblir, et d'ailleurs on peut compter que la barbe viendra, une barbe épaisse qui peu à peu saura dissimuler les cicatrices. Il est vrai que, comme l'ancien évêque de Mayence, Mgr de Ketteler, on a vu des étudiants perdre une partie de leur nez à la bataille, et dans ce cas, je l'avoue, je ne sais guère ce qu'il faudrait répondre.

On fait un dernier reproche à l'étudiant allemand: il boit trop. Il boit le soir, il boit le matin, il boit toute la journée. Les séances officielles de sa corporation ne sont le plus souvent que des orgies scandaleuses, où il s'enivre jusqu'aux premières lueurs de l'aurore. Et quand on lui pardonnerait ce genre de délassements nocturnes, il y a la « chope du matin », perpétuel cauchemar de tous les professeurs. Il est certain, et je le reconnais sans peine, que ce reproche ne laisse pas d'avoir un fondement sérieux, car il est si facile, en Allemagne, d'outrepasser sur ce chapitre les limites permises!

La bière est si bonne, elle coûte si peu! Prenons garde, néanmoins, à l'exagération. Il y a des paresseux et des ivrognes en Allemagne comme dans le reste de l'univers, et on y a recours, pour la production des fruits secs, aux mêmes procédés de culture que partout ailleurs. « Tout le monde est fait comme notre famille », dit le proverbe italien, et il faut ajouter ici qu'à l'égard des excès dont nous parlons, l'étudiant allemand possède plus d'un avantage sur tous ses confrères. Il a les vieilles habitudes de sa race, un certain sang-froid qui le préserve des entraînements exagérés, et enfin sa santé, une santé robuste, vigoureuse, encore intacte en sa fleur. Ce dernier point est très important.

On discute beaucoup, entre savants français et allemands, sur les questions d'examens, de méthodes et de programmes d'études. Pour moi, je laisse volontiers de côté toutes ces choses, me souvenant d'une seule et unique vérité, c'est que dans tous les pays du monde, il faut apprendre pour savoir, et pour apprendre se donner de la peine. Rien ne peut remplacer le travail personnel. Aussi, le vrai problème à résoudre, en cette matière, est de préparer de telle sorte le jeune homme à la carrière des hautes études, qu'il y arrive dans les conditions les plus favorables pour aimer, cultiver et acquérir la science. Or, l'étudiant allemand sous ce rapport n'a pas à se plaindre de la destinée. Il a fait ses études classiques, non dans un lycée à la française, mais dans un gymnase, c'est-à-dire le plus souvent dans un externat. Il n'a pas été, durant de longues années, soumis, entre quatre murs qui suintent, au régime affreux de la caserne. Il a vécu presque toujours de la vie de famille, respirant cette forte et salubre atmosphère, et demeurant à l'abri de la fermentation malsaine qu'engendrent toujours les agglomérations de jeunes gens. Il a ignoré certains vices, et ses forces physiques et intellectuelles se sont régulièrement développées. Pas de dégoût pour l'étude au lendemain de son dernier examen de « maturité » ; on ne l'a pas chauffé à blanc, d'une manière artificielle, pour qu'on le crût digne un instant d'être appelé bachelier ; il a simplement appris à apprendre, et il est tout désireux de se servir de l'instrument de précision dont on l'a muni. La vie d'étudiant commence ; comment la supporte-t-il ? Il y jouit d'une liberté qui pour lui n'est pas nouvelle ; il n'en abuse pas, il n'en n'aurait même pas l'occasion. Les universités sont nombreuses, et il se trouve d'ordinaire dans une petite ville, où la race des étudiantes est encore inconnue. Sans doute, il fait partie d'une corporation, il vide force chopes, prend part à mainte promenade, mais ces heures de flânerie et de récréation joyeuse ne lui sont peut-être pas aussi nuisibles qu'on l'imagine. Il évite ainsi le surmenage, il conserve ses illusions, son enthousiasme, et sa bonne humeur ; il se laisse pénétrer par la douce influence des belles et pures amitiés de la jeunesse ; rien ne vient avant l'heure le désenchanter de la vie, l'aigrir et le flétrir, le blaser et le décourager, et quand, ses études terminées, il entre enfin dans la vraie lutte pour l'existence, on peut dire que c'est un homme, et un homme en possession de toutes ses ressources. Il sait, il veut, il espère; on peut être sûr qu'il fera sa trouée. « De tous mes condisciples d'universités — me disait un homme d'État autrichien — ceux qui ont le mieux réussi dans leur carrière n'avaient certes pas moins bu ni moins flâné que les autres ».

Je crois pouvoir, sur cette question des étudiants, parler avec une certaine compétence, car j'ai été des leurs, et durant de longues années, en Suisse, en France et en Allemagne. A Paris, où je faisais mon droit vers la fin de l'Empire, je n'ai jamais senti que j'eusse autour de moi de vrais camarades, des collègues, des amis. Nulle fraternité, un isolement presque complet. Nous étions, les uns et les autres, perdus et éparpillés dans la grande ville, et chacun tirait à droite ou à gauche, au gré de ses inclinations particulières. Je ne sais pas s'il y a jamais eu véritablement un quartier latin, mais il me semble qu'à cette époque c'était déjà une pure expression géographique. On pouvait distinguer alors trois catégories d'étudiants : 1° les *piocheurs*, un très petit nombre, qui jouaient au d'Arthez et s'enfermaient dans leur mansarde ; 2° les *viveurs*, qui bientôt pris dans le réseau des séductions parisiennes, se débattaient contre les soucis d'un ménage plus ou moins besogneux ; 3° les *politiqueurs* qui, toujours blottis dans le sous-sol ou l'arrière-salle de certains cafés, déclamaient sur les évènements du jour et se préparaient au suprême assaut du pouvoir. Quel triste milieu pour le jeune homme, fraîchement débarqué de sa province, ee qui aurait eu besoin, pour ne pas dévier de la bonne route, d'être soutenu et encouragé par l'exemple des autres! Les meilleurs soldats sont ceux qui sont le mieux encadrés, et les sociétés allemandes, avec leurs vétérans et leurs traditions, rendent aux jeunes gens, sous ce rapport, des services inappréciables. Je sais bien qu'à Paris on m'invita à faire partie d'une conférence qui se réunissait tous les quinze jours, dans une des salles du Palais de Justice, et où l'on discutait à perte de vue sur des questions de droit, mais la gaîté, la simplicité, la bonne humeur en étaient absolument bannies. Ce qu'on pouvait s'y ennuyer! Un défendeur et un demandeur étaient désignés d'avance et l'auditoire votait après le débat sur le point en litige. C'était le suffrage universel appliqué à la jurisprudence. Je me rappelle toujours un grand garçon — j'ignore s'il a réussi dans le monde — qui se proposait pour objectif de parler aussi longtemps que M. Thiers. Peu lui importaient la thèse et les arguments, mais il lui fallait au moins deux heures pour les exposer. La grande éloquence, à ses yeux, se mesurait avec une horloge.

Je ne veux pas insister davantage, mais je me permettrai de constater encore que ces années d'études, en Allemagne, laissent les plus doux et les plus durables souvenirs. On ne saurait croire à quel point le jeune homme s'attache à cette petite ville aimable et tranquille où sa jeunesse studieuse s'est écoulée. Il ne la quitte pas sans verser des larmes, il n'y pense jamais sans émotion. On l'a bien vu dans deux occasions récentes, aux jubilés de Heidelberg et de Göttingen, A combien de discours touchants et de vers enflammés ces deux fêtes vraiment nationales ont donné naissance ! Je ne résiste pas au plaisir de traduire ici quelques-unes des strophes qui ont paru à ce propos dans un des journaux les plus répandus de l'Allemagne :

« Ils te sont restés fidèles, ô Heidelberg, ceux qui dans l'heureux temps de leurs années d'études ont goûté le charme et la paix de ton séjour, et si quelques-uns reviennent te voir avec des cheveux blancs, à ta vue ils retrouveront bien vite leur ancienne jeunesse. »

« La nuit descendra des montagnes voisines, et alors quel bonheur pour eux de se réunir, comme autrefois, avec de joyeux camarades ! comme les chansons aimées du bon vieux temps vont retentir, répétées par mille bouches, jusque dans les dernières profondeurs de la vallée ! »

« Ils pourront croire un instant que leur jeunesse, hélas ! depuis si longtemps évanouie, est revenue avec ses grâces et son sourire, et, durant ces quelques heures enchantées, ils sentiront renaître les espérances et les rêves d'or de leur vie d'étudiant. »

« Plus d'un cependant, dans la vaste Allemagne, sera tenu à l'écart de ces joies fraternelles par la servitude d'un devoir impérieux ; mais il n'oubliera pas, la chose est sûre, le jubilé solennel de l'*Alma Mater*, de la petite ville assise sur les bords lointains du Neckar. »

« Que fera-t-il ? Il descendra dans son cellier, et à la bonne place, à l'endroit le plus secret, il y prendra un dernier flacon couvert de poussière, un flacon de ce vieux vin des meilleures années, que, pour les grands jours de fête, il a gardé jusque-là avec un soin jaloux. »

« Salut donc à toi, vieille cité d'Heidelberg ; tu maintiens, malgré tant de siècles écoulés, ta gloire déjà si ancienne et toujours nouvelle ; salut ! tes fils dispersés dans la grande patrie, se lèvent en ce jour, et, de loin comme de près, t'envoient le tribut de leurs hommages et de leurs vœux ! »

Je doute qu'un ancien étudiant de Paris puisse jamais trouver dans son cœur et dans sa mémoire la plus petite parcelle du sentiment de reconnaissance émue qui éclate dans ses vers.

Le hasard de la promenade m'a conduit devant la célèbre auberge de la *Croix d'or*, et j'ai contemplé quelques instants sa vulgaire façade avec une certaine émotion. En Allemagne, toutes les auberges, foyers officiels de la vie nationale, ont droit à la considération du touriste, mais celle-ci, couronnée d'une poétique auréole, mérite une attention plus particulière et plus recueillie. C'est sous son toit que l'empereur Charles-Quint, bien digne de commander à des Allemands s'éprit de la belle hôtesse Barbara Blomberg, et eut d'elle un fils, qui fut don Juan d'Autriche. Le joli trait de mœurs ! et comme il explique l'influence, je dirai presque le règne actuel de la servante de brasserie. Le type est connu. Les poètes et les peintres d'outre-Rhin ont su lui faire une célébrité bruyante. Accorte, joviale, empressée, la « Kellnerin », avec son escarcelle à la ceinture, est une création germanique par excellence. Elle est dans le ton, dans le mouvement ; sans elle on ne comprendrait pas l'Allemagne. La bière n'aurait pas tout son attrait, elle porterait moins le Teuton à une douce rêverie, si cette nymphe, à travers des nuages de fumée, ne l'apportait avec sa grâce un peu lourde et bon enfant. Elle trône dans son antre comme une Circé nouvelle, elle se rend maîtresse des cœurs par son nourrissant et fatal breuvage, et j'ai vu souvent de bonnes bourgeoises, assistant à ses triomphes, lui jeter à la dérobée des regards chargés de colère et d'envie. Elles auront beau faire, les Barbara Blomberg tiennent encore le sceptre pour longtemps.

On a vite fait de visiter Ratisbonne, et on n'y prolongerait guère son séjour, si, dans le voisinage, deux monuments fameux ne lui venaient en aide par leur puissante attraction. C'est d'abord la Walhalla où j'irai demain, et ensuite le « Temple de la Délivrance », que je suis allé voir dans la matinée. On se rend par le chemin de fer à Kelheim, et, sur une colline qui surplombe la ville, on aperçoit l'édifice consacré par Louis Ier, roi de Bavière, au souvenir des grandes luttes de l'Allemagne contre Napoléon. J'ai ressenti, ou à peu près, la même impression qu'il y a douze ans. Cette colossale « Befreiungshalle », due aux talents combinés de plusieurs architectes, m'est apparue de nouveau comme un chef-d'œuvre de haute pâtisserie, quelque chose comme une tourte ou un vol-au-vent gigantesque. On ne peut rien imaginer de plus lourd, et le mausolée d'Adrien, à Rome, est un prodige d'élégance en comparaison. Sans doute, et c'est une excuse, il s'agit de célébrer la force et le génie des tribus allemandes mais les artistes ne sauraient ignorer qu'ils ont toujours pleine licence de jeter sur n'importe quel sujet un rayon de grâce et de poésie. Ces tribus s'offrent à nous sous la forme de dix-huit statues, qui sont adossées au mur extérieur de l'immense rotonde. On aurait pu, semble-t-il, mettre une arme quelconque dans leurs mains robustes — une lance, une épée, un foudre à la manière des dieux — mais on a préféré leur faire tenir de petites tabelles où sont inscrits les noms des diverses peuplades de la Germanie. L'effet manque absolument de grandeur, et on prendrait volontiers ces bonnes grosses personnes pour des marchandes de cigares et d'allumettes chimiques. Au point de vue de l'histoire contemporaine, elles offrent pourtant un certain intérêt, et j'ai essayé de fixer dans ma mémoire, et de me réciter à moi-même tous ces noms :

Autrichiens, Prussiens, Silésiens, Bohémiens, Hanovriens, Thuringiens, Franconiens, Poméraniens, Westphaliens, Tyroliens, Bavarois, Hessois, Brandebourgeois, Mecklembourgeois, Souabes, Saxons, Rhénans, Moraves.

La liste est longue, et elle le serait davantage encore, si l'édifice avait été construit quelques années plus tard. On se serait empressé d'y joindre de nouveaux frères, qui jusqu'ici sans doute se sont montrés on ne peut plus récalcitrants, mais qu'on saura bien forcer à revenir aux douces joies de la famille. Il est vrai qu'en même temps on aurait dû rayer le nom de plusieurs autres, et des meilleurs, puisque, par une véritable et cruelle ironie des choses, à peine ce monument de l'unité nationale était-il inauguré que les Allemands d'Autriche, vaincus à Sadowa, se voyaient expulsés sans nul égard de la Confédération germanique.

« Nous accusons les Français d'être légers, disait Joseph de Maistre, ils pourraient avec autant de raison nous reprocher d'être lourds. » Il est assez probable qu'en laissant échapper cette boutade, le grand écrivain opposait dans sa pensée l'Allemagne à la France. La lourdeur est, en effet, comme une partie intégrante de la race germanique ; un Allemand gracieux est une exception, une erreur manifeste de la nature. Les officiers ont beau se cambrer et redresser leur torse, les élégantes de Munich et de Berlin ont beau vouloir s'emparer du sceptre de la mode, les uns et les autres, malgré tous leurs efforts, ne parviendront jamais à se débarrasser de leur roideur et de leur gaucherie natives. Jamais on ne verra fleurir, sur ce sol ami de la rave et du houblon, la grâce légère et naturelle du Français, du Slave ou de l'Italien. Il y a des contrefaçons, et en grand nombre, je le sais, mais ce sont des contrefaçons. L'impression que j'éprouve à cet égard est si vive, si profonde, si générale, elle m'enveloppe si bien comme d'une seconde atmosphère que j'étais vraiment tout stupéfait, l'autre jour, de voir des moineaux qui sautillaient sur le chemin. Il me semblait qu'en

Allemagne, tout doit être lourd, même les oiseaux. J'ai réfléchi qu'ils sont nourris par la Providence, qui ne leur donne ni orge ni choux fermentés.

*
* *

Les Allemands d'aujourd'hui se rendent parfaitement compte de l'influence désastreuse exercée sur leurs *performances* par l'abus de la bière, de la saucisse et de la choucroute. Aussi, depuis qu'ils se sont mis en tête d'être la première nation du monde, et de donner le ton même en matière d'esprit et de suprême élégance, ils ont proscrit ces trop vulgaires comestibles de la carte de leurs cafés et restaurants. Si quelque touriste, ami de la couleur locale, y exprime le désir de s'en passer la fantaisie, on ne lui répond que par le silence le plus dédaigneux. Ce n'est plus assez *fein*, assez *nobel* pour de si grands vainqueurs, et peu s'en faut qu'ils ne prennent pareille demande pour une injure. A leur aise! mais ils feraient bien de ne pas s'arrêter en si bonne voie, et d'augmenter enfin la somme, jusqu'à présent si restreinte, de leurs jouissances gastronomiques. Toujours et partout le même menu désespérant! toujours le même veau se présentant sous les formes les moins variées! Il n'est pas de pays au monde où il soit plus nécessaire à cette heure de songer, non pas à la musique, mais à la cuisine de l'avenir. Au surplus, si la haute vie civilisée réclame qu'on ne serve pas toujours les mêmes mets, et surtout apprêtés de la même manière, elle n'exige pas moins qu'on les mange avec une certaine distinction de formes et de tenue. Or, il est peu d'Allemands, même dans les hautes classes, qui ne mangent les coudes en dehors ou appuyés sur la table, et qui ne tiennent leur fourchette — comme font les enfants chez nous — le manche en l'air et à poing fermé. Dis-moi ce que tu manges, et comment tu le manges, et je te dirai qui tu es.

Le soir, à l'hôtel du *Coq-Blanc*, conversation très intéressante, mais sur un sujet bien épineux. J'ai affaire à trois chauvins de la pire espèce, qui sont en extase devant le génie de Bismark, et rêvent tout haut des grandeurs futures de la sainte Allemagne. Le plus terrible d'entr'eux, c'est le maître d'hôtel lui-même, qui, sans nulle gêne, à la mode du pays, est venu prendre place à la table commune. Il faut le voir et l'entendre, avec sa voix échauffée et ses yeux qui lancent des éclairs.

« L'Allemagne, sachez-le bien, n'a plus peur de personne, Messieurs. Elle se moque absolument de la France et de la Russie coalisées, car elle est capable aujourd'hui de faire face à n'importe quelle agression. Et la raison, voulez-vous la connaître? C'est que tous ses enfants, depuis près d'un siècle, ont été soldats, et qu'elle dispose de la sorte d'un nombre incalculable d'anciens officiers et sous-officiers. Elle pourrait, le cas échéant, former sans cesse des armées nouvelles. Sa prépondérance est donc inattaquable.

Aussi, les Danois, les Alsaciens, les Polonais, sans compter les Hongrois, les Bohêmes, les Croates, n'ont qu'une chose à faire : la soutenir, et se mettre sagement sous sa tutelle. Elle les fera participer aux joies de sa haute civilisation. C'est la plus belle des destinées ».

Un jeune Rhénan, qui revient d'un voyage en Hongrie, prend à son tour la parole pour exprimer la même opinion. Il fait remarquer néanmoins que les Hongrois ne semblent pas encore d'humeur à s'y convertir. Imaginez-vous qu'en leur pays, dans les villes même où il y a le plus d'Allemands, certains avis officiels et administratifs ne sont rédigés qu'en hongrois et en français. Dans ce pays, si dévoué au système de la triple alliance, le teuton est proscrit. N'est-ce pas pour l'Allemagne une insupportable injure ?

L'aubergiste ne répond que par un grognement sourd. Mon troisième commensal parle d'un ton plus grave. C'est sans doute un bureaucrate ou un professeur. Il opine que dorénavant la France n'a rien de mieux à faire que de vivre en paix avec ses voisins. Elle avait jadis arraché par la force l'Alsace et la Lorraine à l'Allemagne : l'Allemagne a reconquis ces provinces ; elle a le droit de les garder, et elle les gardera. Rien de plus juste.

« Rien de plus juste », répétent en chœur les deux autres, et tous, à ce moment, me regardent du coin de l'œil. Ce Welche, que va-t-il répondre ?

Je fais la sourde oreille, et je m'en trouve bien. Il n'est plus au pouvoir de personne d'empêcher mes trois sots de dégringoler à fond de train sur la pente du chauvinisme. Je ne rapporte pas leurs derniers propos ; on m'accuserait d'avoir forcé la note ; tout ce que je puis dire, c'est que jamais, en aucun pays du monde, l'orgueil national ne me semble avoir atteint de telles proportions. C'est de la fureur, c'est du délire ; l'Allemagne, qui jadis était la nation pacifique par excellence, a été jetée pour longtemps hors de sa voie par le machiavélisme prussien.

Je sens le besoin de compléter par un trait la physionomie de notre maître d'hôtel. Nulle éducation première, ni vaste et solide instruction, la chose se comprend, mais ce Gaudissard patriote est fils de ses œuvres ; il a courageusement soutenu la lutte pour la vie, et c'est à force d'énergie, de labeur et de bon sens qu'il a fini par se créer une certaine situation. Il a bien voulu me dire sa douloureuse odyssée ; comment, vingt années et plus, il a roulé d'hôtel en hôtel, en Allemagne, en Suisse, en France, en Italie, partout où le poussait sa vie aventureuse. A ce jeu-là, il a appris plusieurs langues, et il m'a donné sur Lyon, sur Marseille, sur d'autres villes, des appréciations qui prouvent qu'il a su regarder et bien voir. Enfin, ses économies réalisées, il est devenu propriétaire du Coq-Blanc, et le voilà, malgré son humeur un peu batailleuse, bon bourgeois de Ratisbonne pour le reste de ses jours.

La même histoire, à peu de chose près, m'a

été contée par un marchand tailleur de Munich, très actif, très achalandé, en passe de faire fortune. « J'ai été, me disait-il, compagnon tout comme un autre ; j'ai même parcouru une partie de la France, et je me rappelle qu'au début de ce voyage — c'était en Savoie — je me suis trouvé souvent plusieurs jours sans avoir un écu vaillant dans ma poche. » On ne saurait contester à tous ces Allemands qui s'expatrient et vont tenter la fortune à l'étranger une grande force de caractère, beaucoup d'énergie, de persévérance, et cette confiance audacieuse qui pousse aux lointaines entreprises. Ils sont patients, instruits, observateurs ; ils vont étudier partout les nouveaux procédés de fabrication, et ils réussissent à imiter, avec une exactitude japonaise, les produits les plus élégants et les plus parfaits. Cette invasion pacifique est aussi redoutable que l'autre.

A Ratisbonne, je retrouve ici et là, et même en assez grand nombre, des images et des statuettes de la Vierge ornant la façade des maisons. Elles étaient devenues rares, très rares à Nuremberg, et à Bayreuth elles brillaient par leur absence absolue. Ce perpétuel changement de décor indique que je me trouve en ce moment sur la frontière qui sépare en Allemagne les contrées protestantes des catholiques. Le catholicisme s'étend et domine jusqu'à la limite précise où la Vierge peut sans danger se montrer en public. Et à ce propos je me souviens de l'éloge qu'on fait à la Mère de Dieu d'avoir toujours et partout triomphé de l'hérésie. Comme personne, parmi les créatures, ne possède mieux qu'elle le mystère de l'incarnation, qui est assurément le dogme fondamental du christianisme, je n'éprouve aucune peine à me ranger à ce sentiment, et j'ajoute qu'en particulier, en face du protestantisme, rien ne me paraît plus fort, plus démonstratif, plus péremptoire que le souvenir de la Vierge tenant son divin Fils entre ses bras. L'hérésie protestante a basé tout son système sur cette idée que l'homme n'est pas justifié par ses œuvres, mais seulement par les mérites de Jésus-Christ. Il lui suffit, en faisant un acte de foi, de se les appliquer extérieurement, pour paraître sans crainte, revêtu de cette armure, devant le tribunal de la justice divine. Il est pardonné, grâce à ce déguisement, mais au fond et en lui-même il demeure mauvais ; toute sa nature est viciée de fond en comble, et il ne peut faire aucun acte qui ne soit un péché. Voilà le système protestant, et que faut-il pour le faire crouler ? La Vierge, cette femme qui a pour fils le verbe éternel, et qui peut lui dire en toute confiance : « Je suis votre mère et je veux que vous m'aimiez. » Elle le tient dans ses bras, il se presse contre son cœur, et comme cet enfant est une personne divine, c'est-à-dire la sainteté absolue, il est impossible d'admettre que sa mère ne soit justifiée que pour rire et en apparence. Elle doit être pure et sainte en elle-même et par son libre consentement à la grâce. Son fils n'a pas refusé de devenir par elle le Fils de l'homme, il n'accepterait pas d'être par elle en contact avec le péché. Rien donc de plus contraire à la thèse principale du protestantisme, et c'est ainsi que, pour confondre la fausse science d'un Luther et d'un Calvin, c'est assez, si j'ose employer ici le vers d'un poète moderne,

> C'est assez d'un enfant sur sa mère endormi.

CHAPITRE VI

Une excursion à la Walhalla.

Je dirais volontiers pèlerinage, et non pas excursion, si j'appartenais de près ou de loin à la race teutonne. En effet, pour tout Germain germanisant, la Walhalla est une sorte de Mecque au petit pied. Il doit la voir et la saluer au moins une fois dans sa vie, et le roi Louis Ier, qui en a conçu l'idée, a bien montré par là le fond le plus intime de son cœur. Il aimait sans doute sa Bavière, mais avant tout il était Allemand. On ne distingue plus trace en lui du particularisme défiant de ses ancêtres. Il a moins peur de la Prusse et de l'Autriche que de la France, et, comme s'il était encore au lendemain de la bataille de Leipzig, il rêve une Allemagne toujours unie, toujours forte contre l'ennemi héréditaire. A ses yeux, dans la grande famille germanique réconciliée, il ne saurait plus y avoir de faux-frères, ni de jaloux, ni d'ambitieux. Nulle convoitise n'y menace sa couronne, et encore moins l'indépendance de son peuple. Il se flatte même, entre Vienne et Berlin, de jouer le rôle de modérateur prépondérant, et de faire de Munich la capitale littéraire et artistique de l'Allemagne. Econome des deniers de l'Etat, il prodigue dans ce but ses ressources personnelles, et à sa voix les artistes accourent, les monuments s'élèvent, les chefs-d'œuvre se multiplient, mais toujours et partout, au fond des provinces comme dans la nouvelle Athènes, c'est la grande patrie, c'est la sainte Allemagne que chantent et glorifient le marbre et l'airain. La Walhalla, parmi tant de témoignages de ce chauvinisme, occupe sans contredit la première place, la place d'honneur.

Le train m'amène, dans la matinée, jusqu'au pied d'une petite montagne qu'il faut longer durant plus d'une heure avant d'arriver au monument. Un voiturier m'offre ses services; je les refuse, cela va sans dire. Le soleil brille dans un ciel sans nuages, mais il souffle du nord une brise assez fraîche, et je me mets en route le plus allègrement du monde. Il est toujours bon, dans n'importe quel pèlerinage, de ne pas arriver à l'improviste devant le sanctuaire. Si l'âme n'a pas eu le temps de se recueillir et de s'isoler, comment sera-t-elle préparée à recevoir de fortes impressions ? Je marche donc d'un pas léger, heureux d'être seul, et de pouvoir laisser mon esprit réfléchir et méditer à son aise. La route est nouvelle, et elle sera sans doute très agréable, quand les jeunes arbres qui la bordent des deux côtés auront un feuillage plus épais et plus étendu. Pour le moment, leur ombre n'est qu'une discrète espérance, et je n'essaie pas de m'en faire un bouclier contre les ardeurs croissantes du soleil. A droite et à gauche on moissonne les seigles ; je vois aussi des paysans qui labourent, qui hersent ; c'est une délicieuse succession de tableaux champêtres. Je rêve un instant d'idylles et d'éelogues, mais je suis ramené bien vite à mon vrai thème de méditation par la vue d'un objet qui détonne au milieu de ces rustiques harmonies. C'est le poteau de la circonscription militaire, où j'apprends à quelle compagnie, à quel régiment, à quel corps d'armée ont la joie d'appartenir les braves soldats laboureurs que j'ai sous les yeux.

A mesure que j'avance, la Walhalla, cachée d'abord derrière un renflement de la colline, se montre et se dessine plus nettement sur le ciel bleu. L'air est si pur encore, malgré la buée qui déjà monte à l'horizon, qu'elle produit l'effet le plus charmant : on se croirait transporté en pleine Hellade. C'est le temple grec dans sa forme classique, émergeant de la verdure du bois sacré, avec ses lignes simples, nobles, majestueuses. Deux routes y conduisent; je choisis celle qui, fièrement et en face, monte pour ainsi dire à l'assaut de la colline ; elle est assez abrupte, mais elle offre l'avantage d'aboutir au pied même des assises du monument. Ces assises se composent d'une interminable série d'escaliers, de terrasses, de plateformes, qui, par de longs détours, avec une lenteur calculée, amènent le touriste jusqu'au seuil du temple, au *pronaos*. J'admire le fronton, très élégant, et les bas-reliefs, d'une grande énergie. La magnifique colonnade, qui fait le tour du monument, est un beau spécimen de pur style dorique. Je m'y promène un instant, pour l'admirer aussi, comme il est juste, mais en même temps pour reprendre haleine. Ces deux ou trois cents marches à gravir, ce n'est pas une médiocre affaire. Enfin, lorsque mon cœur ne bat plus que d'émotion, je pousse la porte du sanctuaire, elle cède, j'entre.

Ma première impression n'est guère favorable. En tout cas, elle est troublée par l'intervention du concierge, qui m'invite à chausser d'énormes babouches de lisière. Il s'agit de ménager la délicatesse des marbres et des mosaïques, et, de fait, le pavé de la Walhalla brille sous mes pieds comme un miroir. Je m'exécute de bonne grâce, puisque partout nécessité fait loi, mais c'est à pas mesurés et trébuchants que je commence l'inspection des fameux bustes qui sont le principal ornement de la salle. On sait que le roi Louis Ier a voulu élever son édifice à la mémoire des enfants les plus illustres de l'Allemagne. Belle pensée, mais je suis presque choqué, je l'avoue, de voir tous ces personnages, les empereurs et les poètes, les capitaines et les musiciens, les évêques et les princesses, confondus dans le pêle-mêle le plus démocratique et je dirai même le plus carnavalesque. Marie-Thérèse et Lessing sont à côté l'un de l'autre, et Schiller fait vis-à-vis à Rodolphe de Hadsbourg. Tous les hommes assurément sont égaux devant la mort et les récompenses éternelles, mais, puisqu'il s'agit ici seulement de gloire humaine, ne serait-il pas plus séant d'admettre quelques distinctions, quelques nuances? Il y a aussi, dans ce pandémonium patriotique, certains bustes dont la présence ne saurait s'expliquer que par les illusions phénoménales de l'ambition teutone. Passe encore pour Rubens et Van-Dyck, puisque les Flamands ne sont ni chiens ni loups, mais qualifier d'Allemands Pépin le Bref, et Radetzki et Totila, c'est vouloir étendre un peu trop loin les frontières de la mère patrie. Toutes les places d'ailleurs ne sont pas occupées, et il reste une rangée, à droite, pour les célébrités de l'avenir. Un homme sans nul doute peut se promettre de figurer un jour dans ce Panthéon, c'est Bismark, et je suis même très étonné qu'on ne l'y mette pas de son vivant. J'ai cherché naïvement son buste, tant j'étais persuadé que l'Allemagne lui devait bien cet avancement d'hoirie. Au milieu de chaque travée, et distribuant des palmes et des couronnes, se dresse une superbe statue de la Victoire. L'artiste a su très habilement diversifier les attitudes et la physionomie de son sujet. Un peu plus bas, échelonnées et se faisant face, se trouvent douze chaises curules en marbre blanc. Elles sont vides, et je suppose qu'elles symbolisent les juges mystérieux qui rendent les décrets de la postérité. Toute la salle, du reste, est empreinte d'un caractère païen qui me glace et me donne l'idée d'une immense nécropole. Rien qui élève l'âme ou l'encourage, rien qui lui ouvre des horizons vers l'au delà. La seule chose, au point de vue artistique, qui m'y plaise réellement, c'est la frise élégante où Martin Wagner, dans le goût le plus irréprochable, a représenté des scènes populaires de la vie des premières tribus germaniques. Elle m'enchante, cette frise, je m'y reprends à plusieurs fois pour l'étudier en détail, et c'est encore vers elle que je jette un suprême regard, quand sur le point de sortir et sous les yeux à demi-moqueurs du concierge, j'ai réussi, par une gymnastique savante, à me débarrasser enfin des fameuses babouches.

Je sors, et je suis ravi par le tableau qui, du

haut du péristyle, s'offre à ma vue. En face, dans un lointain fuyant, les vastes plaines de la Basse-Bavière, et le Danube, déjà « fier du progrès de ses eaux », s'y déroulant avec une grâce serpentine. Il vient, après bien des méandres capricieux baigner la colline de la Walhalla, comme s'il voulait, lui aussi, rendre hommage aux grands génies de l'Allemagne. Ses flots gris, sous le soleil, ont de légers reflets d'argent. Au milieu du fleuve, un bateau remorqueur se détache, avec sa masse lourde et noire, et sa cheminée grêle. Il y a, paraît-il, quelque difficulté dans la manœuvre, car j'entends les cris confus de l'équipage et la voix du capitaine donnant ses ordres. Au loin, sur la droite, Ratisbonne est comme enfouie dans une brume dorée, mais elle profile fièrement la silhouette des deux flèches de sa cathédrale. Ce spectacle m'émeut, et je songe que là est le vrai monument national et durable, le monument béni où le peuple, durant des siècles, est venu apprendre à aimer, non pas seulement l'étroite patrie d'ici-bas, mais la grande et éternelle patrie des âmes. Il y trouvait une doctrine claire et consolante, une solution lumineuse de l'énigme de la vie, un but à atteindre, et l'espérance, et le courage, et la foi. Rien de vague ni d'équivoque, rien qui fût semblable à cette promiscuité de la Walhalla, où les croyants et les hérétiques, ceux qui disent oui et ceux qui disent non, se trouvent rassemblés, par la fantaisie d'un prince, dans l'unité la plus monstrueuse et la plus mensongère. Je reviens au panorama : il est splendide ; il serait incomparable si, au fond, se dressait quelque beau massif de montagnes.

Je me promène encore un instant sous la colonnade, et dans le petit bois qui entoure une partie du temple. C'est le bon moment de la journée, l'heure psychologique où l'on rêve, cherchant à résumer ses impressions. En France, me dis-je, à supposer qu'on voulût imiter le roi de Bavière, où bâtirait-on le monument consacré à toutes les gloires nationales? Dans une ville sans doute, et cette ville à coup sûr serait Paris, le lieu du monde le plus bruyant, le plus frivole, le plus livré aux banales admirations de la foule. En peu de temps, ce serait une chose classée, étiquetée, dépourvue de prestige, objet de la raillerie des mauvais plaisants. Ici, en Allemagne, quelle différence ! On choisit une sorte de désert, une colline perdue dans un isolement farouche, une retraite où les bruits de la nature peuvent seuls se faire entendre. Comme le recueillement y sera plus facile! Comme le cœur s'y ouvrira de lui-même aux émotions nobles et généreuses! On a dit que les grandes pensées sont filles de la solitude, et pour ma part, je ne suis pas éloigné de croire que c'est là, dans ces véritables sanctuaires du patriotisme germanique, qu'ont germé les victoires foudroyantes de la dernière guerre. En tous cas, plus d'un jeune pélerin, j'en suis convaincu, s'y souvenant des grandeurs anciennes et des humiliations récentes de la patrie, a dû les rêver, les désirer, et peut-être aussi les entrevoir dans les ivresses de son patriotisme et de ses espérances rajeunies.

Notons encore un détail topique. Sur le pavé du temple plusieurs dates sont inscrites. Il y a celle du jour où la première pierre de l'édifice a été posée, et celle du jour où les travaux ont reçu leur dernier achèvement. C'est très bien, mais il y a encore ceci : *Beschlossen im Januar* 1807, l'entreprise a été résolue en janvier 1807, c'est-à-dire au lendemain d'Austerlitz et d'Iéna, au retentissement du canon d'Eylau et de Friedland. Grande leçon, bonne à méditer.

CHAPITRE VII

Le couvent de X...

Un vieux couvent qui date de loin, malgré ses murs d'une blancheur éclatante et sa chapelle badigeonnée de frais, jaune et rose, où sur le haut portail, dans une superbe envolée de justicier, saint Michel, cuirassé d'or, écrase et pourfend l'esprit du mal. L'édifice remonte au delà du temps des croisades, jusqu'à ces jours pleins de tumulte de la période carlovingienne qui furent pour l'Europe centrale comme l'aurore de la civilisation. Les moines, fidèles à leur coutume, jetèrent les yeux sur ce vallon sauvage et désert, où ils pouvaient, entre le Danube et la montagne, se créer une sorte de prison. D'un côté, le fleuve mugissant et impétueux, de l'autre, des forêts, des ravins, des rochers nus. La prière et le chant liturgiques se mêlèrent aux voix de la nature, et, comme autrefois les accords de la lyre d'Orphée, présidèrent à la douce transformation des choses. Les digues s'élevèrent, les forêts s'éclaircirent, les champs couverts de blonds épis rayonnèrent sous le soleil, et le village chrétien, peu à peu, vint se grouper autour du monastère. Combien de générations, dans cet oasis, ont goûté les joies d'une vie paisible et laborieuse ! L'orage souvent se déchaînait au loin; on entendait des cris, des rumeurs de guerre, mais toujours, jusqu'à la révolution française, toujours la maison de Dieu fut à l'abri du péril. C'est Napoléon, c'est le conquérant venu de France qui dispersa les hommes de la prière et du travail et livra leur demeure à l'abandon, aux ronces et aux épines. Et sans doute elle ne serait plus à cette heure qu'un amas de pierres croulantes, si Louis Ier, qui se piquait d'être bon catholique aussi bien qu'excellent patriote, n'avait donné l'ordre de restaurer ce sanctuaire et d'y rappeler les fils de saint Benoît. Les moines sont donc revenus, et on peut dire qu'à peu de chose près, tout a repris l'aspect des anciens jours. On croirait même, à voir le petit village si tranquillement blotti dans sa solitude, à entendre le chant de l'office s'élever comme autrefois aux heures canoniques, que le temps dans sa marche a oublié ce coin de terre, et qu'ici le moyen-âge continue.

J'ai voulu revoir un ancien condisciple, un de ces amis des jours heureux de la jeunesse, auxquels, en raison des années qui s'écoulent, notre cœur semble s'attacher avec une tendresse mêlée d'égoïsme. Il a été saisi soudain par la vocation religieuse, et je me souviens qu'en apprenant cette nouvelle — il y a de cela tantôt près de dix années — j'eus peine à contenir un mouvement de surprise. Il était si gai, si vivant, d'une si franche humeur! Le cas pourtant n'est pas rare en Allemagne, et, pour ma part, j'y connais un bon nombre de prêtres et de religieux qui ne sont entrés dans les Ordres qu'après plusieurs années d'Université. Leur vocation, fortifiée par cette épreuve, ne pouvait paraître douteuse à personne; ils avaient la liberté, les uns et les autres, de devenir avocats, médecins, architectes! ils agissaient vraiment après mûre réflexion et, on peut le dire, en pleine connaissance de cause. Le clergé d'Allemagne tire une grande force de cette circonstance que la plupart de ses membres appartiennent à de bonnes familles de la bourgeoisie. On a coutume encore, en ce pays arriéré, de considérer la carrière ecclésiastique comme la première des professions libérales. Je ne sais s'il y a des bourses pour les séminaristes pauvres, mais une chose sûre, c'est que l'immense majorité des aspirants au sacerdoce subviennent aux frais d'une grande partie de leurs études et ne passent guère qu'une année ou deux au séminaire. Ils ont auparavant suivi les cours de quelque Faculté de théologie, et plusieurs d'entr'eux ont soin de s'y munir d'un diplôme de licencié ou de docteur. Assurément la formation sacerdolale, au moins au sens étroit où on l'entend en France, doit souffrir en quelque manière de ce régime, mais il faut avouer qu'il offre aussi des avantages très appréciables. Calculez l'influence sociale qui résulte pour le prêtre de cette origine, de cette vocation mieux éprouvée, de cette instruction plus solide, plus étendue, et en même temps des nombreuse relations nouées de la sorte avec la future élite intellectuelle de la nation.

Il est près de midi quand j'arrive, un peu trop tard par conséquent pour que j'ose, sans indiscrétion, me présenter d'emblée au monastère. Je m'étais mis en tête, au lieu de la route commune, de prendre le sentier qui traverse la forêt, et comme bien on pense, je me suis égaré. Le silence solennel des grands bois de sapins, ce silence interrompu de temps à autre par une plainte lointaine et étouffée, a toujours pour effet de me plonger dans une rêverie qui m'enlève à peu près tout le sens pratique dont m'a pourvu la bonne mère nature. Je songeais aux grands poètes allemands, et je me disais que pour les bien comprendre, pour en savourer le génie amoureux de la légende et du fantastique, il faut les avoir médités dans ces vieilles forêts où semble passer le souffle de l'antique Germanie. On y perd la notion de ce bon sens exquis, mais raisonneur et froid, qui fait le mérite de nos Molière, de nos Boileau, de nos Lafontaine. Du reste, pas âme qui vive le long du chemin, et c'est après avoir perdu vingt fois le fil d'Ariane que je parviens à sortir enfin de mon labyrinthe. J'entre à l'auberge; on m'y sert à déjeuner, et, durant mon repas deux choses me frappent, qui donnent bien la mesure des sentiments religieux des habitants de la contrée. A midi la cloche du couvent se fait entendre : c'est l'*Angelus*, et, à l'instant même, la principale servante de l'auberge vient se placer à l'entrée de la salle réservée aux étrangers. Elle récite à haute voix les prières d'usage, et dans l'autre salle, où se trouvent les gens du pays, on lui répond avec l'ensemble le plus imposant. Les étrangers qui sont là me paraissent un peu surpris, mais l'un d'eux, grand et beau jeune homme en costume de touriste, se découvre et fait avec dévotion son signe de croix. « Je suis Rhénan, me dit-il, et je suis touché de cette coutume. Il y a encore dans nos provinces du Rhin, beaucoup de foi et même de piété, mais il s'en faut que nous possédions un si magnifique mépris de tout respect humain. » A peine ai-je eu le temps de lui répondre que nous voyons apparaître un Capucin suivi d'un frère lai vêtu en paysan et portant un gros sac en bandoulière. Ils viennent quêter ; le gouvernement les autorise à le faire deux fois par an, et on leur donne ce qu'on veut, de l'argent ou quelques denrées. La maîtresse de l'auberge s'acquitte du tribut avec deux ou trois pièces de menue monnaie, et elle reçoit en échange une petite image qui représente le fameux sanctuaire d'Altötting. Tout se passe très simplement, sans nul embarras de part et d'autre. Le Capucin, satisfait du résultat de sa visite, soulève sa calotte, salue l'assistance, et se retire, tandis que, le dos courbé sous le poids de son sac, le bon Frère emboîte le pas, clopin clopant.

Vers trois heures, après le chant des Complies, je frappe à la porte du monastère. Les religieux sont en train de regagner leur cellule, et l'un des premiers que je rencontre, c'est mon ami. Le bon Père pousse un cri d'étonnement, puis, mettant aussitôt le doigt sur les lèvres, car il faut respecter ici la loi du silence, il m'entraîne d'un pas rapide à travers les grands corridors. Arrivés dans sa cellule, l'amitié reprend ses droits ; il me presse les mains, m'accable de questions, manifeste enfin sa joie d'une manière expressive. Nous ne sommes pas comme Mistingue et Lenglumé, et, quoique séparés l'un de l'autre depuis si longtemps, c'est incroyable tout ce que nous avons à nous raconter. Le cœur ne vieillit pas sous la robe de bure, et mon Bénédictin, avec une vivacité charmante, se plaît à évoquer le meilleur de nos communs souvenirs. Je le regarde; il me paraît grandi sous son scapulaire, sa figure s'est amaigrie, ses traits se sont accentués; une vraie tête de moine, de moine sérieux et ascète. « Pourquoi je me suis fait religieux, me dit-il tout à coup; c'est bien simple. Ancien élève des Pères bénédictins, j'ai toujours aimé cette famille religieuse. Peu d'éclat, pas de querelles théologiques ; on y cherche surtout à conserver la douce paix du cœur par l'étude, la prière, l'enseignement, l'hospitalité. C'est le charme de cette atmosphère paisible qui m'a séduit et ramené auprès de mes maîtres. Voilà dix ans que j'ai pris ma détermination, et je suis heureux, je ne désire qu'une chose, mourir dans cette maison, loin des agitations du monde, après avoir prié enseigné, consolé les âmes. » Il me dit ces choses d'un ton qui me pénètre ; une douce lueur illumine son front, son regard est bien pur, bien ouvert, bien franc.

Après les joies de cette causerie intime, et permission dûment demandée au Prieur, mon ami, transformé en cicerone, me fait parcourir l'immense édifice. Tout est vaste et grandiose, le cloître, la chapelle, les sacristies, et les longs corridors s'enfuyant sous la frêle nervure de leurs arceaux. Le jardin, avec son puits traditionnel, est entouré de charmilles épaisses, et baigné par une véritable rivière. La bibliothèque m'a paru richement garnie, mais elle est ornée et surchargée, comme la chapelle, de décorations dans le mauvais goût du dernier siècle. On a décidément beaucoup de peine ici à se débarrasser du genre rococo. Quelques fresques sont pourtant d'un style plus moderne et dénotent l'influence des Cornelius et des Kaulbach. En somme, au point de vue artistique, l'impression générale qui me reste est celle d'une restauration très incomplète et faite à bâtons rompus, sans unité de plan. Les dépendances du monastère forment un massif de constructions très considérable, et la place la plus importante, la place centrale, y est occupée, faut-il le dire? par une brasserie. Il y a des gens qui ne manqueront pas de protester, j'en suis sûr, et de se voiler la face devant ces moines qui se mêlent de fabriquer de la bière ! Pour ma part, je ne trouve pas cette pratique si scandaleuse. La bière est en ce pays un objet de première nécessité, l'élément principal, on peut le dire, de l'alimentation publique, et il importe par conséquent qu'elle soit livrée à la consommation dans les meilleures conditions hygiéniques et au plus bas prix possible. Comment faire? Les sociétés industrielles ne cherchent pas précisément à résoudre ce double problème; elles ne songent, au contraire, qu'à augmenter leurs bénéfices. Il faut donc recourir à l'Etat ou aux couvents, et c'est un immense avantage pour le pauvre peuple que des religieux, aussi désintéressés qu'honnêtes, aient bien voulu se charger de ce grand service public. Leur bière n'est pas chère, et de plus, elle est excellente, comme j'ai pu m'en convaincre après le souper des bons Pères. Tous debout, causant, riant et buvant dans le réfectoire déjà sombre, cette demi-heure de récréation officielle m'a semblé charmante. C'était la cordiale bonhomie des pays allemands et catholiques, mêlée à cette réserve délicate, inséparable de la vie religieuse. J'ai pu discuter librement politique, histoire, littérature, et l'un des Pères, prussien d'origine, et professeur de français dans un collège, a vivement captivé mon attention par le tour sérieux et mordant de ses pensées. Le temps à mon gré s'envolait trop vite, et c'est le cœur doucement attendri que je pris congé, sans doute pour longtemps, de mes aimables amphytrions. J'embrassai mon ami, je serrai la main aux religieux qui l'entouraient, et, la lourde porte refermée sur mes pas, il me sembla que je rentrais dans la prison du monde.

Belle nuit d'été, la lune éclaire au loin le paysage et un vent frais s'élève des flots impétueux du Danube. Je suis tout réconforté, tout allégé par ce que je viens de voir et d'entendre, et jamais, sous mon pied de touriste, la terre ne m'a paru si douce et si ferme. Ces mœurs du clergé d'Allemagne, que je connais de longue date, ces mœurs si simples, si hospitalières, si franchement cordiales, non seulement ne m'étonnent plus, mais m'enchantent toujours davantage. Rien qui sente l'effort, l'esprit de caste, le souci exagéré de la tenue. Il est vrai que la foi du peuple étant encore ici très vive, le prêtre n'a pas besoin, comme dans les pays protestants ou révolutionnaires, de se défendre par une extrême réserve contre la malignité publique, mais il faut avouer qu'indépendamment de cette raison, d'ailleurs excellente, le clergé d'Allemagne obéit à cet égard au propre mouvement de sa nature.

Il n'a jamais subi le joug du césarisme gallican, ni contracté les hypocrites austérités du jansénisme, et il n'entend pas non plus que le libéralisme moderne le relègue et le claquemure au fond d'une sacristie, comme s'il n'était qu'un simple fonctionnaire de l'État, une sorte d'officier de police au point de vue moral. Il veut, en restant toujours en communication directe avec le peuple, ne point se laisser exclure sottement de l'activité nationale, et prendre part, comme il est juste, à toutes ses manifestations légitimes. Combien de fois n'ai-je pas été témoin de cet accord touchant, de cette fusion des prêtres et des laïques, où la condescendance familière chez les uns n'excluait pas le respect et la confiance chez les autres ! Il ne faut pas accorder trop d'importance à certains petits abus, suite inévitable de la faiblesse humaine, et que les observateurs superficiels, surtout quand ils sont nés en France, ont toujours une forte propension à prendre au tragique. J'ai vu, comme tout le monde, de braves curés de la Haute-Bavière assis gravement le soir à l'auberge à côté du maire et des notables de l'endroit ; je les ai vus qui, à l'exemple de leurs voisins, causaient, buvaient, fumaient leur longue pipe en porcelaine, mais j'avoue que, malgré d'anciens préjugés, je n'en ai pas été choqué outre mesure. Ces bonnes gens s'entretenaient des affaires de la commune et peut-être des grandes questions politiques et religieuses à l'ordre du jour ; le curé sans doute en profitait pour leur donner quelques bons conseils et les prémunir de son mieux contre la séduction des erreurs modernes, et dans la salle paisible et presque recueillie, sous la protection du grand crucifix suspendu à la muraille, ce tableau de genre me semblait en harmonie parfaite avec tout ce que je savais des mœurs et usages du pays.

On conçoit qu'avec la tendance indiquée tout à l'heure, les prêtres ne tiennent pas beaucoup en Allemagne à porter un costume trop rigoureusement ecclésiastique. Pas de longue soutane qu'on distingue au loin dans la foule ; pas de chapeau aux formes étranges et étrangères, et tirant l'œil. Le vêtement sans doute est noir, d'une coupe sévère, et de près il fait très bien reconnaître un ecclésiastique, mais le contraste avec l'habit civil est moins dur, moins *schroff*, la ligne de démarcation est moins profondément accentuée. Une autre conséquence du même principe de conduite, c'est le voile discret qu'un prêtre, publiant un ouvrage quelconque, a toujours soin de jeter sur son caractère sacerdotal. Il met ses nom et prénoms sur la couverture du livre, et y ajoute son titre universitaire, s'il en est pourvu, mais c'est tout. Rien n'indique d'avance au public qu'il a affaire à un représentant officiel de la milice sacrée. Je suis sûr que le plus grand nombre des admirateurs du célèbre et spirituel Alban Stolz n'ont jamais soupçonné que cet auteur était professeur de morale dans un grand séminaire. Aujourd'hui encore, malgré le succès retentissant de son ouvrage : l'*Histoire du peuple allemand*, bien des gens, parmi les mieux informés, ne sauraient dire si le Dr Janssen est prêtre ou laïque. Il est facile de comprendre qu'au milieu des circonstances actuelles, cette discrétion prudente favorise beaucoup l'action du clergé d'Allemagne. Elle lui permet d'aborder le grand public, et de faire valoir sa science dans tous les domaines de la pensée. Il n'est pas condamné de parti pris à se taire au milieu des luttes intellectuelles de son temps, ni surtout à laisser à des mains profanes, comme ailleurs, le soin de défendre les intérêts de la religion, Joseph de Maistre, dans son livre *du Pape*, s'excusait d'aborder un sujet si essentiellement théologique en alléguant que les préventions de l'opinion publique en France ne sauraient permettre à un prêtre d'entreprendre un pareil ouvrage. « Le prêtre qui défend la religion, dit-il, fait son devoir ; mais auprès d'une foule d'hommes légers et préoccupés, il a l'air de défendre sa propre cause ; et quoique sa bonne foi soit égale à la nôtre, tout observateur a pu s'apercevoir mille fois que le mécréant se défie moins de l'homme du monde, et s'en laisse assez souvent approcher sans la moindre répugnance : or, tous ceux qui ont beaucoup examiné cet oiseau sauvage et ombrageux, savent encore qu'il est incomparablement plus difficile de l'approcher que de le saisir. » En Allemagne, on a su tourner la difficulté sans trop de peine, et le clergé catholique, depuis le commencement de ce siècle, y a donné des preuves multipliées de son savoir et de son talent. Ce sont des œuvres monumentales que l'*Apologie du christianisme*, par Hettinger ; l'*Histoire de l'Église*, par Hergenröther ; l'*Histoire du peuple allemand*, par Janssen, sans parler des travaux des Görres, des Möhler, des Hefele, des Döllinger, etc., si sérieux et si recommandables à tant de titres. Au reste, les questions littéraires et artistiques ne sont pas exclues du domaine de l'activité sacerdotale. Je me demande ce qu'on dirait en France, si l'on y voyait un Père Jésuite publier, à l'exemple des Pères Gietmann et Kreiten, de gros volumes de cinq cents pages sur la légende de Parsifal et la vie et les œuvres de Molière. On y crierait — bien que ce dernier ouvrage soit l'étude la plus profonde et la plus audacieuse qui ait jamais paru sur le grand comique français — on y crierait, ou peu s'en faut, à l'abomination de la désolation.

Le peuple catholique allemand est fier de son clergé, tout à la fois si pieux et si savant ; il le croit et il le sait capable de faire bonne figure même au milieu des hommes d'État et des savants de notre époque, et c'est pourquoi, durant la crise politique et religieuse de ces dernières années, il a voulu lui donner une belle et large place dans les conseils supérieurs de la nation. On sait si sa confiance a été trompée et quelle cohésion l'élément ecclésiastique a su procurer et garder au parti du centre. En face de la haine et du despotisme protestant déchaînés, rien n'a été vraiment plus digne d'admiration et n'a plus contribué à la victoire définitive, que l'alliance, la fusion, l'unité parfaite du peuple et du clergé catholique en Allemagne.

CHAPITRE VIII

Herrenschloss.

J'attends, à la gare de Rosenheim, le train pour Prien, petite station jadis assez ignorée, mais en passe aujourd'hui de devenir célèbre. C'est de là qu'on se rend au Chiemsee, le plus grand des lacs de la Bavière, et à l'Herrenschloss, le plus magnifique des châteaux de Louis II. Le train arrive, bondé de touristes, et on serait vite renseigné, si on l'ignorait, sur le motif de cette affluence singulière, car de tous côtés le même cri s'élève : *nach Prien ! nach Prien !* Plusieurs lignes importantes se croisent à Rosenheim ; c'est le point de jonction, par le Brenner, de l'Allemagne et de l'Italie ; aussi l'agitation est extrême sur les quais ; on court, on se bouscule, on prend les wagons d'assaut. Deux jeunes Français, de vingt à vingt-cinq ans, se précipitent à la dernière minute dans le compartiment où je me trouve, et je ne puis bientôt m'empêcher, quand ils ont terminé leur installation, de les comparer à deux Allemands qui sont aussi mes compagnons de route. Même âge, et, selon toute apparence, même condition sociale ; le contraste est néanmoins saisissant. Les premiers paraissent bien petits, bien chétifs, bien malingres, à côté de leurs énormes rivaux joufflus et barbus, mais comme ils ont les yeux plus vifs, les traits plus fins, les allures plus dégagées! On sent une race physiquement moins forte, mais plus souple, plus délicate, plus déliée ; on sent que de longs siècles de culture à outrance y ont donné cette prépondérance aux nerfs sur les muscles. A coup sûr, mes jeunes gens ne rougissent pas de leur nationalité, car ils sont munis d'une énorme provision de journaux français, mais, visiblement, leur attitude est modeste ; ils ne regardent guère leurs voisins, ils parlent à voix basse. Aujourd'hui, partout où se rencontre une société cosmopolite, aux bains de mer, aux stations d'été, dans les gares, c'est l'Allemand qui parle haut, s'épanouit, fait la roue, emplit les échos de son gros rire confiant et des éclats de son orgueil en belle humeur.

Nous arrivons à Prien, où nous attendent, encombrant les abords de la gare, tous les véhicules disponibles de la contrée, chars, fiacres, omnibus, tapissières antédiluviennnes. Il y a d'ici au lac un trajet d'un petit quart d'heure. On s'entasse à la hâte dans les voitures, qui s'ébranlent lourdement, à la file indienne, au milieu d'une poussière fine et aveuglante. Le ciel s'est couvert d'épais nuages ; un vent froid commence à souffler des montagnes ; le panorama prend un aspect mélancolique. J'ai le temps, du reste, de le contempler à loisir, car, grâce à notre empressement exagéré, nous nous voyons réduits, durant près d'une heure, à faire le pied de grue au bord du lac. D'un côté s'élèvent les Alpes, avec leurs mille dentelures aériennes, et de l'autre s'étend une vaste plaine, toute semée de bouquets de sapins noirs. Il y a aussi, sur le flanc des montagnes, une riche végétation de conifères, et cette circonstance, jointe à l'absence d'un rayon de soleil, donne à l'ensemble du paysage un caractère âpre et presque sauvage. La foule des touristes augmente à vue d'œil ; elle est surtout composée d'Allemands, et la chose se conçoit sans peine, puisque les châteaux du roi défunt viennent seulement d'être ouverts au public. Il faudra quelques jours encore avant que les fils d'Albion, dûment prévenus et entraînés, s'abattent sur cette contrée de tous les points de l'horizon. En attendant, nos bons indigènes jouissent de leur prépondérance ; la plupart sont vêtus d'un costume tyrolien de fantaisie, chapeau vert orné de plumes de coq, et petit veston gris serré par derrière. On se promène, on s'impatiente ; enfin le *Dampfschiff* apparaît, un de ces vapeurs minuscules des temps primitifs, pourvu d'un long tuyau de poêle en guise de cheminée, et de roues énormes aux palettes largement espacées. Un frisson d'émoi nous agite ; y aura-t-il place pour tout le monde ? Chacun cependant parvient à se caser, et on part. Le lac est agité, les flots sont grisâtres. A chaque tour de roue, le *Dampfschiff* souffle comme un cachalot ; on dirait la respiration saccadée d'un moribond.

Le Chiemsee, avec son cadre de plaines et de montagnes, est à coup sûr un des lacs les plus pittoresques de la Bavière. D'une étendue assez considérable, il a la forme d'un parallélogramme, ou, pour être plus exact, d'un cône tronqué. C'est presque une petite mer à côté des autres lacs bavarois. De l'angle d'où nous partons, on aperçoit trois îles de grandeur inégale, qui, groupées et blotties les unes contre les autres, s'enchevêtrent pour ainsi dire et semblent de loin n'en former qu'une. A mesure qu'on approche, les plans se rectifient, les lignes s'accentuent, et on distingue enfin nettement la première des îles, qui est de beaucoup la plus grande et celle où se trouve le palais. Elle attire naturellement tous les regards, mais j'accorde aussi mon attention à la plus éloignée, la non moins fameuse Fraueninsel, le Barbizon des peintres munichois. Un petit village s'y dessine, à demi caché dans la verdure, et il faut convenir que pour des artistes la retraite paraît habilement choisie. Entre temps notre bateau a contouré l'Herreninsel, et il vient aborder à un petit débarcadère en bois construit au milieu d'une forêt de joncs et de roseaux. On descend, on se presse, on arrive en courant au vieux monastère transformé en brasserie, où se délivrent, moyennant deux marks, les billets d'entrée. Point de halte ; on reprend sa course enfiévrée vers le château, par un sentier délicieux à travers des bois et des clairières. C'est un parc en miniature, où se sent encore à peine la main de l'homme, et la surprise est d'autant plus forte quand, au sortir du sombre taillis, on se trouve tout à coup devant la blanche façade du monument.

L'illusion est complète, et la sensation violente. On se demande d'abord par quel prodige de fantasmagorie les plendeurs de Versailles apparaissent ainsi sous ce ciel étranger. On doute, on croirait presque à une sorte de mirage, et ce n'est qu'à la vue de certains détails des plus discordants qu'on reprend peu à peu conscience de la réalité des choses. Pourquoi ces statues dorées, ces chœurs de crapauds et de grenouilles ouvrant leurs larges gueules autour des vasques desséchées ? A Versailles, où le temps a fait son œuvre, tout cela se fond et disparaît en quelque sorte dans la majestueuse uniformité de l'ensemble. On s'étonne aussi de ne pas découvrir au loin le bassin de Neptune, et le lac qui vient à si peu de distance fermer l'horizon, ne permet pas de retrouver le charme des fuyantes et lointaines perspectives. On est détrompé, et on le regrette ; mais force est bien de céder à l'évidence. Non, sur cette plage désolée, sous ces arbres poussés à l'aventure, en face de ces montagnes aux flancs gigantesques, non jamais les seigneurs fringants et les marquises du grand siècle n'ont promené leurs douces rêveries et noué leurs folles intrigues romanesques. Auraient-ils pu supporter, d'ailleurs, le spectacle de cette nature austère, et surtout cette sombre verdure des sapins où passe comme un frisson des vents glacés du Nord? Le royal constructeur s'est rendu compte de l'énormité du contraste, et pour diminuer le fâcheux effet de ce décor septentrional, il a fait élever ici et là d'immenses treillis en fer ouvragé, où des plantes grimpantes au ton clair enroulent déjà leurs joyeux festons. L'idée en est assurément fort louable, mais rien ne saurait plus suffire, après le désenchantement de l'illusion perdue, à donner de nouveau l'impression du véritable jardin de Versailles, dont l'attrait le plus puissant, comme chacun sait, lui vient aujourd'hui de ses souvenirs historiques.

On visite le château par escouades, sous la direction d'un cicerone officiel, et la surveillance attentive de deux ou trois employés inférieurs, manifestement chargés d'imposer un frein à nos convoitises déréglées. On défile, du reste, par surcroît de précaution, entre deux hautes barrières qui, toujours prudemment placées au milieu des salles, tiennent à distance respectueuse les mains trop libres. Il n'entre pas dans ma pensée de faire ici la description de ce palais déjà légendaire; je dirai seulement qu'en parcourant ces salles si richement ornées, j'ai éprouvé, comme tout le monde, une surprise et une admiration toujours croissantes. On a bien un peu prodigué la brique dans la construction des gros murs, et les mille variétés du stuc remplacent assez souvent le vrai marbre, mais le luxe de bon aloi ne manque pas, et l'ensemble demeure imposant, magnifique. Le vestibule et le grand escalier d'honneur ont le caractère le plus majestueux et ils préparent bien le touriste à désirer et à contempler de nouvelles et plus grandioses splendeurs. Personne cependant, j'en suis convaincu, n'y pourrait prévoir encore tout le faste déployé dans la chambre de parade, et dans la fameuse salle des glaces. Là, rien n'a paru trop riche au pauvre roi défunt; c'est un amoncellement singulier des choses les plus belles, les plus rares, les plus coûteuses; il semble que des murs, des plafonds, des lourdes et somptueuses tapisseries l'or jaillisse en mille gerbes éblouissantes comme les flots jaunis d'un nouveau Pactole. On s'y sent transporté en quelque sorte dans monde enchanté de la fantaisie et l'esprit s'y rappelle involontairement les drames lyriques et féeriques de Wagner. Comme on y comprend l'affection du roi pour le compositeur et l'intime parenté de ces deux imaginations excessives ! Elles ne pouvaient s'ébattre, l'une et l'autre, qu'au milieu d'un songe perpétuel. Seulement, le poète se contentait de coulisses et de décors en toiles peintes, tandis que le prince avait besoin d'échafauder ses rêves en bons matériaux, au prix fort. Le palais d'Herrenschloss est une féerie réalisée.

On ne peut se défendre, pour cette raison, d'éprouver, en face de toutes ces merveilles, un indicible et profond sentiment de tristesse. Il n'y a qu'un insensé, la chose est bien évidente, qui ait pu concevoir et entreprendre une pareille œuvre. Et ce qui le prouve le mieux à mon sens, ce n'est pas l'exagération des sommes dépensées, ni le goût du pastiche poussé jusqu'au servilisme, mais le désir manifeste de donner aux moindres choses le suprême caractère de l'excellence, du *fini*. Tout y est vraiment d'un travail exquis, achevé, parfait. Pas une tache dans ce soleil, pas une ombre dans ce tableau. Les hommes d'expérience et d'un esprit bien équilibré savent qu'il faut toujours subir

Des ans l'irréparable outrage ;

ils n'ont donc pas à ce point le souci de la perfection absolue, et ils consentent à laisser dans leurs œuvres quelques traces de l'impuissance humaine. Le pauvre prince affamé d'idéal ne pouvait entendre raison sur ce chapitre : il a voulu réaliser son rêve sans retard, et à la lettre, sans nulle retouche, dans toute sa beauté. Je ne sais si le mot impossible est bavarois ou non, mais il n'a pas cours où souffle le vent de la folie, et le roi, pour obéir aux ordres impérieux de sa chimère, aurait sacrifié tout l'univers avec joie, avec amour, avec enthousiasme. Il a donné jusqu'au dernier florin de ses coffres, il a fait appel à toutes les formes de l'emprunt, et il allait s'adresser même aux ennemis de l'Allemagne quand le spectre de la ruine est venu le réveiller de son rêve. Moment plein d'angoisse. Tout s'était évanoui pour jamais, la fortune, la couronne, la vie! On a bien le sentiment de la catastrophe quand on passe subitement de la salle des glaces dans la partie de l'édifice encore inachevée. L'œil est encore ébloui de l'éclat des peintures, des marbres précieux, des ors étincelants, et on ne voit plus tout à coup qu'échafaudages renversés, matériaux épars, murs aux briques nues. Le cœur se serre; des images funèbres envahissent l'esprit; le doux visage de la chimère a fait place à ses griffes homicides.

On ne saurait contester que le roi Louis II n'eût contracté de bonne heure le germe de sa maladie, mais il n'est pas moins sûr qu'elle a dû son développement si rapide au funeste contre-coup des évènements politiques de l'époque. La construction de l'Herrenschloss en fournit une preuve péremptoire. D'où vient cette étrange pensée de faire bâtir en plein pays allemand un château qui fût de tout point la copie de celui du plus grand des rois de France? J'en trouve, pour ma part, deux explications très plausibles, et la première, c'est que Louis II, réduit à l'état de prince vassal, se cramponnait avec frénésie aux vestiges de sa royauté déchue. Il avait, sous la pression de l'opinion publique, offert la couronne impériale au roi de Prusse, et sa naïveté, dit-on, fut assez grande pour croire que le nouvel empire, comme l'ancien, serait électif. Son erreur ne dura guère, et dès lors, fuyant le séjour de sa capitale, où il était loisible à un prince prussien de venir inspecter ses soldats, il voulut du moins qu'autour de lui, dans sa farouche solitude, tout lui parlât de sa puissance et de ses droits héréditaires. Il était roi, roi comme ses ancêtres, roi comme le prince dont il portait le nom, et qui fut la plus haute personnification de la royauté dans les temps modernes. A lui donc, comme à Louis XIV, l'initiative des projets les plus magnifiques ; à lui ce rôle de Mécène couronné que méprisaient sottement les soudards de Berlin ; à lui cette armée d'artistes qui, comblés de ses bienfaits, devaient chanter sa gloire et sa grandeur aux générations futures ! On saisit clairement cette préoccupation du jeune prince dans l'étalage exagéré et affecté des divers attributs de la majesté royale. Partout des chiffres, des sceptres, des mains de justice, partout, sur le velours des rideaux et des tentures, une profusion de couronnes merveilleusement brodées. Le prince se raccrochait à ces couronnes de soie et d'or, sentant bien que l'autre, la vraie, la seule lui échappait. Une chose aussi qui produit la même impression douloureuse, c'est la salle du conseil avec son aspect grandiose et sévère. Rien n'y manque ; et il semble qu'autour de cette table immense au tapis vert, des hommes graves délibéraient hier encore sur les destinées du royaume et de l'Europe. Par malheur, aucun ministre n'est jamais venu s'y asseoir, et je ne sache pas qu'aucune décision, même purement artistique, y ait été prise.

L'autre explication dont j'ai parlé n'est qu'un corollaire de la première. Elle a trait, non pas à l'œuvre en elle-même ni à son mode d'exécution, mais au choix du modèle que les artistes ont dû reproduire avec tant d'exactitude. Louis II, en plaçant sous les yeux de ses compatriotes une seconde et superbe édition du palais de Versailles, a voulu non seulement se poser en émule du roi soleil, mais encore protester à sa manière contre l'hégémonie prussienne. Il entendait rappeler de la sorte aux vainqueurs de Sedan et de Sadowa que leurs origines ne se perdent pas dans la nuit des temps, et qu'ils sont, parmi les grands peuples de l'Europe, des nouveaux venus. A l'heure où Louis XIV, héritier d'une si longue et si glorieuse lignée de rois, trônait à Versailles avec une majesté dont l'éclat rayonnait sur toutes les cours, y avait-il en ce monde un roi de Prusse, les Hohenzollern y faisaient-ils quelque figure ? Ils ont pu vaincre aujourd'hui la France victime de sa politique imprudente et trop généreuse, mais elle a été longtemps et peut redevenir la grande nation, et quand elle oublierait ses anciens triomphes, le monde est là qui s'en souvient toujours. Et le petit roitelet, se débattant sous les serres de l'oiseau de proie du Nord, lui jette de la sorte à la face, comme une injure, toutes les gloires de la vieille monarchie française. « Tu nous parles de tes savants hommes de guerre, voici Condé, voici Turenne, voici Villars ; tu nous vantes tes sièges, tes victoires, tes traités de paix, tes actions d'éclat, voici l'histoire de Louis-le-Grand depuis la paix des Pyrénées jusqu'au traité de Nimègue ; tu nous montres la rapacité de ton bec d'aigle et tes ailes noires étendues pour la conquête brutale, voici la fleur de lys, douce, blanche, parfumée, symbole d'élégance, de chevalerie, de noblesse ; tu te crois le souverain par la grâce de Dieu, mais tu n'es qu'un despote, voici le vrai roi. »

Je ne puis assez m'étonner que, pour obéir au caprice de Louis II, de grands artistes comme Piloty, Windmann, Schwoiser, aient consenti le plus souvent à n'être ici que des copistes. Ils ont peint fidèlement d'après Lebrun, Boucher, Van Loo, Oudry, et peint des sujets qui, à notre époque, ne sauraient plaire à une âme allemande. L'imitation, d'ailleurs, est absolue ; tous les détails même les plus insignifiants, sont reproduits ; il n'y a pas jusqu'aux inscriptions françaises qui n'aient été intégralement conservées. En somme, c'est un Versailles redoré et rajeuni, un Versailles bien en vue, dans une solitude étrangère, et replacé plus près de nous dans la perspective des siècles.

Ou je suis bien trompé, ou les Allemands qui visitent l'Herrenschloss ressentent en plein cœur le coup porté par le vindicatif roi de Bavière. Je me suis fait un devoir d'observer la physionomie de ceux qui m'accompagnaient, et je n'ai vu partout que sourcils froncés, regards dédaigneux, sourires pleins d'amertume. Aucune critique cependant ; personne ne soufflait mot. Les dames admiraient, ouvraient de grands yeux, poussaient de petits cris de stupéfaction. Il est certain que la ménagère allemande la plus sentimentale n'a jamais pu rêver sur la terre un pareil entassement de splendeurs. De temps à autre, le cicerone parlait chiffres, évaluait les sommes dépensées, fixait des prix et c'était alors un murmure étonné dans toute la salle, une protestation en faveur des sages principes de l'économie.

J'arrive au terme de la visite fatigué tout à la fois et attristé. La réaction du bon sens s'est faite peu à peu dans l'âme, et, pour mieux me soustraire au charme décevant de la fantaisie, je suis presque heureux de l'orage qui vient d'éclater sur l'île. Il pleut à torrents. On court, on revient plus vite encore qu'on n'est venu; on s'engouffre dans les vastes locaux de la brasserie. J'y retrouve avec plaisir mes deux Français; nous causons, nous échangeons nos impressions; ils font un grand voyage circulaire en Allemagne et en Hongrie; quel dommage que l'un et l'autre sachent à peine quelques mots d'allemand !

On s'embarque, et rien n'est mélancolique comme ce départ au milieu des roseaux qui gémissent, fouettés par la tempête. La pluie redouble, et toute la soirée, elle ne cesse de tomber avec rage. Il pleut encore à longs flots quand j'arrive à Salzbourg vers le milieu de la nuit.

CHAPITRE IX

Salzbourg.

En voyage, je ne sais rien de plus charmant que de parcourir, par une belle et joyeuse matinée d'été, les rues d'une ville que, la veille encore, on ne connaissait pas le moins du monde. C'est une prise de possession, un voyage à la découverte. On est frappé des plus petits détails ; l'esprit est en éveil, l'attention aux aguets. Il y a dans l'air un reste de fraîcheur nocturne; les premiers rayons du soleil se jouent, d'une manière exquise, aux angles des rues, au sommet des toits, dans l'immensité des places ; mille rumeurs confuses annoncent que la ville endormie reprend peu à peu l'activité de son labeur quotidien. Des gens se hâtent de tous côtés, ouvriers, employés de bureau, paysans chargés de leurs denrées. On ouvre partout les magasins ; on fait la toilette des vitrines; sur le seuil des portes, les voisins bavardent. C'est peut-être le seul moment de la journée — avant la fatigue et la tension d'esprit des affaires — où l'on puisse saisir sur le vif la vraie physionomie des habitants de la cité. L'impression générale est délicieuse ; on se sent léger, dispos, allègre, comme un chasseur qui se met en campagne, mais cette jouissance, comme j'ai dit, n'est possible qu'avec un temps favorable ; il faut le gai rayon de soleil, la douceur ambiante de l'atmosphère, le large ciel bleu surplombant les toits. S'il pleut, adieu le charme, tout est perdu ; mieux vaut cent fois rester au logis, prendre un livre, écrire, méditer.

C'est mon cas à Salzbourg, où la pluie, tombant déjà depuis la veille, ne cesse de continuer ses exploits durant toute la matinée. Vers onze heures néanmoins le ciel paraît s'éclaircir, et je cède au désir de faire enfin connaissance avec la ville où naquit le divin Mozart. Au bout de quelques pas je me trouve en face d'un pont, aux proportions mesquines, sous les arches duquel la Salzach roule ses eaux gonflées et jaunies par l'orage. Le courant est d'une rapidité vertigineuse, à tel point qu'à le regarder quelques instants, on croirait sentir vaciller les quais immobiles. Ce n'est pas une rivière qu'on a sous les yeux, c'est un torrent, et un torrent à peine échappé des gorges étroites de la montagne. Le ciel est bas, l'horizon tout enveloppé d'une brume épaisse : il faut renoncer à me faire aujourd'hui une idée du panomara de Salzbourg. Je traverse le pont, et j'arrive bientôt à la cathédrale où j'éprouve, au point de vue artistique, une déception singulière. Un édifice imité de Saint-Pierre de Rome, dans cette ancienne et riche principauté ecclésiastique, ce doit être, me disais-je, un monument des plus rares et des plus grandioses : point ! La construction est lourde, prétentieuse, étriquée, et l'affreux badigeonnage à l'italienne qui la décore fait bien regretter, par un contraste cruel, les beaux marbres de la basilique romaine. Je cherche à surmonter mon désappointement, et je suis en train de me persuader par les raisons les plus convaincantes que le meilleur pastiche ne vaudra jamais le moindre modèle original, lorsque tout à coup, comme pour apaiser mon âme irritée, une musique aux accents célestes se fait entendre dans le lointain. D'où vient-elle? Quel est ce mystère ? Je sors aussitôt de l'église, et j'aperçois, sur la place de la Résidence, une foule de touristes qui, mieux renseignés que moi par leur guide, regardent et écoutent le carillon du palais sonner midi. Il est établi dans une sorte de cage en pierre, et c'est merveille de voir toute cette nichée de clochettes chanter avec tant de précision sous les marteaux qui s'agitent. Je n'ai jamais entendu nulle part, même en Belgique, carillon plus suave, au son plus pur, plus cristallin. La mélodie, du reste, était simple et d'une franche allure, empruntée, si je ne me trompe, à quelque opéra de Mozart.

Le souvenir de Mozart, même et surtout quand il pleut, est la véritable auréole de Salzbourg. On ne peut parcourir ses rues tortueuses, gravir ses collines, visiter ses monuments, sans avoir toujours présente à la mémoire la figure du plus aimable des maëstros. Ses compatriotes ne lui ont pas ménagé les honneurs ; une place, presque au centre de la ville, porte son nom, et il y trône sous la forme d'une belle statue d'airain. Il me semble que, pour exprimer les traits de l'ange de la musique, j'aurais plutôt, en dépit de la pluie et du vent, choisi la blancheur et la délicatesse du marbre. Le doux Mozart a l'air un peu grognon sur son socle, et pour ma part, j'aime mieux le chercher, le reconstituer, le voir à travers les choses intimes du *Mozarteum*. Ce petit musée, de date récente, est installé dans le logement même où le grand compositeur est né et a passé les premières années de sa vie. Maison bourgeoise, sans aucun style. Je monte avec émotion les trois étages, et je suis introduit par un vieux gardien, qui me paraît le modèle accompli du genre. Très calme, très poli, mesurant ses expressions, il porte des lunettes bleues par dessus le verre desquelles il me regarde du seul œil qui lui rende encore quelques services. Pas d'autre visiteur en ce moment, mais je suis le trentième de la journée, me dit-il, et je le constate sur le livre des étrangers. Il y a peu de noms français, la chose va sans dire ; cependant deux Parisiens sont venus le matin même. L'inspection commence ; mon brave concierge, en Autrichien de vieille race, me donne gravement, sans se presser le moins du monde, quelques explications sur les divers trésors du musée. Il me montre d'abord un certain nombre de tableaux, portraits de Mozart, de ses parents et de ses amis ; puis des lettres, des partitions, des manuscrits de tout genre ; le livre d'heures du maëstro écrit tout entier de sa main ; puis de petits objets de luxe, des présents princiers, bagues, services, épingles montées, tabatières en or, et enfin, à côté de choses qu'il serait fastidieux d'énumérer, le clavecin et le piano de concert de l'immortel musicien. Chose étrange, ces deux instruments ont très peu d'octaves ; le clavecin surtout, à cet égard, ressemble presque à un jouet d'enfant. Il a pourtant suffi au génie de Mozart pour qu'il y pût composer la *Flûte enchan-*

tée et un bon nombre de ses autres chefs-d'œuvre. J'ai essayé, avec la permission du gardien, de tirer quelques sons de la précieuse relique, et je ne saurais dire quelle pénétrante émotion j'ai ressentie à laisser courir un instant mes doigts sur ces petites touches noires d'où tant de suaves mélodies se sont envolées à travers le monde.

Parmi les menues curiosités du musée, il en est deux surtout qui frappent mon attention. La première est un morceau de musique édité à Paris, où, sur la couverture agrémentée d'arabesques, je lis ces mots : « Composé par le petit Amédée Wolfgang Mozart, âgé de sept ans. » Sept ans ! on s'étonne moins, devant ce trait de production hâtive, et on accepte plus aisément que le grand maëstro soit mort si jeune. Le génie, chez Mozart, s'éveilla de bonne heure ; dès la première aube de la vie, il remplit sa destinée, il chante. Certes, mieux qu'aucun autre il a reçu « du ciel l'influence secrète, » mais quel bonheur aussi pour lui de trouver en son père le guide le meilleur et le plus expérimenté ! Fils d'un musicien de grand mérite, la carrière s'ouvre ainsi devant lui sans aucun des obstacles accoutumés. Point de temps perdu, point de tâtonnements inutiles ; tout se réunit, au contraire, pour favoriser son essor. On raconte des choses charmantes au sujet de cette formation rapide, presque foudroyante du génie de Mozart. A quatre ans, il compose un petit concerto pour piano, et c'est en essayant de déchiffrer le barbouillage enfantin que le père soudain se rend compte des dons merveilleux de son fils. Quelle émotion inexprimable ! Un voile de larmes obscurcit ses yeux ; il demeure longtemps immobile, le cœur saisi d'attendrissement. Dès lors l'enfant marche et progresse sans relâche ; et ce n'est pas le vulgaire enfant prodige, la fleur factice éclose en serre chaude, c'est l'arbre robuste, planté en bonne terre, et dont les fleurs deviendront un jour des fruits savoureux. Il meurt à trente-six ans, comme Raphaël, mais quelle carrière brillante et bien remplie ! Symphonies, opéras, concertos, sonates, on ne saurait dire combien de chefs-d'œuvre il a laissés en héritage au genre humain. Sa vie, en somme, a été plus longue qu'on ne pense, et si l'on songe à toutes ses souffrances, à toutes ses luttes, on peut croire que le repos pour lui n'est pas venu trop avant l'heure. Mozart, si bon, si loyal, si manifestement créé pour nous consoler par ses chants, a rencontré sur sa route, comme tout homme supérieur, les contradictions les plus cruelles et les plus obstinées. Il eut à combattre sans cesse et jusqu'à la fin l'ignorance, la cupidité, la jalousie, la jalousie qui se cache, bien entendu, et sait toujours donner ses coups de poignard dans l'ombre. La sottise aussi se trouvait là pour assister à son martyre et elle ouvrait ses gros yeux ronds qui ne peuvent rien voir, elle riait de son rire idiot, irritant comme un outrage. Epuisé par tant de luttes, surmené par une production continuelle, Mozart un jour sentit ses forces décroître et l'abandonner ; son cœur battait trop vite, la fièvre gagnait son cerveau. Un homme, un inconnu était venu le voir, lui demandant d'écrire une messe de *Requiem*, et, tandis qu'il composait avec peine ce dernier chef-d'œuvre, il s'écriait: « C'est l'ange de la mort qui a voulu m'avertir, c'est pour mes funérailles qu'on chantera ce *Requiem!* » Oui, grand maître, il est temps de mourir, mais tes ennemis sont si nombreux et si puissants qu'aucune voix ne dira ces chants sur ton cercueil, personne ne t'accompagnera jusqu'au cimetière, et la postérité, malgré ta gloire, sera réduite à ignorer toujours dans quel coin perdu de la fosse commune on a jeté sans honneur ta dépouille mortelle.

Une petite chose de rien, une simple feuille de papier, excite en second lieu mon intérêt. C'est l'affiche annonçant au public viennois la première représentation de la *Flûte enchantée.* La date — 30 septembre 1791 — est une des plus importantes de l'histoire de l'art. Le maître sentait déjà la mort l'effleurer de son aile; son dernier et plus parfait chef-d'œuvre allait paraître et fixer sa gloire. L'affiche a des proportions vraiment microscopiques, et sa rédaction peut aussi causer quelque surprise. « La *Flûte enchantée*, grand opéra en deux actes, par le poète Emmanuel Schikaneder », et au bas, après l'énumération des artistes, en caractères aussi minuscules que possible, « la musique est de M. Amédée Wolfgang Mozart, maître de chapelle et compositeur, qui, par condescendance pour l'honorable public et par amitié pour l'auteur, dirigera l'orchestre aujourd'hui. » Assurément le grand maestro, à la veille d'achever sa glorieuse carrière, aurait pu être traité avec un peu plus d'égards, mais une réflexion sur ce point m'a vite consolé. Qui fait maintenant l'éloge de l'illustre Schikaneder? On ne parle plus que du musicien, relégué jadis au bas de l'affiche, après le librettiste et les chanteurs. C'est une assez belle revanche, il me semble, et qui devrait consoler les Wagnériens du honteux esclavage où, à les entendre, gémissaient les compositeurs d'autrefois. Sans doute, il est triste de voir un Mozart, un Rossini se traîner à la remorque d'un poète du troisième ordre, et se plier à toutes les exigences d'interprètes qui n'ont d'autre mobile que leur vanité personnelle. Musique de concert au théâtre, vocalises à perte de vue, airs de bravoure, cavatines, ritournelles, tout cela est déplorable, je le confesse, mais je remarque en même temps que tous ces obstacles n'ont pas empêché nos grands musiciens de se tirer d'affaire et de produire une moisson de chefs-d'œuvre incomparables. C'est le triomphe du vrai génie. Et l'art du chant, qu'en faites-vous? Est-ce qu'un véritable virtuose, déployant toutes les ressources de sa voix, ne peut pas apporter sa part de jouissance et d'émotion dans l'œuvre dramatique la plus sérieusement conçue et réalisée? Les fines dentelles et les mille couleurs de la rosace n'ont jamais nui au grandiose effet d'ensemble d'une cathédrale.

*
* *

Le temps s'est mis au beau, l'horizon se découvre de toutes parts ; je continue ma promenade à travers les rues de Salzbourg. C'est une villle on ne peut mieux située, au centre d'un cirque de collines et de montagnes, et je comprends qu'elle soit devenue, comme station d'été, un des rendez-vous de la haute société européenne. A deux pas de Vienne et de Munich, en face des Alpes du Tyrol, moitié allemande et moitié italienne, elle possède la plupart des avantages que recherchent les foules cosmopolites. Cette année, l'affluence est énorme, et, comme nous sommes encore au lendemain de l'entrevue de Gastein, les grands hôtels regorgent en ce moment d'étrangers de marque et de personnages officiels. J'ai dû me réfugier pour cette raison dans une auberge de l'intérieur de la ville, et je n'en suis pas mécontent outre mesure : c'est un meilleur poste pour observer les gens et les choses. Le type autrichien commence à s'affirmer ici ; pas de traits bien accentués ; des joues pleines, empâtées, molles ; la lèvre inférieure un peu pendante. Tout le monde marche avec une sage lenteur, et je me rappelle à chaque instant le *nur langsam voran,* dont les Allemands du Nord ont fait la devise des Autrichiens. « En avant, mais pas trop vite ! » Ce qui éclate sur les physionomies, c'est le calme, la bonhomie, l'honnêteté ; on se sent au milieu d'un brave et bon peuple, ennemi des nouveautés, des querelles, du bruit. On m'a rapporté un trait de mœurs qui confirme bien cette impression. La ville de Salzbourg étant autrefois fortifiée, il a fallu nécessairement, à cause du défaut d'espace, y construire des maisons d'une hauteur très considérable, et il en est résulté que la plupart des dits immeubles appartiennent par indivis à plusieurs propriétaires. Ces derniers ne possèdent parfois qu'un seul étage, et il y en a même qui se contentent de la moitié ou du tiers d'un appartement. Or, quelle droiture de cœur et quelle loyauté ne sont pas nécessaires pour s'exposer de la sorte au péril des mille difficultés du mur mitoyen?

*
* *

L'Autrichien, si pacifique de sa nature, est loin d'être ennemi d'une douce gaieté. J'en ai la preuve chaque soir, dans la grande salle à manger de l'hôtel, où se réunissent quelques pensionnaires et habitués de la ville. Rien de plus intéressant et récréatif que leur conversation ; la bonne humeur enjouée y est toujours la note dominante. Chacun, à tour de rôle, lance sa plaisanterie, et tout le monde aussitôt de rire à gorge déployée. Cette disposition à la gaieté, d'ailleurs, est commune à la plupart des Allemands du Sud, bien différents sur ce point de leurs voisins du Nord. Quoi qu'ils fassent, et malgré leur politesse de commande, les Prussiens seront toujours raides, rogues, empesés, grincheux. Nulle joie expansive et de bon aloi chez ces Luthériens mâtinés de soudards. Aussi n'ont-ils guère qu'un seul journal charivarique, le *Kladerradatsch*, et encore on peut trouver que ses articles procèdent plutôt d'une inspiration sérieuse. C'est agressif, mordant, amer au possible ; rien n'y provoque le bon gros rire qui jaillit spontanément du cœur. A Munich et à Vienne il en va tout autrement. Les journaux à caricatures y abondent, et ils excellent dans la plaisanterie gaie, le plus souvent sans fiel et sans arrière-pensée. Il y en a de tous les formats et on peut dire aussi de toutes les couleurs, car leur première page est presque toujours revêtue d'une image coloriée. Et quels titres alléchants : la *puce*, la *guêpe*, la *bombe*, le *kikeriki senior*, le *kikeriki junior*, etc. ! Le Juif, pour la plupart de ces feuilles, est la tête de Turc par excellence. Sur son compte, la verve est intarissable. Les légendes qui accompagnent les caricatures sont très souvent rédigées en dialecte viennois, ce qui les rend peu compréhensibles aux étrangers. Quoi qu'il en soit, il est visible qu'on veut être gai, bon vivant, *lustig*, et, à ce propos, n'est-ce pas une chose curieuse que le Français, né malin, ait, à l'époque des guerres du premier empire, emprunté ce mot aux Allemands ! De *lustig* il a fait loustic. Ç'a été la seule conquête durable des campagnes de Napoléon Ier.

Plus je vais, plus je suis forcé de constater, à la lumière de mille faits significatifs, combien l'esprit de discipline et de subordination est encore puissant en Allemagne. Quelle différence, sous ce rapport, avec les pays où règnent les principes révolutionnaires ! Ici, le moindre avis d'une autorité quelconque est écouté avec respect et observé par tout le monde. Point de résistances violentes ou de sottes gamineries. Il y a, par exemple, dans certaines villes, des règlements très sévères pour la traversée des ponts : les gens qui vont dans telle direction doivent passer sur le trottoir de droite, et ceux qui vont dans le sens contraire doivent se servir du trottoir de gauche. Or, personne n'enfreint la consigne, personne même n'en aurait l'idée. Je me demande quel effet produiraient, en France et ailleurs, de pareilles mesures d'ordre ? Ce seraient des réclamations et des bousculades à n'en plus finir. J'ai vu, à la gare de Nuremberg, sur le rebord d'une fontaine, plusieurs verres en cristal à la libre disposition des voyageurs. Ceux-ci les traitaient comme leur propriété particulière, les essuyaient avec soin, les remettaient délicatement à leur place. En France, au bout de quelques minutes, ils auraient été dérobés ou brisés. Brisés pour le plaisir, pour donner une leçon au pouvoir, pour faire une niche à l'autorité. L'esprit révolutionnaire est une maladie morale, une sorte de folie qui enlève à ses victimes le sens et l'amour pratique du bien général.

*
* *

La pluie reprend de plus belle ; me voilà de nouveau claquemuré dans ma chambre, et j'en profite pour parcourir les *Lettres de Mozart*, un charmant petit volume acheté hier au Mozarteum. Quelle suggestive et attachante lecture ! C'est le véritable artiste et en même temps l'artiste chrétien qui apparaît dans ces pages sincères, écrites sans nul souci du public. Mozart, on peut le dire, et dès sa plus tendre enfance, n'a vécu et n'a voulu vivre que pour son art. Il était heureux et fier de sa vocation ; il avait aussi pleine conscience de son génie, et il en tirait gloire pour sa patrie, pour sa chère Allemagne. « Il n'est pas de monarque au monde, écrit-il en août 1782, que je voulusse servir avec plus de joie que l'empereur, mais je ne veux mendier aucun service, *erbetteln aber will ich keinen Dienst.* Si l'Allemagne, ma patrie tant aimée, me repousse, je m'en irai, avec le secours de Dieu, en France ou en Angleterre, et un Allemand, une fois de plus, aura contribué à la gloire d'un peuple étranger... » Nulle bassesse dans cette âme, comme on voit, mais de fausse humilité, pas davantage ! Personne ne connaît mieux que l'homme de génie les raisons qui l'élèvent au-dessus de la médiocrité de ses rivaux. S'il les ignorait, il ne serait qu'un sot, c'est-à-dire le contraire d'un homme de génie. Aussi, Mozart rapporte ingénûment, dans la même lettre, l'opinion qu'avait de lui le fameux prince de Kaunitz. « De tels hommes, disait ce dernier, il n'en vient qu'un tous les cent ans au monde : *solche Leute kommen nur alle* 100 *jahre auf die Welt.* » On ne saisit pourtant jamais, chez le grand musicien, la moindre trace d'infatuation, de vanité puérile ; il a horreur de la pose, et il demeure jusqu'à la fin, malgré tous ces succès, d'une modestie rare et d'une délicatesse de sensibilité exquise. Il suffit de la présence d'une personne hostile dans son auditoire pour lui enlever aussitôt toute sa liberté et sa verve de virtuose. Une atmosphère sympathique lui est nécessaire pour que son génie puisse s'élever et prendre l'essor. A cet égard, rien de plus piquant et démonstratif que son aventure chez la duchesse de Rohan-Chabot où, après avoir joué vaille que vaille devant un cercle de gentilshommes désœuvrés, distraits et ignorants, il eut, quelques minutes plus tard, de véritables éclairs d'inspiration pour un seul auditeur venu après les autres, mais qui paraissait le comprendre. « Donnez-moi, s'écrie-t-il à cette occasion, le meilleur piano de l'Europe, si je n'ai pour m'écouter que des gens ignorants ou hostiles, qui ne peuvent ou ne veulent sentir avec moi ce que je joue, je n'aurai pas le moindre entrain, je perdrai toute joie intérieure, *so werde ich alle Freude verlieren.* »

Le chrétien convaincu, dans ces lettres pleines de charme, ne se manifeste pas moins que le véritable artiste. A Rome, tout jeune encore, il raconte avec quelle émotion il a baisé dans la basilique de Saint-Pierre, le pied de la statue du prince des Apôtres. Sa taille était trop petite, il ne pouvait y atteindre, un de ses compagnons dut le prendre et le soulever dans ses bras. Plus tard, au milieu des triomphes de son second séjour à Paris, il n'oublie jamais d'en remercier Dieu et de lui en rapporter toute la gloire. On vient d'exécuter une de ses symphonies, elle a soulevé l'enthousiasme du public; que fait-il? « Le concert fini, je me rendis aussitôt, plein de joie, au Palais-Royal; j'y pris un excellent sorbet; après quoi, selon ma promesse, j'allai réciter mon rosaire et rentrai bien vite à la maison. » Rien de plus touchant et de plus édifiant que les lettres où il annonce la mort de sa mère. Elle l'avait accompagné à Paris, et brusquement, en quelques jours, elle y tombe malade et meurt. Il communique d'abord la fatale nouvelle à un prêtre de ses amis, et ensuite à son père qui ne s'attendait guère à ce coup douloureux. Quelle tâche difficile pour un cœur si tendre et si aimant, mais il s'en acquitte avec tant de délicatesse et de piété filiale, il se sert toujours d'un langage si élevé, si grave, si profondément chrétien, que force m'a été plusieurs fois d'interrompre ma lecture en sentant mes yeux se mouiller de larmes. A cette époque, il a vingt-trois ans, il a connu les enivrements du succès, il pourrait se laisser séduire aux promesses du monde, mais non, rien n'est capable d'entamer sa foi religieuse, et, même dans ce Paris frivole et brillant du dernier siècle, il entend rester ce qu'il a toujours été, un bon chrétien, *ein guter Christ*. En cette même année 1778, il assiste à la scandaleuse apothéose de Voltaire; il entend l'écho des applaudissements prodigués au poète moribond, mais tout ce bruit ne l'émeut pas, son opinion est faite sur le personnage. « Je vais vous annoncer une nouvelle, écrit-il à son père quelques jours plus tard, que peut-être vous connaissez déjà, c'est que l'impie et fieffé polisson de Voltaire vient de mourir ou plutôt de crever comme un chien. Voilà sa récompense, *das ist der Lohn!* » On ne saurait élever aucun doute sur les convictions catholiques de Mozart; il en a donné des preuves trop multipliées et trop spontanées pour que la critique libre-penseuse ne soit pas sous ce point réduite au silence. Sans doute, il faut le reconnaître, dans les dernières années de sa vie, il fit partie, ainsi que son père, d'une association philanthropique qui semble avoir été une antichambre de la franc-maçonnerie actuelle, mais, outre qu'aucune condamnation formelle n'avait encore été prononcée par l'Eglise contre ce genre de sociétés secrètes, il est certain que Mozart a dû être abusé comme tant d'autres et n'a jamais songé à porter atteinte à l'intégrité de sa foi. Son âme est croyante ; elle conserve jusqu'à la fin cette candeur qui est l'apanage exclusif des enfants de Dieu. Ses chants aussi sont un témoignage ; nulle musique humaine n'est plus suave, nulle ne semble mieux l'écho des chants du Ciel. Comme aux bergers de Bethléem, il a été donné à Mozart d'entendre un concert de voix angéliques ; ses chastes mélodies font oublier la terre, et pour moi, je songe toujours, en les écoutant, à cette promesse mystérieuse de saint Paul : « Non, l'œil de l'homme n'a point vu, son oreille n'a pas entendu, son cœur n'a pas éprouvé tout ce que Dieu réserve à ceux qu'Il aime ! »

CHAPITRE X

Innsbruck.

J'aurais pu, de Salzbourg, pénétrer dans le Tyrol par la nouvelle voie ferrée qui va directement de Vienne à Vörgl et n'emprunte sur tout son parcours que le territoire autrichien. J'ai préféré l'ancienne route, la route classique et historique qui, passant sous le fort de Kufstein, aborde en face la vallée de l'Inn. Le temps est délicieux; le soleil brille du plus vif éclat; mais, grâce à la pluie des jours précédents, l'ardeur de ses rayons est très supportable. Tout est frais, joyeux, éclatant. Un petit lac, entrevu à travers des bouquets de sapins, attire et baigne le regard dans sa tranquillité d'azur. Le panorama, du côté des Alpes, est merveilleux; les montagnes, avec leurs alternances de lumière et d'ombre, dessinent nettement leurs fines arêtes sur le ciel limpide. On arrive à Kufstein, et la vallée alors se resserre, prend un aspect sauvage et désolé. La bande étroite de terrain où nous emporte la vapeur a toutes les apparences d'un plateau perdu dans la montagne. On pourrait aisément s'y croire à un ou deux milliers de mètres au-dessus du niveau de la mer. On traverse des steppes et des forêts; à chaque instant, des blocs de rochers se dressent presque au bord de la voie;

les pâturages sont entourés de la barrière en bois traditionnelle. Ici et là des châlets, des remises à fourrage, montrent leur toit chargé de grosses pierres, à l'épreuve de l'orage et du sirocco. Les villages se succèdent à de longs intervalles, et parfois ce sont de vrais bourgs, comme Jenbach, Schwaz, Hall. Je remarque la haute tour qui flanque la plupart des églises. Elle est presque toujours surmontée d'une énorme boule en zinc, laquelle boule a la forme d'un légume bien connu, la queue en l'air. C'est une preuve nouvelle que les lignes architecturales sont généralement empruntées à la nature, mais il faut reconnaître que les artistes, dans leur choix, peuvent avoir la main plus ou moins heureuse. Aux environs d'Innsbruck la vallée s'élargit ; une culture plus variée y étale ses trésors. Du blé, de l'avoine, du maïs en abondance. Les seigles, déjà coupés, sont dressés sur pied en petites meules, et ces meules sont disposées et je dirai fagotées de telle sorte qu'on les prendrait de loin pour une procession d'archimandrites en chasubles d'or, ou pour un défilé de guerriers indiens en grand costume de fête ou de combat. A trois heures le train s'arrête, nous sommes dans la capitale du Tyrol.

Je n'emploie pas ce mot de capitale dans un sens ironique et désobligeant. Il est certain qu'Innsbruck n'a pas précisément des proportions babyloniennes, mais sous ce rapport la petite ville progresse, et depuis quelques années s'est beaucoup agrandie. On a bâti près de la gare de magnifiques hôtels, et tout un quartier, au-delà de la Neustadt, est sorti de terre comme par enchantement. Le premier ministre comte Taaffe, jadis gouverneur du Tyrol, n'est pas sans doute étranger à cette rapide métamorphose. Plusieurs monuments publics, comme le Palais-de Justice, l'Ecole des Beaux-Arts, l'Ecole professionnelle, etc., ont donné à la ville, par leurs vastes dimensions, un certain cachet de grandeur et de modernité. A les voir, on se sent bien loin de l'humble cité d'autrefois, du vieil Innsbruck tel qu'il existait encore il y a vingt ou trente ans. L'ancien musée national, le *Ferdinandeum* a été exhaussé d'un étage et fait maintenant très bonne figure. Toutes les rues, d'ailleurs, sont assez larges et bien entretenues, les maisons propres, coquettes, élégantes avec des ornements dans le goût italien. C'est plaisir, à certaines heures de la journée, et surtout le dimanche matin, de se promener dans la *Teresienstrasse*, qui constitue le boulevard de ce Paris minuscule. La rue n'est pas en fort bons termes avec la ligne droite; elle affecte la forme d'une ellipse très allongée; mais si parfois, aux deux extrémités, les gens se pressent, se talonnent, se bousculent, rien n'est plus intéressant que de se mêler à cette foule, et d'en pouvoir observer ainsi de près les types les plus caractéristiques. Beaucoup d'officiers, en petite tenue, la ceinture dorée émergeant du veston bleu; des étudiants, les uns blonds et roses, en vrais fils de la Germanie, les autres aux traits fins, émaciés, brunis sous le soleil du Trentin; des fonctionnaires, de bons bourgeois, et enfin le menu peuple qui suit par déférence le milieu de la chaussée. La plupart des visages ont des lignes molles, lourdes, empâtées; les jeunes filles surtout étonnent par leur teint blanc, trop frais, trop diaphane; on sent l'influence du maïs, des mets farineux, du *Mehlspeise*. Tout ce monde est gai, souriant, d'une tranquillité d'âme évidente; chacun paraît content de se montrer et en même temps de regarder les autres. Hiver comme été, la *Teresienstrasse* est le salon commun des habitants d'Innsbruck, une sorte de théâtre dont ils sont, à tour de rôle, les acteurs ou les spectateurs. Cette curiosité, ce désir de voir et d'être vu, ce besoin de sortir de son chez-soi maussade et égoïste, tout cela nous explique les étranges saillies des maisons, ces tourillons qui du haut en bas flanquent partout les façades, et qui, percés de fenêtres à gauche, à droite, en avant, dans toutes les directions possibles, permettent, quelle que soit la saison, de braquer les regards les plus indiscrets sur les passants. C'est l'Espagne avec ses balcons circulaires et perfides, mais une Espagne soumise aux températures inclémentes, et où l'on sait se prémunir contre le vent, la pluie, la neige, contre les longs hivers et leur cortège de frimas.

Innsbruck, au surplus, se distingue par son amour, disons mieux, par sa passion du badigeonnage. Pas une de ses maisons qui ne soit blanchie à la chaux, ou teinte en jaune, en rose, en vert, en rouge, en violet, en lilas, bref, dans tous les tons, couleurs ou nuances que les peintres en bâtiments ont pu jusqu'ici découvrir. Les monuments publics sont le plus souvent construits en grès des Alpes, mais comme il est malaisé de lui donner une surface polie, on le crépit, on le bétonne, on le plâtre, et naturellement on le badigeonne. Grande preuve que le Tyrol est une terre presque italienne, et qu'ici le plaisir des yeux est toujours une chose d'importance ! Et on ne se contente pas de donner aux édifices une couleur agréable, on y ajoute encore, à tous les angles, autour des fenêtres, au-dessus des portes, un amas d'arabesques en plâtre qui font l'effet d'une végétation fantastique. Il y a une maison, en face du célèbre *Toit-d'Or*, qui en est couverte et surchargée de la manière la plus extravagante. Assurément, ce goût singulier ne constitue pas un bien grand crime, mais le malheur, c'est qu'au bout de fort peu de temps, toute cette peinture, tout cet enduit s'écaille, s'effrite, se lézarde. Une sorte de lèpre, la plus lamentable à voir, vient faire grimacer les murs aux teintes souriantes. Et alors on rebétonne et on rebadigeonne, et il en sera ainsi jusqu'à la consommation des siècles. Les couches se superposent à intervalles réguliers, et comme à chaque fois on en varie avec soin la nuance, il serait assez facile, en grattant les murs, d'évaluer à peu près l'âge d'un édifice. Je me suis livré souvent, et avec succès, à ce genre d'études expérimentales. Du reste, rien n'est plus gai, plus aimable, plus ravissant à voir de loin que toutes ces maisons multicolores se détachant dans l'air vif de la vallée, et ce qui ajoute encore au charme pittoresque du tableau, c'est le voisinage si rapproché de la montagne, cet immense et sombre paravent élevé jusqu'aux nues, ces sapins, ces prairies, ces roches grises qui de toutes parts surplombent la cité. La silhouette de la *Frau Hütte*, qui se découpe au plus haut sommet et ressemble à une femme accroupie, jette un peu de mystère sur ce fond grandiose.

*
* *

A Innsbruck, où la garnison est assez importante, j'ai pu observer de nouveau les soldats autrichiens. On s'aperçoit tout de suite que leur instruction n'est pas dirigée selon les règles de la méthode allemande. Rien de lourd et de mécanique ; leurs mouvements sont libres, naturels, j'oserai presque dire élégants. Il est vrai qu'il y a ici beaucoup de chasseurs tyroliens, et qu'un certain nombre d'entr'eux sont du Midi, Italiens de race. Je pense aussi que leur démarche, si souple, si légère, si martiale, est peut être due à l'emploi du clairon, dont ils se servent à l'exemple des soldats français. Impossible de traîner le pas avec ces sons clairs et belliqueux. J'ai remarqué une modulation qui rappelle étonnamment la phrase célèbre de la *Casquette au Père Bugeaud*. Et quel plaisir aussi pour moi d'entendre une de ces fameuses bandes autrichiennes dont la réputation est si méritée! Ce soir même, il y avait retraite aux flamblaux à travers les principales rues de la ville. Foule énorme ; tout Innsbruk était là, se délectant à cette promenade musicale. Ce qui m'a le plus frappé, comme exécution, c'est la puissance des basses, où l'on sent passer le souffle d'airain de ces rudes soldats montagnards. Rien de plus lugubre, en revanche, que leurs batteries de tambours ; quelques coups à peine rythmés, sans dessin ; une vraie musique à faire danser des sauvages. La grosse caisse mérite tout à fait son épithète, elle est colossale, et c'est pourquoi, comme il convient à la bonhommie autrichienne, on la traîne sur un char attelé d'un petit cheval. J'ai parlé tout à l'heure de retraite aux flambeaux, je me suis trompé, c'est retraite aux lanternes qu'il fallait dire. On les voit s'éloigner en sautillant, au-dessus du grouillement noir de la foule.

Innsbruck est la capitale d'un pays pauvre ; elle ne saurait posséder beaucoup de trésors artistiques. Un petit arc-de-triomphe à l'extrémité de la Neustadt, une statue minuscule d'un archiduc quelconque devant le théâtre, le palais impérial, le *Ferdinandeum*, le tombeau de Maximilien Ier, voilà tout ce qu'elle peut, sous ce rapport, offrir aux avides regards du touriste. Le musée n'a guère de valeur que par son caractère éminemment et exclusivement national ; on y trouve de belles collections de minéraux, d'animaux et surtout d'oiseaux particuliers au Tyrol ; quantité d'armures, de vieilles médailles, d'ouvrages en bois sculpté de la vallée de Grœden, et enfin, à côté d'une petite galerie de peintures, mille souvenirs de la glorieuse guerre de 1809 : le bréviaire du Capucin Haspinger, l'épée d'Andreas Hofer, le sabre de Speckbacker, des carabines, des hallebardes, un canon, etc. Les églises d'Innsbruck, quoique fort nombreuses, n'ont rien non plus qui puisse captiver l'attention. Elles datent, pour la plupart, du dernier siècle, et ceux qui connaissent le goût régnant à cette époque savent qu'aucun artifice de décoration n'est capable d'embellir et d'alléger ces mornes et massives lourdeurs. A Innsbruck, ville catholique par excellence, on aimerait à trouver quelque vieille cathédrale, un sanctuaire vénérable par son antiquité ; mais le style rococo a particulièrement sévi en Autriche, et les monuments du passé sont rares qui ont pu s'y soustraire à ses ravages. Une seule chose ici peut être considérée comme une merveille de l'art, c'est, dans l'église des Franciscains, le tombeau de l'empereur Maximilien Ier. Elles sont vraiment superbes, ces vingt-huit colossales statues de bronze qui lui font comme une garde-d'honneur austère et souveraine, et plus remarquables encore assurément les bas-reliefs de marbre blanc dont il est revêtu. Je ne pouvais me lasser, en écoutant le gardien d'une oreille distraite, d'admirer la finesse prodigieuse du travail, et cette masse de personnages, ce mouvement, cette vie. Il y a là vingt-quatre petits chefs-d'œuvre, où le marbre, comme une cire molle et d'une blancheur de neige, est fouillé avec une dextérité de main qui tient du prodige. On est si bien sous le charme devant les détails et tout l'ensemble de ce magnifique mausolée qu'à peine en sortant peut-on jeter un regard distrait sur le monument d'Andreas Hofer et de ses compagnons d'armes. Le héros tyrolien, malgré sa fière attitude, est trop simple, trop modeste, d'une apparence trop bourgeoise pour ne pas être écrasé par le voisinage immédiat de cette éblouissante évocation des splendeurs impériales.

*
* *

Cette guerre de 1809, cette sublime épopée montagnarde, où un petit peuple chrétien ne craignit pas de défier le grand conquérant moderne, voilà pourtant ce qui donne à Innsbruck sa vraie couronne de grâce et de poésie. On s'y sent pénétré par ces souvenirs encore si vivants et si vibrants dans tout le pays, et à travers la sérénité présente des tableaux champêtres, on évoque aisément, comme en un songe, les combattants d'autrefois. On voit d'un côté, sur les hauteurs, sortant des bois profonds, des défilés de la montagne, la masse à moitié disciplinée des insurgés, enflammés d'une colère sauvage et patriotique; et de l'autre, dans la plaine, essayant de reformer leurs rangs sous l'attaque imprévue, les soldats stupéfaits de rencontrer, dans la lâcheté universelle, un vrai peuple sachant lutter et mourir pour sa foi religieuse et pour sa liberté. L'écho des meurtrières fusillades semblait me poursuivre et correspondre aux battements précipités de mon cœur, tandis que je gravissais la petite colline du Bergisel, théâtre, à plusieurs reprises, des exploits d'Andreas Hofer et de ses partisans. Quel calme cependant dans cette fraîche solitude! Personne, si ce n'est quelques soldats, qui sont occupés derrière des bosquets, à réparer les cibles de leur champ de tir. Ce mont Isel est plus ou moins la propriété de je ne sais quel régiment de chasseurs tyroliens. On y peut lire, sur des tables de marbre, les noms de ceux de ses enfants qui sont morts au champ d'honneur, dans les dernières campagnes d'Italie et de Bohême. Les officiers de la garnison y ont aussi leur cercle ; ils entretiennent le jardin à leurs frais, et y donnent assez souvent des concerts. Sur la terrasse, et de la grande salle de la restauration, on jouit d'une vue très étendue sur Innsbruck et la vallée de l'Inn. Au premier plan, presque au bas de la colline, le monastère de Wiltau, dont les murs, à la double teinte jaune et rose, font l'effet, sous le soleil, d'une construction féerique. Plus loin, la ville enjambant le fleuve, et étalant ses faubourgs jusqu'au pied de la montagne. A droite, à gauche, la vallée avec le bariolage de ses cultures, terminée au nord par le gros bourg de Hall, au sud par la célèbre Martinswand. Partout des champs plantés de maïs, où j'aperçois les hautes tiges en fleur balançant sous la brise leurs aigrettes dorées. Et enfin, dans le pâle reflet des roches calcaires crénelant de toutes parts l'horizon, l'immense et magnifique viaduc du chemin de fer rayant au loin la plaine verte de sa crudité blanche.

Au Berg-Isel, je lis cette double inscription sur deux pyramides de marbre, décorées de l'aigle à deux têtes :

1809

Tempora quæ
Volvunt discrimina
Semper in altis

Austria splendebit
Tecta suo valore.
Donec erunt
Montes et saxa
Et pectora nostra
Austriace domui
Mœnia semper erunt.

La date qui précède ces vers semble vouloir, en attestant un exemple mémorable, les garantir contre la malignité contemporaine. Oui, au lendemain des guerres du premier Empire, il est certain que les fils du Tyrol avaient le droit de s'écrier que « l'Autriche, malgré toutes les vicissitudes des temps, triompherait toujours et resterait grande, grâce à leur valeur, » et ils pouvaient ajouter encore que « leurs cœurs et leurs poitrines, comme les rochers de leurs montagnes, serviraient éternellement de remparts à l'impériale maison des Habsbourg. » Oui, cette fierté leur était permise après tant de souffrances et de luttes héroïques, mais aujourd'hui, même chez les meilleurs amis de ce bon et noble peuple, un doute se dresse impérieusement devant les complications de l'avenir. Est-ce que les dévouements et les fidélités séculaires ne seront pas victimes un jour des ruses de la politique? Est-ce que le vent de folie qui pousse aujourd'hui l'Europe aux grandes agglomérations nationales ne viendra pas souffler aussi dans ces montagnes reculées, et y dessécher l'antique fleur du patriotisme ? Une seule chose à cet égard me rassure, c'est le bon sens inaltérable du Tyrolien, son horreur des nouveautés et des sophismes oratoires, son attachement à l'empereur et à la vieille foi des ancêtres. Il semble que ces Alpes, où il trouve son meilleur appui dans la guerre, le préserve en même temps de la contagion des théories modernes. En tout cas, je ne remarque pas à Innsbruck le moindre changement notable au point de vue religieux : tel je l'ai connu il y a vingt ans, tel je le retrouve encore aujourd'hui. Le petit clan libéral n'a pas augmenté le nombre de ses adeptes, et, comme autrefois, l'immense majorité de la population se glorifie d'être catholique, tyrolienne et autrichienne. Partout des églises et des couvents, partout le tintement de leurs cloches à certaines heures de la journée. La plupart des grandes communautés religieuses sont ici représentées : Capucins, Franciscains, Prémontrés, Servites, Rédemptoristes, Ursulines, etc. Il y a aussi des Pères Jésuites, et quelques-uns d'entr'eux sont même des personnages officiels, professeurs à la Faculté de théologie de l'Université. Bien souvent l'opposition libérale au Reichstag de Vienne a essayé de les débusquer de cette situation, mais l'empereur est toujours intervenu dans la querelle, et jusqu'ici sa haute protection a suffi pour les tirer d'affaire. Inutile de dire que l'illustre Compagnie a confié les chaires dont elle dispose à des hommes d'un savoir et d'un talent supérieurs. Leur renommée s'étend au loin, et elle attire chaque année à Innsbruck des jeunes gens de toutes les contrées du monde. Le cardinal-archevêque de Prague, l'évêque de Trèves, et beaucoup d'autres dignitaires ecclésiastiques, sont sortis de ce séminaire cosmopolite, qui rivalise avec les collèges de la Ville-Eternelle. A lui seul il assurerait à Innsbruck le titre de petite Rome autrichienne.

*
* *

J'ai dîné, ce soir, avec un vieil et respectable ami, très au courant, par sa situation, des choses politiques européennes. Il me parle d'abord de ce malheureux dualisme qui désagrège, et tue peu à peu la vieille Autriche. « Les Français, me dit-il, sont vraiment incompréhensibles dans leur engouement pour les Slaves et les Hongrois. Parce que ces derniers ont un certain vernis révolutionnaire, et peut-être aussi à cause de leur joli costume national — veste à brandebourgs et bottes molles à glands d'or — ils font de temps à autre le pèlerinage de Budapest, et poussent à tout propos les « eljen » les plus enthousiastes. Les Magyars sont pourtant une des meilleures pièces du jeu de la Prusse, et si jamais elle parvient à nous ravir nos provinces allemandes, ils n'auront pas peu contribué à préparer cette catastrophe. Aujourd'hui, grâce à leur orgueil et à leurs prétentions démesurées, ils ont réussi à mettre le feu aux quatre coins de l'Empire, et, dans cette furieuse lutte de races, tout le monde perd également la tête. On ne sait plus auquel entendre ; les partis se divisent et se subdivisent à l'infini ; il y a les vieux Tchèques et les jeunes Tchèques, les Allemands centralisateurs et les Allemands fédéralistes, les Polonais du Nord, qui n'aiment guère les Slaves et les Slovènes du Sud, en un mot, c'est un gâchis, un tohu-bohu, un mêli-mêlo comme on n'en a jamais vu dans aucune nation civilisée. L'Autriche, sous ce rapport, est bien moins forte qu'en 66, et il suffirait du moindre choc pour la faire tomber en poussière ».

Ici une pause. J'en profite pour faire observer qu'on voit peut-être les choses trop en noir et qu'au jour du péril tous les peuples de la monarchie austro-hongroise n'hésiteraient pas à se rapprocher et à s'unir contre l'ennemi commun. La France, d'ailleurs, n'a pas dit son dernier mot; elle n'est pas rayée encore de la carte de l'Europe ; elle saurait bien empêcher de nouvelles conquêtes prussiennes. On me réplique. « La France! elle est aussi malade et même plus malade que nous. Pensez-vous qu'on l'ait épargnée, et qu'on n'ait pas su, par les mêmes procédés machiavéliques, la diviser, la troubler, la rendre également impuissante? On lui a d'abord imposé la république, forme de gouvernement qui, dans notre Europe actuelle, est encore inséparable de l'idée révolutionnaire, et qui doit fatalement amener au pouvoir, non pas les hommes d'élite, les supériorités sociales, mais les médiocres, les besogneux, les déclassés de tout genre. Votre Gambetta parlait des sous-vétérinaires de la Chambre : attendez quelques années encore, et vous finirez par tomber bien au-dessous de ce niveau-là. Personne, en Allemagne, ne fera difficulté, entre la poire et le fromage, de vous avouer qu'il demande au ciel avec ardeur le maintien de la république en France ; vous pourrez même, ici et là, sous une forme discrète, retrouver ce sentiment dans les journaux ; et d'ailleurs, vous ne l'ignorez pas, le procès d'Arnim a jeté sur ce point une suffisante lumière. Avant donc de songer à reprendre un rôle plus ou moins prépondérant, il faudra que les Français recouvrent leur unité, leur cohésion perdue, et ils n'y sauraient parvenir qu'au prix d'une révolution, ou en se jetant dans les bras d'une nouvelle dictature. Alternative peu consolante. Et à ce propos, savez-vous pourquoi les Allemands avaient si grand peur du général Boulanger ? — ils auraient moins parlé de cet homme, en effet, s'il ne leur avait inspiré quelque inquiétude — ils le redoutaient parce que, sans supposer en lui le moins du monde le génie d'un Napoléon, il leur paraissait très capable, à un moment donné, de réveiller le vieil esprit militaire de la France. Ils se souviennent de la campagne de 1792, et ils se demandent avec angoisse si, malgré le nombre, la science et la discipline de leurs soldats, ils seraient aujourd'hui mieux en état de résister à l'effort d'une nouvelle et immense levée de boucliers révolutionnaires. Pour moi, je ne partage pas leurs craintes; la Révolution française a vécu son âge héroïque ; elle n'enfante plus que des rhéteurs et des tripoteurs ».

Et le vieillard continue, emporté par une verve juvénile qui fait un singulier contraste avec son air grave et ses cheveux blancs. « Le grand mal, en France comme en Autriche, vient de la presse, de la mauvaise presse soldée ou non par l'argent du fond des reptiles. Le dualisme chez nous, et en France la république, ont commencé l'œuvre de ruine, mais il faut pour l'achever et la rendre à jamais définitive, perpétuer dans les esprits le désordre et la confusion des idées. Ignorez-vous qu'à l'exemple de Frédéric le Grand, le prince de Bismarck excelle à se servir du levier de l'opinion publique, et qu'à cette heure il n'est pas de gouvernement en Europe qui ait sous ses ordres une presse mieux disciplinée? Avec quelle précision de mouvements il la fait manœuvrer en Allemagne, tout le monde le sait, et tout le monde sait également qu'en Autriche il commande à une vraie légion d'écrivains mercenaires. Pour la France, il est hors de doute qu'aucun journaliste né Français ne consentirait, comme autrefois Voltaire, à travailler pour le roi de Prusse, mais dites-moi, pourriez-vous me garantir que, depuis une vingtaine d'années, il ne s'est pas glissé dans la presse française beaucoup d'éléments étrangers et douteux? On y voit apparaître et se maintenir des noms qui ont une résonnance bien hétéroclite. Est-il vraiment croyable que tous ces hommes nouveaux, venus de loin et sortis de terre comme des champignons après l'orage, se soient enflammés tout à coup d'un pur amour pour la France vaincue et ne respirent à son égard que le plus désintéressé des patriotismes? Vous comprenez ma pensée, je n'y insiste pas davantage, et je suis prêt d'ailleurs à convenir avec vous qu'il faut ici faire une large part aux exceptions. La chose importante en cette matière, c'est de ne jamais perdre de vue un seul instant l'objectif de notre terrible adversaire commun. Il s'agit pour lui de s'opposer de toute manière au relèvement des deux grandes nations qu'il a trompées et vaincues, et c'est entrer dans ses desseins, c'est favoriser sa politique, c'est se mettre en quelque sorte à son service que d'y propager l'esprit d'anarchie, la frivolité et la corruption des mœurs, l'égoïste et lâche acceptation des faits accomplis. A l'heure présente, où se jouent peut-être les destinées suprêmes de la patrie, tout écrivain qui altère dans les âmes la source des sentiments chevaleresques, tout écrivain qui, loin d'être une sentinelle vigilante, endort le peuple couché au bord de l'abîme, quel que soit son talent et qu'il en ait conscience ou non, cet homme ne fait pas autre chose que de travailler pour l'ennemi. »

« Et la conclusion de tout cela, dis-je à mon interlocuteur ? Avez-vous quelque espérance encore d'une heureuse solution des choses ? » « Aucune, me répond-il, au moins en ce qui nous concerne. La Prusse est occupée en ce moment à dévorer et à digérer l'énorme proie que les évènements de 66 et de 70 ont fait tomber sous ses griffes impitoyables. Elle a besoin par conséquent qu'on la laisse achever en paix cette besogne, et sa seule politique, comme j'ai dit tout à l'heure, est d'empêcher que jamais personne ne soit en état et n'ose avoir le courage de venir troubler son festin. Quel succès jusqu'à présent pour cette habile diplomatie ! Tout le monde apeuré, paralysé, tenu en échec, tout le monde regardant de loin la bête de proie à moitié repue et songeant peut-être à de nouveaux carnages. Il aurait fallu, pour enrayer les conséquences des victoires prussiennes, que les vaincus, animés de résolutions viriles, ne perdissent pas un jour, pas une heure, pas une minute, mais, hélas, les années se sont écoulées rapides et stériles ; et maintenant le mot cruel et fatidique s'impose : trop tard ! L'Allemagne du Sud est dores et déjà une nouvelle couche de provinces prussiennes. En Bavière, le casque à pointe vient de remplacer le casque à chenille, et si le pauvre Louis II a disparu de la scène du monde d'une manière si soudaine, c'est qu'il était sans doute un sérieux obstacle à la rapidité du travail d'assimilation. Où donc apercevez-vous la moindre lueur d'espérance ? L'œuvre de conquête se poursuit lentement, mais sûrement, et nous y passerons tous, croyez-moi, nous y passerons tôt ou tard, Allemands de l'Autriche, de la Suisse, et même d'ailleurs, s'il y en a. Vous me direz peut-être, avec votre naïveté de Welche, que la Russie n'est plus disposée maintenant à approuver tout ce brigandage politique. En ce cas, permettez-moi de vous répondre d'avance que, si la France n'a pas d'autre carte dans son jeu, elle est bien près de perdre la partie définitive. Il se peut qu'en ce moment la Prusse et la Russie ne soient pas tout à fait d'accord, mais relisez l'histoire, je vous prie, et vous y verrez que les deux larrons se chamaillent parfois pour amuser la galerie, mais qu'ils savent toujours s'entendre au moment psychologique, au moment des bonnes prises. La Prusse ne se laissera jamais attaquer par la France et la Russie coalisées ; elle donnerait plutôt, en cas de besoin, carte blanche à cette dernière contre nous, et c'est encore la pauvre Autriche, en même temps que la France, qui paierait les pots cassés. Une chose favorisera sans doute l'ascendant progressif de la Prusse sur nos populations allemandes, c'est la nouvelle et très habile politique du cabinet de Berlin à l'égard du Saint-Siège. Les répugnances catholiques ne tarderont pas à s'amoindrir, et il ne restera bientôt, pour nous défendre de l'attraction prussienne, que l'antique prestige du nom des Habsbourg et notre attachement à la famille impériale. Qui sait, d'ailleurs, s'il n'entre pas dans les vues de la Providence de mêler, de fusionner, de pétrir pour en faire un nouveau peuple ces deux éléments si divers et qui se compléteraient si bien, l'honnêteté pacifique des Allemands du Sud et l'esprit pratique, l'audacieuse activité des Allemands du Nord? »

J'ai reproduit, sans y rien changer, le discours de mon vieux diplomate; il appartient, comme on voit, à l'ancien parti conservateur autrichien ; et les évènements des trois dernières années ont peut-être modifié ses opinions.

CHAPITRE XI

Le Zillerthal.

Le Tyrol ne saurait me surprendre par la nouveauté des impressions. J'ai passé, dans ce beau pays, plusieurs années de ma jeunesse, et, à cette époque, en vrai touriste, le sac sur le dos, je n'ai pas négligé de le parcourir au long et au large. C'était alors le bon temps, le temps des vigueurs corporelles et des juvéniles enthousiasmes. Aujourd'hui, comme on a pu voir, j'entreprends encore de ci de là quelque course à pied, mais j'avoue que le chemin de fer et la patache ont enfin pris à mes yeux la plus sérieuse importance. L'âge est venu qui, sur ce point comme sur tant d'autres, m'oblige à faire peu à peu des concessions bien humiliantes. Plus de périlleuses ascensions alpestres, plus de marches forcées par monts et par vaux. Et pourtant, parmi les vallées tyroliennes, il en est une que je veux revoir dans les mêmes conditions qu'autrefois. J'y veux retourner comme si j'étais encore un étudiant en vacances, j'y veux raviver, le bâton du touriste en main, le charmant souvenir qui m'en est toujours resté. Cette vallée, c'est le Zillerthal, le nid le plus célèbre des vrais chanteurs tyroliens, et dont le proverbe dit qu'on ne saurait y être venu sans éprouver le désir d'y venir une seconde fois :

Wer da kommt in's Zillerthal
Kommt gewiss zum zweiten Mal!

En quittant Jenbach, je note partout les plus heureux présages. L'air est doux, le ciel est pur, une joyeuse émotion m'anime. Il me semble que c'est hier et non pas il y a quatorze ans, que je suis parti de la sorte, en compagnie de trois camarades d'études, sans nul souci, le plus allègrement du monde, le jarret solide et dispos. Ces anciens amis, où sont-ils maintenant? Dispersés aux quatre points de l'horizon! Mais en ce moment mon imagination s'échauffe, je les revois avec leurs visages souriants, j'entends leurs gais propos, leurs bruyants éclats de rire, je les sens près de moi pleins de vie, de force et d'entrain. Une chose surtout me revient à la mémoire, c'est la cordiale réception qui nous fut faite, à Fügen, par le fameux chanteur Antoine Leo et sa famille. Braves gens, ces musiciens de race et d'instinct, qui, chaque année, l'hiver venu, s'en allaient à travers les capitales de l'Europe, et pouvaient se glorifier, preuves en mains, d'avoir chanté devant des têtes couronnées! Ils nous reçurent, dans leur auberge, avec la bonne grâce la plus parfaite, essayant de nous faire oublier que, comme le père de M. Jourdain, ils auraient à nous réclamer un peu d'argent en échange de leurs services. Sur notre désir, mais en refusant toute gratification, ils nous firent entendre, dans un concert improvisé, les plus beaux morceaux de leur riche et intéressant répertoire. J'étais ravi, j'écoutais comme en extase ces simples et gracieuses mélodies, et je finis même par oublier la condition singulière que nos virtuoses avaient mise à leur hospitalité musicale. Il avait été convenu que, selon l'usage des étudiants, nous chanterions, nous aussi, à notre tour, et chacun dans sa langue maternelle. Nous étions avec des amis, égalité sur toute la ligne! Je n'avais pas, je l'avoue, pris la chose bien au sérieux, mais quand l'heure eut sonné de satisfaire à notre engagement, je m'aperçus qu'en ce pays de traditions il n'est pas permis de manquer à sa parole. J'eus beau m'excuser et lancer des regards suppliants, il fallut m'exécuter à tout prix, et ma foi, pressé par les circonstances, j'entonnai bravement la *Marseillaise*, que mes bons Tyroliens, du reste, accompagnèrent dans le ton dès les premières notes. C'est le plus beau succès de chanteur que j'aie jamais obtenu de ma vie.

Tous ces souvenirs, revêtus du charme d'un passé déjà lointain, m'empêchent de songer à la route poudreuse, éblouissante sous les rayons du soleil. Nulle fatigue. Il est vrai que je n'oublie pas de m'arrêter aux bons endroits, et à Schlitters comme à Strass, je retrouve mes vieilles auberges tyroliennes, où le repos, après les longues étapes, est toujours si doux et si réconfortant. La *bierstube* du Tyrol et de la Haute-Bavière, quel vrai touriste n'en a goûté l'intime poésie? C'est une salle basse, mais assez vaste, avec de petites fenêtres carrées et percées comme des meurtrières dans l'énorme épaisseur de la muraille. Au fond se dresse le poêle colossal, recouvert de carreaux en faïence peinte, et entouré du large banc où, durant les soirées d'hiver, vient s'asseoir toute la maisonnée. Une guitare suspendue à portée de la main, semble résonner encore des *lieder* de la veille. Et l'image de la madone est là, bien entendu, avec un grand crucifix lui faisant face, un crucifix qui n'a point peur de se montrer. L'hôte, dès que j'ai franchi le seuil de sa maison, s'approche en souriant, et me reçoit comme un ami. Simplement, sans nulle gêne, mais aussi sans la moindre effronterie, il vient prendre place auprès de moi, s'informe de mes projets d'excursions, voudrait savoir à quel pays j'appartiens. Et ce n'est pas chez lui le moins du monde humeur policière ou curiosité puérile : il tient seulement à remplir de son mieux les devoirs de l'hospitalité, et son intelligence éveillée de montagnard est avide aussi d'apprendre des choses nouvelles. Au bout d'un instant, j'ouvre mon carnet pour y noter une impression ; il se lève alors, se retire discrètement, me laisse seul avec mes pensées. Se doute-t-il que j'en profite pour écrire son éloge, l'éloge de sa bonne, franche et naïve nature tyrolienne ? La servante, qui m'apporte un pot de bière et un peu de pain noir, a la physionomie empreinte du même caractère : regard franc, ouvert, où l'absence de timidité n'est pas du tout synonyme d'audace et d'impertinence. Elle prend part, tout en crochetant, à la conversation des paysans attablés, et j'observe que l'un d'eux, avant de boire, lui présente son verre de vin. Elle y trempe le bout des lèvres et rit ensuite à gorge déployée. Tout ici dénote dans les mœurs je ne sais quelle simplicité patriarcale.

J'arrive à Fügen, je reconnais l'auberge des Leo, et j'y entre avec un serrement de cœur indéfinissable. On joue aux boules sous une tonnelle du jardin, mais il me semble que la maison est presque déserte, et qu'on m'y reçoit avec un air d'étonnement maussade. C'est bien ici pourtant, je ne me trompe pas : voici la salle où nous passâmes une si agréable soirée, voici notre place et celle des chanteurs, voici la zither, la guitare, le xylophone, mais quel silence, quelle solitude, dans cette auberge autrefois si fréquentée ! J'interroge l'hôtesse et le mystère s'éclaircit. La famille Leo a quitté le pays depuis plusieurs années, et les touristes pour cette raison ne s'arrêtent plus à Fügen ; ils vont plus loin, jusqu'à Zell, jusqu'à Mayrhofen, jusqu'au fond de la vallée, au pied des glaciers. On me dit tout cela sans la moindre amertume, mais pour moi j'ai grand'peine à dominer ma tristesse. J'ouvre le livre des étrangers et j'y retrouve aussitôt mon nom. Quelle lumière dans cette page jaunie ! quel brusque rappel à la réalité des choses ! Depuis quatorze ans, tout a changé en moi et autour de moi, et il n'est pas surprenant qu'à Fügen tout ait changé de la même manière. Je me console par cette réflexion philosophique, et, sans perdre une minute, car la journée touche à sa fin, je fais atteler une voiture et me voilà parti pour Zell. Je me berce du doux espoir d'y trouver plus nombreuse compagnie.

Le soleil se couche de bonne heure dans ces longues vallées étroites et bordées de hautes montagnes. Un vent frais souffle déjà des glaciers ;

les ombres du soir s'allongent et s'épaississent à l'horizon ; on n'aperçoit plus, sur les dernières cimes, qu'un léger voile rose frangé de pourpre. J'oublie devant ce tableau mes mécomptes de tout à l'heure, et je savoure de nouveau le vers de Virgile :

Majoresque cadunt altis de montibus umbræ.

Rien n'égale, dans ces vallées, le charme pénétrant du soir qui tombe. Les bruits s'éteignent peu à peu dans le lointain ; une gravité sereine et douce semble monter du fond des choses ; on dirait que les monts, les bois, les champs se recueillent devant les claires étoiles, prêtresses de la nuit. La fraîcheur de l'air avive en même temps le parfum des fleurs, des herbes récemment coupées, et quelle religieuse émotion saisit l'âme, quand soudain, d'un clocher perdu au fond de la vallée, arrivent les sons graves, mesurés, solennels de l'*Angelus !* Le cheval, sur la route unie, nous emporte avec rapidité ; le jeune Tyrolien qui me sert de cocher l'excite d'ailleurs du fouet et de la voix : il songe que la double étape est longue, et qu'il faudra rentrer ce soir au logis. Enfin, au bout de deux heures, à la nuit close, nous nous arrêtons devant l'auberge de la Poste, à Zell.

Un vrai type, Simon Strasser, aubergiste de la Poste, le type de l'aubergiste tyrolien nouvelle école. Il me reçoit majestueusement sur le perron de son hôtel, avec tous les égards qui sont dus à un touriste arrivant en voiture. Enorme, bien assis sur ses courtes jambes, la figure rougeaude coupée de moustaches à la hongroise, on voit qu'il entend rivaliser avec ses confrères des grandes villes. Il me conduit à travers les immenses corridors de son hôtel, dont l'aménagement, dans la mesure possible en pays de montagnes, ne semble rien laisser à désirer au point de vue du confort moderne. Peu de monde, par exemple; rien qui dénote le mouvement, l'entrain des véritables stations d'été. Je m'en étonne, et le bon Tyrolien m'explique que tout le Zillerthal, aussi bien que le Fügen, a perdu depuis longtemps la faveur des touristes. On lui préfère maintenant l'Oetzthal, où la nature est plus grandiose, plus sauvage, plus tourmentée, où les glaciers surtout ne sont pas rares et exercent une attraction prépondérante. « Les alpinistes, me dit-il, nous ont porté un coup terrible ; ils se soucient peu des beautés calmes et poétiques de nos vallées; peu leur importent les accords de la zither et les gracieuses mélodies tyroliennes; il leur faut des spectacles plus sublimes, des émotions plus vives, plus poignantes ; il leur faut des ascensions périlleuses et la mort cent fois bravée en face, la mort sous les avalanches, au fond des crevasses, dans les précipices. Et vous ne sauriez croire à quel point la gloriole aujourd'hui s'en mêle ; c'est une vraie fureur entre tous ces alpinistes de Suisse, de France, d'Autriche, d'Angleterre ; ils préparent une ascension nouvelle comme un général son plan de campagne, ils s'entraînent, s'encouragent, se familiarisent avec le danger, et les accidents survenus aux autres ne font qu'augmenter leur ardeur. Plus le glacier entasse de victimes, plus on les voit accourir en foule, excités par leur folle passion ».

Ces dernières paroles sont prononcées avec un accent où perce le dépit. Il est bien certain qu'en faisant bâtir un si magnifique hôtel, Simon Strasser s'était promis une plus riche moisson de beaux bénéfices. Il espérait qu'attirés par un tel déploiement de luxe et de confort, les fils d'Albion feraient bientôt de Zell un de leurs rendez-vous favoris. Et, pour ne pas froisser le moins du monde ces insulaires cousus d'or, à combien d'autres sacrifices avait consenti le pauvre Tyrolien ! Plus de bénitiers ni d'images religieuses dans les chambres; plus de crucifix ni de madone à la salle à manger; plus rien, si ce n'est un petit Léon XIII, relégué au fond d'un corridor, et obtenant grâce apparemment en sa qualité d'habile diplomate. Tout cela n'a servi de rien, tous ces calculs ont été déjoués, et messieurs les Anglais ont préféré les glaciers et les neiges éternelles. Je me morfonds jusqu'à dix heures dans la salle à manger à peu près vide, et le délicieux concert tyrolien, sur lequel j'avais compté toute la journée, va prendre place au nombre de mes illusions perdues. Il y a longtemps que dans ces auberges modernisées du Tyrol, on a proscrit ce genre de délassement ridicule et digne d'un autre âge. Je cherche à me distraire en parcourant la *Neue freie Presse*, et je me serais peut-être endormi sur cette prose juive incolore, si mon hôte n'était venu, selon l'usage, me tenir un peu compagnie. Il est d'abord très aimable, et ses questions ne sont pas trop indiscrètes ; on le prendrait même pour un de ses confrères des villages voisins ; mais je ne tarde pas à soupçonner, au milieu de son verbiage insinuant et respectueux, qu'il a son idée fixe en tête et qu'il ne poursuit pas un but absolument désintéressé. Les voitures de la Poste ont, paraît-il, une terrible concurrence à soutenir et il s'agit pour le matois de défendre ses intérêts. « Je vous ferai, me dit-il, conduire demain matin jusqu'à Mayrhofen et vous en reviendrez d'assez bonne heure pour être à Innsbruck le soir même. » Je tourne la tête en signe de refus. « Alors, reprend-il, allez à pied jusqu'au prochain village : de là vous aurez une vue superbe sur le fond de la vallée. » Je lui réponds cette fois d'une manière évasive, et prenant son courage à deux mains, il pousse enfin résolument sa botte. « Je vais vous donner un billet de retour pour Jenbach avec la voiture qui part de l'hôtel à midi. » Et il insiste avec tant d'apparente bonhomie, tout en me répétant : vous ferez ce que vous voudrez, qu'à la fin j'accepte son coupon, une place de *Kapriolet*, qu'il me fait payer séance tenante. Ses petits yeux clignotent de joie, il est heureux, son but est atteint. Là-dessus je vais me coucher, non sans avoir respiré quelques instants l'air frais de la montagne, et écouté sous ma fenêtre gronder les flots écumants de la Ziller.

Mayrhofen, au fond de la vallée, est un joli petit village qui semble sourire au milieu d'une nature en pleurs et en deuil. Les maisons se détachent en clair sur le fond noir des sapins et des ravines, et les cris joyeux des enfants qui sortent de l'école répondent au fracas de la Ziller roulant ses eaux furibondes. Au centre du village est le cimetière qu'on traverse comme une place publique. Il semble que dans ces solitudes alpestres les vivants n'aient aucune horreur à demeurer si près des morts. La vallée est ici mille fois plus désolée, plus sauvage qu'aux environs de Zell et de Fügen, où elle revêt plutôt je ne sais quel caractère de grâce mélancolique. Au retour, j'ai pu l'admirer et en jouir tout à mon aise. Les montagnes s'élèvent en pente douce ; sur leurs flancs des prairies et des forêts, et encore des forêts et des prairies, de telle sorte qu'on dirait de loin un tapis noir tacheté de plaques vertes. Au milieu des clairières surgissent une multitude de remises et de chalets, et ils ont l'air aussi propres, aussi coquets que ceux des sculpteurs sur bois de l'Oberland. Les mélèzes aussi sont alignés, corrects, bien venus ; on dirait qu'un Le Nôtre montagnard les a pliés aux règles de la symétrie. De loin en loin de petits torrents se hâtent vers la Ziller, et ils apparaissent, au fond des gorges sombres, comme autant de minces liserés d'argent. La route est bonne, à peu près toujours au même niveau, et bordée des deux côtés de la barrière inévitable, barrière en planches juxtaposées ou en pieux qui s'entrecroisent. Elle est là pour imposer l'ordre et le respect des champs aux troupeaux qui vont et viennent entre l'alpage et la vallée. On traverse de petits bois de sapins où sont installées des scieries mécaniques, et on y respire à pleins poumons la salubre et pénétrante odeur de la résine. Les gens saluent partout avec un bienveillant sourire. Il y a dans chaque village une maison qui par son bel aspect se distingue à première vue des autres : c'est l'auberge, toujours badigeonnée de frais, d'une blancheur immaculée, avec ses petites fenêtres fleuries de roses, d'œillets, de géraniums. On a l'impression d'un décor alpestre arrangé, attifé, enguirlandé. De temps en temps la vallée se resserre ou s'élargit, et on entrevoit, à droite et à gauche, des enfilades de vallées plus étroites, plus élevées, plus pittoresques. Les villages sont groupés autour de l'église qui lance sa flèche au ciel à des hauteurs vertigineuses. Ici point de boule aux formes plus ou moins grotesques ; il semblerait plutôt qu'on ait voulu rivaliser d'audace et d'élégance avec les sapins de la montagne. Les maisons, à cause de ce voisinage, paraissent un peu basses, écrasées, et le contraste est surtout sensible quand elles sont entourées de la provision de bois pour l'hiver : les petites bûches, bien coupées, bien serrées, bien entassées, s'élèvent parfois jusqu'à la hauteur du sommet des fenêtres. Vers onze heures et demie j'entends sonner dans toutes les directions ; je regarde, et je vois, sur le toit de chaque maison, une cloche qui s'agite : c'est l'appel pour le dîner.

Je constate en quittant l'auberge de la Poste, qu'on a su, sur un dernier point très important, s'y mettre aussi à la remorque des grands hôtels. Tout le personnel fait la haie pour recevoir la bonne main. Cet impôt, on l'acquitte partout sans mot dire, quoiqu'il n'ait jamais été voté par les deux Chambres, mais en ce pays, il étonne et il attriste ceux qui ont connu les vieilles mœurs tyroliennes. Jadis, quand sonnait l'heure du départ, l'hôte et toute sa famille réunie venaient vous saluer et vous remercier, et au dernier moment, après les adieux, les souhaits et les cordiales poignées de mains, une jeune fille s'approchait, modeste et souriante, et plaçait un petit bouquet de fleurs à votre boutonnière. De pourboire, bien entendu, il n'était pas question le moins du monde. Ces hospitalières coutumes existent encore assurément dans la plupart des vallées du Tyrol, mais d'où vient qu'à Zell, en plein Zillerthal, elles ne soient déjà plus qu'un souvenir ? La cause, la cause unique, il faut la chercher dans l'invasion de ce phylloxera : l'Anglais. Mille choses ont contribué à la rapide multiplication du redoutable microbe, les billets circulaires, les zônes à prix réduits, les entreprises Coock et consorts, et c'est pourquoi, sur notre beau continent, nous n'avons plus affaire aujourd'hui, comme autrefois, à quelques centaines de mylords très riches et assez intelligents, mais à des avalanches d'insulaires d'une couche tout à fait inférieure. Rien n'égale leur sans-gêne, leur grossièreté, leur ladrerie. Ils encombrent les wagons de leurs valises monumentales ; ils y font leurs petits repas de sandwichs et de saucissons; ils ôtent leurs bottines, s'étendent sur la banquette, se soucient de leurs voisins comme d'une guigne. A l'auberge, leur égoïsme s'affirme avec une âpreté non moins féroce, et ils y sont également le vrai fléau des voyageurs. Aussi, comment se montrer sympathique et hospitalier à l'égard de ces civilisés à moitié sauvages, qui voyagent par pur amour-propre, pour dire qu'ils ont vu ceci, cela, qui ne lient connaissance avec personne, et lésinent fortement sur la dépense ? Le petit bouquet de fleurs alpestres jadis offert avec tant de grâce, ces Philistins en rupture de ban en comprendraient-ils l'aimable poésie? On le supprime donc, et on fait bien ; à sa place on enfle un peu l'addition, et en maugréant le boutiquier paie : c'est son rôle.

Mon retour à Innsbruck s'est ressenti de mes espérances déçues ; je n'éprouve aucune envie de revoir le Zillerthal une troisième fois ; je suis triste, je regrette d'avoir échangé mes anciens souvenirs contre d'autres beaucoup moins agréables. Il me semble évident que le goût du chant décline dans le Tyrol, et je peste contre Musset qui loue les Tyroliens pour cette raison :

C'est qu'ils sont nés chanteurs comme de gais oiseaux!

Il changerait de note aujourd'hui : les nids jaseurs d'autrefois se sont tus, et ce n'est plus que dans les villes, à Innsbruck, à Méran, à Botzen, qu'on peut encore de temps à autre entendre de vrais chanteurs tyroliens. Et ce plaisir, en effet, m'a été offert ce soir même à Innsbruck dans une brasserie appelée Löwenhaus, et située à l'extrémité des promenades, sur les bords de l'Inn. Il n'est personne qui n'ait eu l'occasion d'assister à un concert donné par des Tyroliens revêtus de leur plus beau costume national. On voit cela d'ici, chapeaux à glands d'or ou à plume de coq, vestons gris à parements verts, et bas blancs bien tirés sur le mollet. Chacun sait également ce qu'il faut penser de leur chant si particulier, si original, de ces *Lieder* si pleins de gaieté ou de mélancolie, où les mélodies viennent du cœur et vont au cœur. Il faut noter pourtant que, parmi ces Tyroliens en tournée, il en est plus d'un qui n'ont jamais vu le Tyrol, même en rêve. On les reconnaît à leur aplomb de cabotins et à leur défaut absolu de sentiment véritable. Il leur manque le je ne sais quoi, cette liberté et simplicité d'allures qui est la fleur inimitable du terroir. Ici, à Innsbruck, les contrefaçons ne sont pas à craindre, et j'ai passé la soirée la plus charmante sous les ombrages et devant l'estrade du Löwenhaus. Les chanteurs n'étaient pas trop au-dessous de la moyenne, les chanteuses non plus, et l'une d'elles, qui à elle seule constituait tout l'orchestre, nous a plusieurs fois ravis en exécutant de véritables tours de force sur la zither, le xylophone, et deux ou trois douzaines de verres de cristal. Bien étrange, et ultra-fantaisiste, ce dernier instrument. L'artiste, de ses doigts mouillés, touchait légèrement et rapidement le bord des verres, et il en sortait des sons très purs, graves, métalliques, qui remuent plus profondément que ceux de la zither. On dirait les derniers soupirs de l'orgue au fond du temple ou le murmure lointain du vent dans la forêt. Quelques chansonnettes, dans le dernier goût français, ont un peu gâté mon plaisir. J'ai dû constater avec regret que la vogue du café-concert a pénétré jusque dans le Tyrol.

Je reviens à mon hôtel, et le long de la route, je cherche à m'expliquer ce chant tyrolien, ce « jodlage » aux inspirations si étonnantes, si capricieuses, et voici ce qu'après bien des efforts j'ai cru trouver dans ma docte cervelle. Les Tyroliens sont de tous les Allemands les plus voisins de l'Italie, de l'Italie, patrie classique des chanteurs, des vocalises et des roulades à perte de vue. D'autre part, quoi de moins favorable à l'art du chant que la langue allemande où abondent les aspirées et les gutturales ? Quel moyen de lancer des fusées sonores avec un idiome à ce point barbare et gothique ! Les Tyroliens ont donc inventé leurs gracieuses mélodies où il y a peu de paroles, mais des variations et arabesques à l'infini sur des voyelles qui appartiennent à toutes ces langues. Pour iodler, il faut passer rapidement de la voix de gorge à la voix de tète, et c'est un exercice que les Tyroliens, allemands par la langue et italiens par l'amour du chant, étaient plus propres que personne à inventer et à porter à son dernier point de perfection.

CHAPITRE XII

Un chantre du Tyrol.

Le Tyrol, empreint d'une originalité si profonde, si naïve, si franche, méritait d'être chanté par un grand poète, et ce poète, il l'a trouvé : c'est un peintre contemporain. Enfant des Alpes tyroliennes, on a vu cet artiste de race, dès sa jeunesse, consacrer sa vie, ses forces, tout son talent à saisir et à fixer sur la toile la vraie physionomie de son pays. Il a fréquenté les écoles et les ateliers d'Innsbruck, de Munich, de Paris, mais, uniquement soucieux d'y acquérir les connaissances techniques de son art, rien n'a pu nulle part lui faire oublier le premier appel de la Muse et de la Patrie. Etranger aux querelles d'école, travaillant à l'écart, il ne lui vint jamais à la pensée d'aller chercher au loin, dans le passé ou sous d'autres cieux, le sujet de ses compositions. Qu'avait-il à faire des Grecs et des Romains ? et que lui importaient les mille systèmes en présence, classicisme, romantisme, réalisme, impressionisme, et ces luttes, ces discussions stériles et sans fin, où les impuissants, qui se disent incompris, essayent de soulager leurs secrètes rancunes? Il voulut peindre simplement ce qu'il voyait autour de lui, cette nature souriante et sauvage dont la poésie parlait si bien à son cœur, ces hommes qui étaient ses frères, ces mœurs qui avaient été les siennes, et à tout cela donner une âme, un souffle de vie, le reflet supérieur et enchanté de l'idéal. On sait s'il s'est tenu parole, et quelle unité merveilleuse il a imposée à son œuvre. Pas un regard jeté au delà de ses vallées et de ses montagnes, pas une note discordante dans ce concert vraiment national. Et en même temps il a eu cette rare fortune de venir à son heure, je veux dire avant que le petit peuple tyrolien fût à son tour submergé par la banalité moderne. Plus tard, quand d'un bout à l'autre de l'Europe on n'aura plus qu'un même spectacle sous les yeux, quand la confection juive et le complet à prix fixe auront remporté leur suprême triomphe, on pourra retrouver, devant les tableaux du maître, devant ces pages vivantes et parlantes, la vision de toutes ces choses aimables disparues, mœurs simples, costumes pittoresques, traditions patriarcales. Et l'on regrettera le bon temps où il y avait encore des peuples, de vrais peuples qui, dans la grande harmonie du monde chrétien, savaient si bien garder intacte leur physionomie particulière.

Defregger, pour l'appeler enfin par son nom, entra dans la carrière il y a près de vingt ans. Je me rappelle encore le succès de ses premières œuvres ; ce fut une surprise, un ravissement chez tout le monde; mais personne alors n'aurait supposé qu'en si peu de temps il saurait s'acquérir, dans son pays comme en Allemagne, une renommée si retentissante et si universelle. On peut dire qu'il est aujourd'hui l'idole de ses compatriotes, et jamais artiste, à aucune époque de l'histoire, n'a si bien connu les joies de la popularité. Les princes l'ont comblé de présents et anobli ; les plus grands musées d'Allemagne se disputent ses toiles ; il remplit à lui seul le salon d'honneur du Ferdinandeum ; mais son meilleur succès, le succès qu'il préfère, j'imagine, à tous les autres, c'est l'enthousiasme de ce peuple dont il a si fidèlement retracé l'image et qui lui manifeste, de mille manières, sa fierté reconnaissante. A Innsbruck, on ne voit partout, et sous toutes les formes, que la reproduction de ses chefs-d'œuvre les plus remarquables. Une légion d'artistes de seconde main est sans cesse occupée à les graver sur la pierre, à les ciseler sur le cuivre et l'airain, à les sculpter sur le bois, le marbre, l'ivoire. Et des fresques, des tableaux, des photographies ! on en voit tant qu'à la longue on se lasserait peut-être de cette vogue effrénée, si le héros n'en était pas si digne et si la cause en était moins respectable. Defregger, dans tout le Tyrol, est le vrai lion du jour, et Innsbruck, à cet égard, n'est plus Innsbruck, ce serait plutôt Defreggeropolis.

D'où vient ce succès si rapide, si général, si incontesté ? Sans nul doute, le sentiment national y entre dans une large mesure, mais il faut l'attribuer encore, et en première ligne, aux qualités réelles, sérieuses, éminentes du peintre. Il possède, au suprême degré, la science de la composition ; chacun de ses tableaux est un petit poème achevé, coordonné, complet ; on en saisit sans effort l'idée principale, et tout y converge vers ce point lumineux ; les personnages sont bien d'aplomb, leurs attitudes on ne peut plus naturelles, l'expression des visages prise sur le vif; et avec cela de l'esprit, de l'observation, du sentiment, de l'humour, un dessin ferme et correct et une intelligence suffisante du coloris. J'ai prononcé déjà le mot de chefs-d'œuvre, et il n'y a pas, je crois, à s'en dédire. Ces toiles vivront, et ce qui leur assure le plus l'immortalité, c'est le charme poétique et profond qui s'en dégage. Rien de bas, de commun, de vulgaire dans ces robustes et joyeux montagnards : ils sont comme entourés d'une atmosphère de noblesse et d'élégance natives. Une flamme intérieure éclaire leurs visages; la candeur, la probité, la droiture y éclatent ; on voit l'âme à travers l'enveloppe, et cette âme est belle. C'est par là que Defregger se distingue, et à son avantage, des vieux peintres flamands et de nos réalistes modernes. Ses paysans ne sont pas des êtres grossiers, ridicules, repoussants ; on voit qu'ayant vécu jadis de leur vie, il les comprend, les respecte et les aime. Il est fier d'appartenir à cette forte race, de compter lui-même au nombre de ces hommes, dont le corps est vigoureux comme les assises de leurs montagnes, et le cœur pur comme la neige éternelle qui les couronne. Il jette sur eux un rayon d'en haut qui les illumine et les ennoblit. Et à ce point de vue, comme il l'emporte sur nos fameux réalistes de l'heure présente! On sent toujours percer chez ces derniers le mépris de leurs modèles campagnards ; au fond je ne sais s'ils prennent leur sujet bien au sérieux ; ils semblent travailler de chic, et c'est à quoi nous devons sans doute cette fausse et niaise paysannerie qu'on dirait parfois échappée à l'inspiration d'une muse de café-concert.

L'œuvre de Defregger est déjà considérable, et permet dès aujourd'hui de porter sur son talent un jugement définitif. Il a moins réussi, à mon sens, dans les grandes compositions historiques — comme *la mort d'Andreas Hofer*, *Andreas Hofer à la Hofburg*, *la dernière levée*, etc. — que dans la peinture des mœurs intimes et actuelles du peuple tyrolien. Son cadre favori, c'est tantôt le paisible intérieur de la ferme, tantôt la salle d'auberge bruyante et animée, tantôt, et c'est le cas le plus fréquent, le chalet perdu au fond de l'alpage. Combien de scènes charmantes il y fait passer sous nos yeux ! On sourit, on est ému, on est captivé, car tout est franc, large, sain dans cette façon de comprendre et de reproduire les choses. Les sujets humouristiques — *le Tyrolien de salon*, *la demande en mariage*, *la leçon de danse*, *le beau point de vue*, etc., — sont traités avec une délicatesse et une légèreté de touche incomparables. Rien n'y sent la caricature. Et cette finesse augmente encore, s'il est possible, quand le peintre veut nous émouvoir au spectacle des joies de la famille. C'est là son meilleur terrain, c'est là que, de l'aveu de tous, il a remporté ses plus beaux succès. Il faudrait tout citer, *la visite* (que nous avons admirée à Paris en 1878), *le premier-né*, *les deux frères*, *le repos du dimanche*, *la prière en commun*, et au premier rang, à la place d'honneur, *le soldat en congé*, où Defregger paraît avoir atteint les dernières limites de son art. Comme la famille est ici présentée dans sa douce et forte unité morale! Le père, au centre, les bras nus, regarde et écoute son fils avec un air grave et plein de satisfaction contenue. La vieille grand-mère a laissé tomber son peloton de fil; elle est comme brisée par la joie de sentir le beau gars à ses côtés. Plus sérieuse encore est la mère; elle cherche à maîtriser son émotion en préparant le repas en toute hâte. Et que dire des frères et sœurs qui font cercle autour du soldat et le dévorent du regard? Le plus petit s'amuse avec les boutons de son uniforme; la plus jeune sœur, les mains jointes, comme en extase, le contemple de ses yeux étonnés et ravis, tandis que l'aînée, déjà grande, dominant le groupe, sourit d'aise et d'orgueil au compagnon de ses premiers jeux. Je laisse à d'autres le soin de louer la parfaite exécution de cette page magistrale ; j'insiste seulement sur le charme, sur la poésie profonde et cachée qui l'anime et la rend si éloquente. C'est la famille, la famille honnête, laborieuse, chrétienne, telle que l'ont connue nos ancêtres et devenue si rare en certains pays. On respire un instant cette salubre atmosphère ; on sent battre de vrais cœurs dans toutes es poitrines; et par un retour bien naturel, on songe aux siens, à sa propre famille, on éprouve une douce et cruelle émotion au souvenir de tous ceux qu'on a déjà perdus.

L'immense succès de Defregger a eu quelques suites fâcheuses. On a vu se produire et pulluler en peu de temps la race odieuse des imitateurs. Des peintres de Vienne et de Munich, incapables de se frayer une voie originale, se sont mis en tête de peindre aussi des sujets tyroliens. Ils ne pouvaient s'inspirer que de leur vaine fantaisie, et ç'a été tout de suite un déluge de scènes outrées, d'une sentimentalité ridicule, visiblement fausses. Quelques-uns sont même allés plus loin : ils ont livré à la raillerie des sots l'aimable simplicité des mœurs tyroliennes. L'imitateur, pour détourner à son profit l'attention publique, a besoin de forcer la note, de faire du tapage, de jeter de la poudre aux yeux, et souvent, par ce procédé facile, il réussit, au détriment du véritable artiste, à se créer une vogue passagère. Les petites bourgeoises se pâment devant ses conceptions romanesques. Qu'a dû penser Defregger de cette concurrence? Il en a souffert sans doute comme artiste, mais rien n'a pu le faire dévier de sa route, il a continué d'être simple, vrai, naturel. Un de ses derniers tableaux, *zur Gesundheit*, en témoigne d'une manière péremptoire. On dirait qu'il y a retrouvé la touche large et sobre des vieux maîtres.

Il m'aurait été doux, par l'entremise d'un ami commun, d'être admis à exprimer de vive voix au grand artiste toute la reconnaissante sympathie que m'inspire son œuvre. Si ses compatriotes l'apprécient, je crois, pour moi, le goûter et le comprendre autant qu'il est possible à un étranger. Par malheur, en cette saison de l'année, le peintre est insaisissable, il court à travers les alpages, à la recherche de quelque nouveau sujet de composition. Sa situation, à Munich, est aujourd'hui très considérable, et n'était son caractère un peu trop exclusivement tyrolien, il aurait succédé sans doute à Piloty comme directeur de l'école des Beaux-Arts. Quoi qu'il en soit, je lui adresse de loin mes humbles hommages, en souhaitant que, préservé des mauvais entraînements du succès, il reste fidèle à la devise : tout pour l'art, rien pour le métier.

CHAPITRE XIII

Judenstein.

J'ai dirigé mes pas, ce matin, vers le château d'Ambras, célèbre par le souvenir de Philippine Welser, cette riche patricienne d'Augsbourg dont j'ai déjà dit un mot, et qui eut l'art de se faire épouser par un archiduc d'Autriche. On connaît peu les autres détails de sa vie, car, pour ne citer ici qu'un seul point important, les uns la font mourir de la manière la plus dramatique, et les autres très prosaïquement, en bonne bourgeoise parvenue. Un mystère plane sur la fin de cette carrière aventureuse et brillante, et l'intérêt qui s'attache à la belle Philippine s'en est accru d'autant, comme on pense. Il n'est pas de voyageuse un peu sentimentale qui ne tienne absolument à visiter le palais où la beauté féminine a joui d'un de ses plus beaux triomphes et qui peut-être a été le théâtre d'une tragédie épouvantable. L'excursion d'ailleurs est facile ; on se rend à Ambras en moins d'une demi-heure, par une route qui s'élève sur le flanc de la montagne, et d'où l'on embrasse bientôt du regard toute la vallée. Il y a quelques années le château renfermait une précieuse collection d'objets historiques, mais, comme l'esprit centralisateur sévit partout, même en Autriche, on l'a transportée à Vienne et éparpillée dans les musées. Il ne reste au touriste pour se dédommager que le charme des souvenirs et la beauté du point de vue.

La visite du château terminée, on ne s'y attarde pas d'ordinaire, et on revient tambour battant à Innsbruck. Pour moi, réconforté par l'air vif de la montagne, j'ai voulu pousser mon excursion jusqu'au Judenstein, un des sanctuaires les plus fameux de toute la contrée. On y vénère la mémoire d'un enfant martyrisé par les Juifs au moyen-âge, et les choses qu'on raconte à ce sujet sont si singulières qu'elles semblent appartenir au domaine de la légende. C'est très alléchant pour un touriste. Et ajoutez à cela la route la plus fraîche, la plus délicieuse, la plus pittoresque, au milieu d'une immense forêt de sapins coupée çà et là de vertes clairières. On traverse, presque au début, un petit village, où j'ai assisté, à ma grande joie, au lent défilé d'une procession. C'est la première fois qu'en plein pays montagnard j'étais témoin d'une cérémonie de ce genre. Comme partout, bien entendu, les bannières et les madones ne manquent pas, non plus que les petites filles vêtues de blanc, couronnées de fleurs, aux longues écharpes bleues ou roses, mais ce qui captive le plus mon attention, c'est ouvrant et fermant la marche du cortège, un double détachement d'anciens chasseurs tyroliens en grand costume national. Magnifiques, tous ces hommes, et donnant une haute idée de la vigoureuse beauté de la race! Les officiers ont très belle tournure, l'air digne, martial, un peu trop guindé peut-être; les soldats obéissent comme au régiment, la figure souriante, ouverte, sympathique. Au reste, costume complet, dans toute sa rigueur traditionnelle; la longue plume de coq au chapeau, les bas blancs bien tirés dessinant les muscles, le gilet rouge, les bretelles vertes, la ceinture de cuir aux broderies d'argent. Les chasseurs déchargent par deux fois leurs armes, au moment où le vieux prêtre, sous un dais, élève l'ostensoir et bénit la foule. Hommes et femmes, chacun récite son chapelet, et les vieillards surtout me paraissent prier avec beaucoup de ferveur.

Il faut une circonstance vraiment exceptionnelle pour qu'ici les hommes endossent leur costume national. Les femmes, au contraire, guidées par le sûr instinct de la coquetterie, n'ont pas encore voulu sur ce point céder à la banalité moderne. Elles sont fidèles le plus possible aux vieilles traditions, et le moindre prétexte leur suffit, fête religieuse ou fête de famille, pour se montrer dans leurs atours tyroliens. Ils varient légèrement, comme on sait, de vallée à vallée, mais c'est une pure diversité de nuances, le caractère fondamental est toujours le même. Ici, dans les environs d'Innsbruck, une aimable simplicité domine. Les femmes portent un chapeau noir aux ailes plates et étendues, agrémenté d'un double mouchet d'or s'étalant sur le côté droit, et un large tablier de soie qui, comme le foulard en Bavière, doit être rare, éclatant, magnifique, une surprise et une joie pour les yeux. De tous ces tabliers, quel musée on pourrait faire! Blancs, jaunes, verts, roses, bleus, orangés, gorge de pigeon, j'en ai vu de toutes les couleurs et de toutes les nuances, et on reconnaît vite les plus beaux et les plus distingués, rien qu'au petit air de fierté modeste avec lequel on les porte.

J'arrive au sanctuaire, rustique et étroite chapelle élevée par les soins de l'empereur Maximilien premier. Elle se dresse et se détache, avec ses murs blanchis à la chaux, sur la fraîcheur verte de la pelouse, tout émaillée de fleurs qui sentent bon la montagne. Un petit restaurant est à deux pas ; et je vois aussi des gens qui mangent en plein air, assis sous une tonnelle ou à même sous les sapins. Des enfants s'amusent, des hommes jouent aux boules ; le pèlerinage est à double fin, comme on voit ; il peut servir au besoin d'excursion champêtre. A la chapelle, beaucoup de bonnes femmes récitent leurs prières, et j'ai vraiment de la peine à m'approcher des trente petits tableaux où sont reproduits les principaux traits de l'histoire du bienheureux martyr. Les légendes sont rédigées en si mauvais dialecte, et écrites en caractères d'un tel archaïsme, qu'il serait difficile, sans le secours des peintures, de mener jusqu'au bout le travail de la traduction. Donc — pour vous narrer les choses à mon tour — la mère du jeune André, voulant aller travailler aux champs, eut l'idée de le confier à la garde d'un voisin qui ne jouissait pas d'un très bon renom dans le pays. Ce malandrin, suborné par des Juifs qui lui donnent de l'or plein son chapeau, leur livre le malheureux enfant, qu'ils emmènent au fond de la forêt. Là, sur une grosse pierre, ils étendent leur victime, lui ouvrent les veines, reçoivent son sang dans un vase, et, ayant suspendu le cadavre aux branches d'un prunier, ils s'enfuient à toutes jambes par un défilé de la montagne. Quel coup tout à l'heure pour la mère infortunée ! Déjà, au milieu de son travail, de sinistres pressentiments l'agitent ; elle a cru voir tomber devant elle une goutte de sang, puis une seconde, puis une troisième, et elle se demande, saisie de terreur, si elle rêve ou si elle est témoin d'un prodige. Tout à coup, comme poussée par une force intérieure, elle court au village, oppressée, appelant à grands cris son enfant. Point d'enfant ! on le cherche, on frappe à toutes les portes, on s'empresse dans toutes les directions, on trouve enfin le cadavre du pauvre innocent, mutilé, exsangue, faisant peur à voir dans sa blancheur de cire. La mère à ce spectacle donne un libre cours à sa douleur ; elle se lamente, lève les bras au ciel, verse des torrents de larmes, et rien peut-être ne l'aurait jamais consolée de cette horrible épreuve, s'il n'avait plu à la puissance divine de glorifier son fils par des miracles. Un jour, au milieu de l'hiver, sur la tombe couverte de neige, un lys apparut, qui jusqu'au printemps conserva sa fraîcheur et son parfum. L'arbre où le petit martyr avait été suspendu garda aussi ses feuilles vertes durant la mauvaise saison, et plus tard, après bien des années, quand un bûcheron voulut l'abattre, sa hache lui tomba des mains, le blessant gravement au pied. Tous ces faits et plusieurs guérisons miraculeuses obtenues en priant sur la tombe d'André de Rinn, déterminèrent un concile provincial, tenu à Vienne, à prononcer la béatification du petit martyr. Quant au traître qui l'avait livré à ses bourreaux, ses pièces d'or s'envolèrent au vent comme des feuilles sèches, et il mourut bientôt à Panden, privé de l'usage de la raison.

Voilà l'histoire ; je n'y ajoute et n'en retranche rien, laissant à chacun le soin de la commenter à son aise. Tout ce que je puis dire, c'est qu'elle ne rencontre pas encore ici beaucoup d'incrédules, et les habitants de Rinn, en particulier, ne souffrent pas qu'on mette en doute le crédit de leur protecteur. L'un d'eux m'a positivement affirmé que, de mémoire d'homme, jamais sa commune n'a été ravagée par un fléau quelconque. On pense donc si les Juifs sont aimés dans ce pays-là ! Au centre de la chapelle, sur la pierre même où le meurtre a été commis, un groupe de statues en bois, de grandeur naturelle, représentent les assassins égorgeant leur victime. Je n'ai jamais vu nulle part figures plus patibulaires, plus hideuses, plus repoussantes. On diminuerait un peu leur laideur que, dans l'intérêt même de la vérité historique, je n'y verrais pas, pour ma part, un très grand inconvénient. Le peuple tyrolien n'a pas besoin de ces images poussées au noir pour se défier, comme il convient, et se préserver de la conquête juive. « Elle aurait chez nous, me disait un député au Reichstag, bien des obstacles à surmonter : la simplicité des mœurs, l'attachement aux vieilles traditions, l'amour inné de l'ordre et de l'économie. Nos paysans n'empruntent guère. » Et de fait, dans toutes les familles, aristocratiques et bourgeoises, où j'ai eu l'honneur d'être admis à Innsbruck, j'ai reçu sans doute une hospitalité cordiale, mais simple, presque austère, sans le moindre apparat. Rien, dans les demeures, qui rappelle notre luxe moderne ; le bibelot à peine connu; le service réduit à sa dernière expression. Il est vrai qu'ici les grandes fortunes sont rares, mais on sent qu'indépendamment de cette raison, on a conservé la bonne habitude de compter, de ménager ses revenus, de régler strictement la dépense. J'ai eu souvent ici l'impression des vieilles mœurs françaises, de ces mœurs ennemies de l'usure et de l'agiotage, et dont les hommes de ma génération, en interrogeant leurs plus lointains souvenirs, peuvent se rappeler encore les derniers vestiges.

La haine des Juifs — l'antisémitisme — existe en Autriche comme dans le reste de l'Allemagne, moins violente peut-être, moins âpre qu'à Berlin, mais plus ancienne, plus profonde, plus intraitable. Certains journaux, ces jours-ci, protestaient avec véhémence contre leur admission aux fonctions de la magistrature. Belle garantie, disait-on, pour l'impartialité de la justice que cet amour excessif de l'argent qui est le trait distinctif de leur race! A Botzen, autre querelle. On vient d'y fonder une nouvelle section du fameux *deutscher Schulverein*, créé pour la défense des intérêts de l'instruction allemande en Autriche. Or, comme à la teneur des statuts les Allemands seuls peuvent en faire partie, on prétend n'y point recevoir les Juifs, puisqu'ils ne sont pas allemands d'origine. Emoi, colère, indignation dans tout le camp d'Israël. Cet argument m'avait déjà frappé sous la plume originale de Wagner. Il soutient dans plusieurs de ses brochures, qu'un Juif ne saurait vraiment saisir le génie de nos langues chrétiennes, et que partant il sera toujours incapable d'être parmi nous un grand musicien dramatique. Je ne veux pas, au point de vue musical, discuter cette théorie, que Wagner avait sans doute ses raisons admirables de trouver bonne, mais je me demande, au point de vue littéraire, si elle est bien dénuée de tout fondement. Les Juifs qui se sont acquis en France une certaine réputation d'écrivains possèdent-ils bien à fond les secrets de notre langue et savent-ils tirer parti de toutes ses ressources? Je vois bien qu'ils excellent à se pénétrer de l'esprit courant du boulevard et des coulisses, à servir sans cesse à leur clientèle spéciale les plaisanteries surannées de la petite presse, à écrire des articles, des romans, des pièces de théâtre où la société mondaine retrouve ses idées, ses sentiments du jour ; je vois bien qu'ils s'ingénient, en hommes essentiellement pratiques, à n'effaroucher personne et à suivre en tout l'opinion moyenne, imitant ce qui a plu, refaisant ce qui a réussi, tendant enfin partout leur sébile où coule une des sources du Pactole ; je vois, j'admire leur habileté, leur souplesse, et je m'y laisse prendre à l'occasion tout comme un autre, mais j'ai beau chercher et fouiller dans leur bagage littéraire, je n'y trouve ni grand savoir, ni grand esprit, ni grande éloquence. Rien, pas un cri du cœur, pas un mot qui éclaire, pas une pensée qui élève, rien que le ronron monotone des banalités actuelles. Ecrivains habiles, soit ; écrivains français, jamais.

En Allemagne, même phénomène. Et cette fois nous avons sous la main un homme qu'il est permis de désigner par son nom, un écrivain supérieur, un artiste et un poète de haute lignée,

Henri Heine. Lisez ses œuvres, lisez-les, s'il est possible, en allemand et en français, et vous aurez bien vite acquis la conviction que, si le Juif peut très bien parler plusieurs langues, il n'en a point qui lui soit véritablement propre. C'est un nomade, au milieu de nos populations chrétiennes. Heine, quoiqu'on puisse assurément le compter parmi les plus belles intelligences contemporaines, n'a jamais su manier notre langue en véritable maître, et ne s'est pas mieux approprié le vrai génie de la langue allemande. Ses jolis petits vers, si mignons, si fringants, si spirituels, sont aussi éloignés de la grande poésie de Goethe et de Schiller qu'une chansonnette de café-concert de nos vieilles tragédies classiques. Et sa prose allemande, ses impressions de voyage, ses fantaisies philosophiques, ses lettres de France, d'Angleterre et d'ailleurs, y pourrait-on trouver, au milieu des éclats de la verve la plus étourdissante, une seule phrase dont le tour fût essentiellement et franchement germanique? Tout cela est francisé, ou, pour mieux dire, parisianisé à outrance. Personne n'a jamais mieux parlé que Heine l'argot du boulevard en allemand. Dénué de tout patriotisme, il se moque tantôt de la France et tantôt de l'Allemagne ; c'est le Juif cosmopolite dévoré de haine contre la civilisation chrétienne; il n'aime parmi nous que le schisme et l'hérésie, les désordres de la Réforme et de la Révolution, et c'est pourquoi, dès sa plus tendre jeunesse, avec la profonde perspicacité de son génie, il a tourné son cœur et dirigé ses pas vers le boulevard, cette terre bénie où règne la déclaration des droits de l'homme. Quel vrai pays de Chanaan pour le Juif moderne émancipé ! Qui donc y aurait l'audace de l'interroger sur son origine, et de lui reprocher le sang qui coulait dans les veines de ses ancêtres ! « Vous êtes homme, cela suffit, venez prendre possession de ce royaume que les naïfs Français des siècles d'autrefois ont mis tant de zèle et ont eu tant de peine à former pour eux et pour leurs descendants. Entrez, et soyez le bienvenu ; c'est trop d'honneur que vous leur faites. » Un des premiers parmi les Juifs d'Allemagne, Heine a su profiter de l'aimable invitation, et quand il mourut, à Paris, sa quasi royauté littéraire y était reconnue de tout le monde, même des catholiques. Je me rappelle même un article du bon critique Armand de Pontmartin, où ce dernier, croyant avoir affaire à un chrétien, louait presque sans réserve et portait le poète aux nues. La vérité, c'est que Heine, malgré ses nombreux avatars, est toujours resté profondément Juif, et ç'a été peut-être, en nos jours de décadence, la cause de sa supériorité intellectuelle. Il avait au moins un angle sous lequel il voyait philosophiquement les choses, tandis que la plupart des écrivains d'aujourd'hui sont sceptiques, et même se font gloire de flotter à tout vent de doctrine.

Les Juifs, quoique si nombreux en Allemagne, sont loin d'y être traités aussi bien qu'en France, et il est probable que de longues années s'écouleront encore avant qu'on les y considère comme de véritables citoyens. Les vieilles préventions persistent, plus fortes que jamais, dans le peuple et les hautes sphères aristocratiques. Aucun Juif ne peut être officier en Prusse, et encore moins magistrat de l'ordre civil ou judiciaire. Il faudrait, pour qu'on renonçât à cette coutume, que la belle théorie jacobine de l'homme abstrait eût étendu plus sérieusement ses conquêtes au delà du Rhin; par bonheur, on y croit encore que tous les hommes ne sont pas absolument coulés dans le même moule, et qu'une sage politique doit tenir compte en eux des diverses influences de la race, de la religion, du passé historique. Aussi, l'activité des Juifs est-elle circonscrite en Allemagne dans les limites du commerce, de la haute banque et de la presse. Ce n'est pas rien, et la presse surtout met à leur service un instrument redoutable. Je lis chaque jour avec attention les principaux organes dont ils disposent en Autriche, et je suis effrayé de voir avec quelle activité prodigieuse ils s'emploient à pervertir l'opinion dans ce pays jadis si conservateur. Le juif est ici, par excellence, le journaliste révolutionnaire. Non pas qu'à la manière d'un Delescluze ou d'un Rochefort il cherche avec violence ou ironie à surexciter les esprits, mais il poursuit son œuvre de ruine sagement, sans tapage, sans rien qui heurte le bon bourgeois, dans une langue banale, doucereuse, incolore, qui distille goutte à goutte et plus sûrement le poison. Point d'élan, point de vie, point de cœur; toujours ce même libéralisme béat et content de lui-même que nul évènement fâcheux n'est en état de déconcerter. Mieux que personne il sait remplir ce rôle d'écrivain modéré qui consiste à remettre constamment à flot la barque submergée des idées révolutionnaires. Et sa tâche est d'autant plus facile en Autriche que l'usage y permet aux journalistes de se couvrir du masque de l'anonymat. Or, c'est surtout le Juif, comme on sait, qui, pour ne pas être reconnu, a le plus besoin de mettre un faux-nez.

Il est hors de doute que la question juive est aujourd'hui posée dans toute l'Europe. Elle est liée d'une manière étroite au grand problème social contemporain, et, quoi qu'on fasse, pour éviter les pires catastrophes, il en faudra bien trouver un jour ou l'autre la solution. Le malheur, c'est que, grâce à certains pamphlets retentissants, l'opinion publique a été lancée sur une fausse piste. Il semble à Drumont et à ses partisans que, pour procurer le salut de la société moderne, il suffirait de déclarer la guerre aux Juifs, de les dépouiller, de les chasser, de les exterminer. C'est une grosse erreur, non moins ridicule que monstrueuse. Outre que la charité la plus élémentaire s'oppose à cette proscription de toute une race, il est facile de comprendre que, sur le point spécial qui nous occupe, un grand nombre de chrétiens valent des Juifs, et n'auraient pas de peine à les remplacer. Après les Juifs, nous aurions donc les Judaïsants, qu'il faudrait naturellement exterminer à leur tour, et comme ils trouveraient sans doute aussi des successeurs, le petit massacre serait toujours à recommencer. Mauvaise piste, la chose est sûre, et c'est ailleurs qu'il faut, par conséquent, chercher la source du mal et son remède. On a tort d'oublier que, depuis le moyen-âge, bien des changements se sont introduits dans le monde, et qu'en particulier, la situation respective des Juifs et des chrétiens s'est assez profondément modifiée, et sous un rapport très essentiel. Autrefois, les Juifs seuls se livraient au trafic de l'argent, tandis que les chrétiens, suivant les directions de l'Église, s'en éloignaient avec la répugnance la plus profonde. Ils se rappelaient les excès monstrueux de l'usure dans l'antiquité païenne, ces fortunes colossales grandissant toujours et dévorant comme des chancres la vieille Rome, ces *latifundia* qui pour de longs siècles ravagèrent et stérilisèrent les campagnes autour des cités ; ils se rappelaient ce terrible fléau social, et en même temps les anathèmes de l'Église, tant de condamnations fulminées dans les Ecritures, tant d'oracles si précis tombés de la plume des saints Pères, tant de démonstrations fournies par les docteurs du moyen-âge. Là-dessus, tout le monde chrétien était d'accord, mais la Réforme est venue et ensuite la Révolution qui, combattant les répugnances et dissipant peu à peu les scrupules, ont déchaîné et lâché de nouveau le vieux monstre sur la société. Successivement, les protestants et les catholiques se sont mis à la remorque des enfants d'Israël, et aujourd'hui c'est chez eux une fièvre et une fureur si grandes qu'elles aveuglent jusqu'aux esprits les plus fermes et les plus sensés. On a proclamé la liberté absolue de l'usure, de l'agiotage et de la spéculation, et personne ne voudrait renoncer à cette prétendue conquête moderne, même et surtout ceux qui doivent en être le plus sûrement les victimes. L'Eglise, devant cet entraînement sans exemple, s'est vue forcée, dans sa prudence maternelle, de garder le silence en réservant l'avenir, et même il ne manque pas de théologiens en renom qui n'ont pas craint d'adopter sur ce point les idées du jour et de rompre en visière à la vieille morale chrétienne. Le mal est là ; les Juifs seuls n'en sont pas la cause ; ils se contentent simplement, grâce à leurs aptitudes de race, à leur expérience tant de fois séculaire, à leurs immenses capitaux accumulés, ils se contentent de profiter de la folie et de la naïveté des chrétiens modernes et de leur vider les poches avec une dextérité et une âpreté toujours croissantes. Ils dominent en maîtres le marché de l'Europe, et les bons coups ne se font jamais sans eux ni contre eux.

Une chose me frappe, dans cette question juive, c'est l'orientation nouvelle de l'opinion publique. Il y a quelque vingt-cinq ans, quand nous agitions, entre étudiants, les questions sociales et économiques, nous étions toujours d'accord sur un point, nous admirions de concert le grand Bastiat : quel rare esprit ! quel homme de bon sens ! comme il a su réfuter tous les sophismes de Proudhon ! Or, il se trouve qu'à l'heure actuelle cette admiration trop confiante a singulièrement diminué. Plus d'éloges pour Bastiat ; plus d'enthousiasme pour l'école de Manchester, pour les harmonies économiques, le laissez-faire et le laissez-passer, et on est tout à la fois surpris et heureux d'apprendre que Proudhon, traitant la matière du prêt à intérêt, n'était pas très éloigné du point de vue de l'Eglise et de nos vieux jurisconsultes français, Pothier en tête. Rien de plus saisissant et de plus péremptoire que l'enseignement de ces derniers sur l'usure. A les entendre, le louage d'argent est une chose inique, attendu qu'on ne saurait y retrouver les éléments du vrai contrat de louage. Quand je confie à mon voisin, pour qu'il en use et jouisse à ma place, ou une maison, ou un cheval, ou un instrument quelconque, il est juste qu'en retour de ce service je sois rémunéré par le locataire, puisqu'il usera un certain temps de ma chose et me la rendra détériorée par cet usage. Et la maison aura beau être bien construite, le cheval plein de vigueur et l'instrument solide, un jour viendra, toujours plus vite qu'on ne suppose, où ces choses seront détruites, et par conséquent seront perdues pour moi, qui en suis toujours resté le propriétaire. Dans le prêt à intérêt, il en va tout autrement. Si j'emprunte une somme d'argent à mon voisin, il faut qu'à l'expiration du terme convenu, et indépendamment du prix de location, je lui rende une somme d'une valeur égale, en bonnes espèces monnayées et ayant cours. Et peu importe que de cet argent emprunté je n'aie su retirer aucun profit, peu importe que je l'aie perdu ou qu'on me l'ait volé, je dois le rendre, et à l'heure dite, et sans aucune diminution. D'une part, je suis locataire, et il me faut payer pour l'usage que je peux faire de l'argent, et d'autre part, c'est à moi de supporter tous les risques, comme si j'étais le vrai propriétaire de la chose. L'argent peut donc, dans les mains d'un habile usurier, durer longtemps, durer toujours, durer jusqu'à la consommation des siècles, et devenir ainsi une sorte de talisman, une puissance sacrée, fatidique, mystérieuse, qui, dans l'universel écroulement des choses, se maintiendra, se perpétuera, et produira toujours. C'est ce caractère étrange et redoutable qui explique, non seulement les anathèmes de l'Ecriture, des Pères de l'Eglise et des Docteurs du moyen-âge, mais les condamnations si claires, si nettes, si précises des plus grands jurisconsultes de notre ancienne école.

On m'objectera peut-être ici que le capital prêté court bien des risques, et qu'il paraît assez équitable, par le paiement d'un petit intérêt, de dédommager d'avance, à tout hasard, le prêteur de la perte à laquelle il s'expose. Argument peu solide. Est-ce que toutes les choses de ce bas-monde ne sont pas soumises aux cas de force majeure ? Est-ce qu'une maison, en quelques minutes, ne peut pas être incendiée et disparaître de fond en comble ? Il est facile de s'assurer, me direz-vous ; sans doute ! mais c'est le propriétaire qui paie les primes d'assurance. Tous les risques sont à sa charge. Et en outre, où prenez-vous que les capitalistes aient coutume de négliger la question des garanties ? Leur expérience, aidée de toutes les faveurs et protections de la loi, saura bien trouver le moyen, soyez-en sûrs, de mettre leur cher argent à l'abri de tout péril. Au surplus, ce qui semble immoral au premier chef dans le prêt à intérêt, c'est la fascination qu'il exerce sur les esprits légers et imprévoyants. Ils escomptent volontiers l'avenir et se bercent aisément de l'espoir qu'avec le secours de l'argent des autres, ils sauront réaliser monts et merveilles. Et le plus sou-

16

vent, comme on sait, ce n'est qu'une pure illusion. On s'élève contre l'immoralité de la loterie, mais je la trouve, en comparaison, mille fois plus innocente. Le joueur ne s'engage à rien par sa mise ; il proportionne ses désirs à ses ressources actuelles ; s'il gagne, tant mieux, s'il perd, tant pis, et tout est fini par là. Pour l'emprunteur, au contraire, rien à débourser tout de suite ; bien mieux ! c'est à lui qu'on donne de l'argent, c'est lui qui a l'air de s'enrichir ; et comme on fait miroiter à ses yeux la perspective d'une longue échéance, il se croit libre et il oublie que le petit papier recouvert de sa signature va désormais, comme une chaîne toujours plus lourde, le lier, l'étreindre, le réduire à l'état d'esclave. *Aere alieno gravatus*, disait le vieux droit romain pour désigner le débiteur, et c'est une expression qui vraiment fait image.

On serait, sur cette question, outrageusement incomplet, si, après avoir prouvé l'iniquité du louage d'argent, on gardait le silence sur l'agiotage et la spéculation. Ces belles choses-là vont toujours de compagnie. Si l'emprunteur est fasciné, comme nous avons vu, par l'argent immédiatement disponible du prêteur, ce dernier, à son tour, se laisse aisément séduire par les gros intérêts qu'on fait miroiter à ses yeux. Il a entendu parler du succès de certaines Sociétés anonymes, et avide de gagner comme les autres du dix, du quinze ou du vingt pour cent, il accourt avec son argent dès qu'on lui propose de fonder une entreprise nouvelle. La fascination est même si grande qu'il renonce aux garanties du prêteur, et qu'il consent à courir aussi les risques en qualité d'associé, de simple actionnaire. Combien de petits rentiers ont oublié de la sorte les règles les plus élémentaires de la prudence ! Que leur offrait-on en retour de leur argent ? Un bénéfice possible, une chose encore en voie de formation, une chose qui, au bout d'un certain temps, pouvait être excellente ou ne rien valoir du tout. On la leur montrait au loin, dans les brumes de l'avenir, reflétée par le miroir magique de la spéculation et ils se sont élancés, avec une crédulité sans bornes, à la poursuite de ce qui le plus souvent n'était qu'une chimère. Les esprits forts d'aujourd'hui se moquent volontiers des idées supertitieuses qui avaient cours au moyen âge, mais je me demande si jamais, à aucune époque de l'histoire, on a vu crédulité plus niaise que celle du gogo moderne. Le malheureux, au lendemain de la débâcle où sa fortune s'est évanouie, sent si bien la profondeur de sa sottise qu'il cache ses larmes et ne se plaint pas. Ne trouvez-vous pas qu'après les catastrophes de l'*Union générale*, du *Panama*, des *Métaux*, du *Comptoir d'Escompte*, etc., les victimes auraient eu le droit de parler un peu plus haut, et de faire retentir les airs de clameurs plus lamentables ? La plupart ont préféré se taire, et ils ont eu raison, car ils comprenaient que la spéculation c'est tout simplement le jeu, et qu'au jeu, quand on a perdu, il faut s'exécuter sans mot dire. La société moderne, fille du libéralisme révolutionnaire, repose sur le culte, ou, pour mieux dire la culture de l'argent. Chacun cherche à le cultiver par la méthode la plus rapide et la plus productive, et cette méthode vient aboutir infailliblement au jeu, qui permet en un tour de main de gagner des sommes considérables. L'amour du jeu est si bien entré dans nos mœurs qu'on le déclare absolument nécessaire aujourd'hui pour une foule de choses, l'activité des transactions commerciales, le lancement des grosses entreprises industrielles, et même l'amélioration de la race chevaline. La Bourse est donc la pièce importante de la société moderne, et il faut avoir vu fonctionner de près ce rouage, avoir assisté aux scènes épileptiques des grands jours de crise, pour se faire une idée de notre belle civilisation présente et du bonheur que nous avons de vivre au milieu de tant de merveilles. On y a l'impression d'une caverne, d'un coupe-gorge, d'un perpétuel guet apens dressé au coin d'un bois. Les grosses fortunes s'y accroissent sans relâche, les petites et les moindres s'y effondrent l'une après l'autre, et il n'y aura bientôt plus dans le monde qu'une douzaine de Crésus milliardaires qui useront, jouiront et abuseront de ce pauvre bétail appelé le genre humain. *Paucis vivit humanum genus*, disait le vieux poète latin ; il pourra sortir de sa tombe pour nous le dire encore une fois.

Je suis revenu du Judenstein livré à ces graves réflexions. Elles se pressaient dans mon esprit, m'agitaient, m'empêchaient de jouir du calme environnant de la nature. A quoi j'ai reconnu de nouveau que, décidément, je n'appartiendrai jamais à l'école de l'art pour l'art. J'ai beau m'efforcer, comme le prescrit la jeune école, de devenir un observateur impassible, dès que l'idée apparaît, elle me saisit et m'emporte au gré de sa fougueuse tyrannie. Je vois toujours l'homme à travers les choses, et mon sang s'échauffe et bouillonne aux questions irritantes du jour. L'école romantique nous a rendu, dit-on, le sentiment de la nature; c'est très bien, et je l'en remercie; mais, en revanche, elle nous a peu à peu détournés de ces profondes études psychologiques où excellaient nos vieux écrivains français. Nous sommes d'un excès tombés dans un autre, nous jugeons les hommes sur de simples apparences, nous ne savons plus pénétrer par l'analyse jusqu'à l'arrière-fond secret de leurs pensées, et c'est ce qui explique, dans la France moderne, le succès étrange et toujours grandissant des Juifs et des rastaquouères. Et dire que la France est le pays des Molière, des La Bruyère, des Lafontaine et de tant d'autres maîtres connaisseurs du cœur de l'homme! Ils n'ont pas peint le Juif, il est vrai, n'ayant pas de modèle sous les yeux, mais un autre poète que nous pouvons revendiquer aussi, puisqu'il est chrétien, a su remplir cette tâche, avec toute la profondeur et l'élévation de son génie. Comme Shakespeare, dans ce drame du *Marchand de Venise*, qui arrachait des cris de colère à Henri Heine, a bien traité ce terrible sujet du Juif, de l'usurier, du cultivateur de l'argent! Nul théologien, nul jurisconsulte n'a jamais mieux dit. Il a placé en face l'un de l'autre, comme dans une formidable antithèse, le généreux Antonio qui, par charité fraternelle, engage ses richesses et même sa vie pour ses amis, et ce Shylock, qui dans l'infortune de son semblable, ne voit qu'une occasion de spéculer et de s'enrichir. Le fond de la haine que le Juif porte à son adversaire, ce ne sont pas les injures qu'il en a reçues, ce n'est pas non plus la question religieuse, l'esprit de secte : non, c'est le tort qu'Antonio, en prêtant sans intérêt, cause sottement à tous les usuriers de Venise. Et il faut le voir et l'entendre dans la grande scène du jugement. Toute son argumentation repose sur deux points ; il y revient sans cesse, sans autres frais d'éloquence : la loi, messieurs les juges ; messieurs les juges, mon billet. Et ce bienheureux papier, il le tire de son escarcelle, il le montre, il le brandit comme une arme devant le tribunal. Toute sa force est dans ce papier, il y a mis son cœur et sa vie. « Mon papier, mon papier, messieurs les juges », et c'est le mot qu'il répète encore aujourd'hui, en s'appuyant sur ses liasses d'obligations multicolores, c'est le mot qu'il répétera surtout, mais sans succès à l'heure des prochaines et véritables échéances.

CHAPITRE XIV

Lacs et châteaux en Haute-Bavière.

On s'étonnera peut-être de me voir voyager seul. C'est ma méthode depuis de longues années, et j'ai des raisons d'y demeurer fidèle. Elle procure, en premier lieu, le grand avantage d'être libre ; on peut aller où l'on veut, quand on veut, et comme on veut ; on délibère en dehors de toute opposition, et on tranche d'autorité les questions épineuses. Ce n'est pas rien, car ils sont nombreux, j'en ai fait l'expérience dans ma jeunesse, les compagnons grincheux et mauvais coucheurs qui se plaisent à tirer à soi toute la couverture. Il faut, bon gré mal gré, passer sous leurs fourches caudines : on visitera cette église, on ne reverra pas ce musée, on dînera dans tel restaurant, on partira par le train de telle heure. Et l'aimable Pylade est toujours d'un caractère si accommodant, qu'après deux ou trois tentatives malheureuses de régime parlementaire, on renonce à la discussion, et on emboîte le pas, c'est le cas de le dire. A voyager seul, on évite cette misère, et, en outre, on peut plus facilement tirer profit de ce qu'on voit, étudier le pays, fixer son attention, comparer, juger. Deux amis qui voyagent ensemble emportent avec eux la patrie ; ils ne sauraient se dégager du thème habituel de leurs conversations ; ils sont même tentés d'oublier par moments qu'ils sont sur une terre étrangère. Allez donc, dans de telles conditions, faire la chasse aux idées : impossible ! les idées sont bien trop sauvages, trop farouches, trop capricieuses ; elles apparaissent tout à coup et s'envolent comme des oiseaux. L'esprit de l'observateur est semblable à la chambre noire ; il faut une sorte de mystère, de recueillement pour que les objets d'alentour y viennent fixer leur empreinte.

Un troisième avantage de la méthode que je préconise, c'est que, poussé par le besoin d'expansion si naturel à l'homme, on lie plus volontiers connaissance avec les touristes étrangers. Rien de plus agréable, rien de plus piquant parfois que le hasard de ces rencontres. On fait des études de mœurs, de physionomies, on cherche à démêler le secret de ces existences rapprochées brusquement de la nôtre pour quelques heures, et la chose n'est pas toujours très malaisée en Autriche et en Bavière, où le fond du caractère national est une bonhomie à toute épreuve. Point de réserve gourmée ou de timidité sotte. On se met tout de suite à l'aise ; on pousse, devant le premier paysage venu, quelques retentissants *prachtvoll*, *wunderschœn*, *grossartig !* et voilà la conversation entamée. Les Prussiens eux-mêmes, quand ils sont encore jeunes et n'ont pas dû contracter la raideur inhérente aux fonctions officielles, sont en voyage d'un commerce très familier, et avec eux c'est vite fait de rompre la glace. J'en ai eu la preuve, une fois de plus, à mon départ de Jenbach pour l'Achenthal et les vallées de la Haute-Bavière. J'avais, en compagnie de deux Berlinois, loué une voiture pour la journée, et, tout le long de la route, jusqu'au soir, ce fut une causerie charmante et cordiale. Pas un mot de politique, bien entendu, mais des théories sur l'art, des impressions de voyages, des descriptions de monuments. J'avais affaire à de jeunes peintres, revenant d'Italie, et remplis d'un enthousiasme qui cadrait bien avec leur âge. Par exemple — et c'est pourquoi j'ai noté cette conversation — jamais je n'ai entendu traiter l'art munichois avec une désinvolture si méprisante. Rien, absolument rien de bon dans la capitale de la Bavière ! Berlin est la seule ville de l'Allemagne qui ait droit à la considération des artistes. J'ai senti vibrer, dans la parole de mes jeunes Berlinois, cet esprit de particularisme, si vivace encore au delà du Rhin. L'empire allemand peut être, à l'heure présente, une puissance militaire formidable, mais il s'en faut bien que le tassement, la cohésion, l'unité morale y soit achevée.

La route est large, bien entretenue, entourée d'un magnifique décor alpestre, où la note sévère, sauvage prédomine. Un lac aux eaux profondes, lourdes, immobiles, d'un bleu presque noir sous les sapins de la montagne, inspire une sorte de sentiment de terreur et fait songer aux sombres légendes du moyen-âge. L'Achensee jouit d'une grande réputation dans le monde des touristes et des villégiateurs. A Pertisau, à Scholastica, dans l'auberge du célèbre chanteur tyrolien Rainer, partout, durant la belle saison, on se dispute les logements. Les Anglais commencent même à faire ici leur apparition, et c'est sans doute pour leur complaire que les Bénédictins du couvent de Viecht viennent d'inaugurer sur le petit lac un service de bateau à vapeur. Le *Saint-Joseph*, avec la statue de son patron à la proue, a passé sous nos yeux, rempli de passagers. Rien d'étrange au milieu de la solitude désolée des Alpes comme ces manifestations de notre vie civilisée. A peu de distance du lac, on franchit la frontière bavaroise, et, la contrée ne changeant pas d'aspect, les mœurs également restent semblables. Il y a peu de différence, même au point de vue du costume, entre les Tyroliens et les habitants de la Haute-Bavière. Ils appartiennent, les uns et les autres, à une seule et unique race, bien que souvent, par suite de la politique de leurs princes, ils aient dû se heurter et se mesurer sur les champs de bataille. Le goût des excursions alpestres, qui s'est tant répandu depuis quelques années, est venu fortifier encore leurs liens de bon voisinage. On ne peut former le projet de visiter la Haute-Bavière sans se proposer en même temps de parcourir le Tyrol et *vice-versa*. Les deux pays, aux yeux des touristes, sont inséparables l'un de l'autre. Et la meilleure preuve, c'est que le même journal publié à Munich sert à la fois d'organe aux clubs-alpins du Tyrol et de la Haute-Bavière. C'est donc un chassez-croisé perpétuel à travers cette frontière purement politique, et on ne se laisse pas arrêter le moins du monde par l'ennui d'avoir affaire aux changeurs à tout bout de chemin. Il faut se pourvoir ici tantôt de marcks en argent, tantôt de florins en papiers, et pour comble de malheur, ces horribles petits chiffons subissent un agio qui varie au moindre évènement. Ce sont des calculs à n'en plus finir. Pour ma part, j'ai maintenant trois bourses au fond de ma poche, la française, l'allemande et l'autrichienne. Il ne leur manque plus que de porter leurs couleurs nationales respectives.

Huit jours de villégiature sur les bords du Tegernsee. J'aime ce lac entre tous ceux de la Bavière; il me semble plus coquet, plus riant que les autres ; il me rappelle aussi d'anciens souvenirs de jeunesse ; et d'ailleurs, en ce moment, j'éprouve le besoin de reprendre haleine avant de m'engager dans la dernière série de mes excursions alpestres. J'ai eu quelque peine à me mettre en possession d'une petite chambre, tant l'affluence des *stationnistes* est, cette année, considérable. On fourre le pauvre monde un peu partout, sous les combles, dans les vérandahs, presque en plein air. Un monde bourgeois : des fonctionnaires, des professeurs, des commerçants. Il y a ici, matin et soir, le train des maris, car entre Gmund et Munich le trajet est à peine d'une heure, et cela me procure, à chaque départ et à chaque arrivée, une jolie succession de tableaux de genre, très instructifs et divertissants au possible. Le caractère bavarois s'y montre dans toute sa candeur. On se salue, on s'embrasse, on se congratule, et personne n'oublie jamais le titre qu'il doit donner à son voisin, titre dont ledit voisin partage la possession avec son épouse. Adieu, frau Hauptmann! adieu, frau postdirektor ! Ce formalisme si vieux jeu est d'un burlesque que rien n'égale. Les plaisirs ici sont assez peu variés, comme on imagine ; on se rend en caravane au Schliersee par un chemin délicieux à travers bois ; on fait l'ascension d'une colline en forme de cône, baptisée du nom de parapluie (prononcez barablu) ; on jouit enfin, à certaines heures, de la douce brise du lac ; on fait du canotage, on se baigne, on joue, on chante, on boit. La bière, d'ailleurs, est excellente, surtout à la *bierstube* du château. Des peintres en belle humeur y ont recouvert les murs de compositions fantaisistes dont le mérite est incontestable. La servante en est l'héroïne, comme il convient, et la titulaire actuelle de l'emploi paraît même avoir souvent servi de modèle.

En route, pour Mittenwald et Partenkirchen, qui sont aussi des stations d'été très en vogue. On côtoie deux lacs, dont le plus grand, le Walchensee, est d'un aspect tout à fait sauvage. Des sapins, une armée de sapins, semble monter à l'assaut des montagnes. C'est la nature primitive, telle qu'elle est sortie des derniers cataclysmes cosmologiques, et je me suis rappelé tout à coup, à ce spectacle, certains vers de Dupont qu'autrefois je trouvais stupides :

Dieu de puissance et d'harmonie
Par qui le sapin fut planté,
J'admire ton génie
En sa simplicité !

Il a fallu certainement un décret spécial de la Providence pour faire ainsi germer et grandir, sur ces pentes abruptes, tant de milliers, de millions de conifères, si droits, si élégants, si bien alignés. Cette armée est d'une bravoure prodigieuse; elle gravit au pas de charge les plus fiers sommets; elle n'arrête son élan que devant la roche nue. On n'aperçoit, aussi loin que la vue peut s'étendre, que ces immensités noires, parfois houleuses comme la mer, et il n'est pas surprenant que les montagnards soient aussi profondément religieux que les marins. Des croix se succèdent, à de courts intervalles, et elles offrent cette particularité bizarre qu'elles sont surmontées d'un coq, avec deux lances à droite et à gauche, en éventail. A Mittenwald, les maisons, alignées au cordeau, sont absolument pareilles: même forme, mêmes couleurs, mêmes dimensions, mêmes ornements; il faut croire qu'on est ici partisan de l'égalité sociale. En d'autres villages, c'est tout le contraire, et non seulement les maisons ne s'y ressemblent guère entr'elles, mais elles se présentent obliquement du côté de la rue. On ne voit que des angles, on dirait deux longues scies en face l'une de l'autre. Je remarque aussi l'eau claire et verte de l'Isar; il semble qu'on l'ait mélangée à une décoction de vitriol.

J'ai pu prendre place dans le courrier postal, et j'arrive à Partenkirchen au milieu de la nuit. Au départ, un jeune étudiant, qui semblait avoir fêté la dive bouteille, nous a chanté, d'une voix éraillée, toutes sortes de gaudrioles berlinoises d'un goût déplorable. On va bien sous ce rapport, depuis quelques années, dans l'empire des bonnes mœurs et de la crainte de Dieu! Ce jeune *bursch* me prenait pour un alpiniste et voulait à tout prix m'entraîner à faire avec lui l'ascension de je ne sais plus quelle montagne du voisinage. Grand merci, ce n'est plus mon affaire, et j'ai laissé mon homme, sans lui répondre, s'endormir pieusement sur sa banquette. Le conducteur qui, selon l'usage, nous tenait compagnie, a pris à son tour la parole, non pas pour chanter, mais pour nous dire que le pauvre roi Louis II avait bien mérité de la Bavière. « C'était, messieurs, une nature d'artiste, un rêveur, un songe creux, tout ce qu'on voudra, mais les châteaux qu'il a construits vont attirer plus que jamais les étrangers dans nos montagnes. Il n'aura pas moins que son grand'père Louis Ier favorisé de la sorte les intérêts de son peuple. Et c'est grand dommage, en vérité, que le prince Othon ne soit pas mort avant son frère! ce dernier aurait pu profiter de l'héritage fraternel et achever complètement ses constructions. » J'ai été surpris de la simplicité, de la bonhomie et aussi de la singulière facilité d'élocution avec lesquelles ce digne représentant des messageries bavaroises nous a dégoisé son petit boniment. Il n'est guère d'usage, en d'autres pays, que les fonctionnaires subalternes mettent ainsi les gens dans la confidence de leurs opinions politiques et artistiques. Entre temps, la voiture a ralenti sa marche ; nous sommes dans un défilé abrupt de la montagne; en un clin d'œil ceux qui ne dorment pas ont mis pied à terre. Délicieux, l'air pur et frais de la nuit; délicieux aussi le paysage sous un clair de lune magnifique. Puis, on remonte en voiture, on cause encore un instant, on s'endort, et on ne se réveille plus qu'à Partenkirchen aux sons perçants de la trompette du postillon. Car, en Bavière, il y a encore des postillons qui jouent de la trompette et, qui plus est, sont revêtus du costume classique de l'emploi, longues bottes, culotte de peau, veste blanche et bleue aux galons d'argent. Je croyais qu'on n'en voyait plus que dans le village de Lonjumeau.

De Partenkirchen il est facile de se rendre au Linderhof, le plus petit, mais aussi le plus mignon des châteaux légendaires de Louis II. C'est un trajet de trois heures en voiture, au milieu d'un pays merveilleusement pittoresque. On passe à Ettal, si célèbre autrefois par son Abbaye, et à deux pas du gros village d'Oberammergau, où tous les dix ans se joue le drame de *la Passion*. Plus on se rapproche du palais, plus la nature devient sauvage ; on se croirait perdu dans les gorges d'un nouveau désert de saint Bruno. La plaine étroite où nous pénétrons, n'est qu'un pâturage de montagne ; ici et là des cabanes dont le bois noirci par les orages se dessine nettement sur le gazon frais. De loin, regardant jusqu'au fond de la vallée, je cherchais à découvrir Linderhof : vains efforts ! Le palais est blotti entre la montagne et un repli de terrain formant mamelon, de telle sorte qu'un touriste ignorant son existence et suivant la route commune, serait à cent lieues de soupçonner que là, près de lui, derrière cette colline, il se trouve un château du style rocaille, où revit le souvenir des anciens rois de France. Linderhof est une réduction ou pour mieux dire une ébauche de l'Herrenschloss, au Chiemsee. C'est le premier effet de ce désir du prince d'opposer à la gloire présente de la Prusse le spectacle des splendeurs françaises d'autrefois. La tentative est encore un peu timide, et Linderhof, à côté d'Herrenschloss, semble avoir les proportions d'une bonbonnière. Tout est petit, mesquin, étriqué ; deux personnes ne peuvent passer de front dans les allées du jardin ; des statues minuscules remplissent largement les niches de la façade ; et la salle la plus vaste du château a les dimensions d'un salon bourgeois ordinaire. Du reste, comme au Chiemsee, profusion outrée de dorures, mais ces dorures ont déjà perdu leur éclat primitif, et l'impression qu'on en reçoit est mélangée de tristesse. Beaucoup de choses artistiques et matériellement très précieuses : cheminées de lapis-lazuli, statuettes en beau marbre de Carrare, mosaïques, faiences, camées, etc. Ce qui frappe, ce qui domine, c'est l'imitation de Versailles, d'un Versailles du siècle dernier. On est tout ahuri devant ces portraits au pastel, imités de Boucher, de Watteau, de Van Loo et qui représentent les Pompadour et les Dubarry, les Belle-Isle et les Richelieu, les Choiseul et les Chauvelin, le tout accompagné des mêmes inscriptions françaises qui se trouvent au bas des peintures originales. Au dehors, sur le gazon des parterres, sont dessinées d'immenses fleurs de lys. Et les quinconces, les boulingrins, les pièces d'eau, les terrasses, les avenues, tout semble avoir été réglé, ordonné, arrangé pour on ne sait quels Bourbons mystérieux et lilliputiens. On les cherche vaguement autour du palais, et ce regard jeté sur l'horizon sauvage, sur ces rocs étonnés d'encadrer de si gracieux bibelots, donne une assez vive sensation de la mélancolie cachée des choses. *Sunt lacrymæ rerum*, disait le poète ; il y a comme des larmes dans cette nature ; on sent que le vent de la folie a soufflé par là.

Peu de choses à mentionner en dehors des salles du château. Le parc est tout bonnement l'ancienne forêt, où l'on a ménagé ici et là quelques clairières, et où serpentent, à la mode anglaise, deux ou trois sentiers semés de sable fin. Derrière le palais une cascade, réduction de celle de Saint-Cloud avec de vertes tonnelles remontant en ellipse jusqu'au sommet. On a beaucoup vanté le kiosque et la grotte d'azur, mais toute cette fantasmagorie de glaces, de lumières, de verres de couleurs m'a paru, je dois le dire, bien enfantine ; on en peut voir tout autant chez Robert Houdin. J'aime mieux le petit temple qui, sur la colline, fait face au palais : c'est la rotonde classique où se plaisaient les dieux, une échappée sur le ciel lointain de l'Hellade. Au bas, sur la droite, dissimulée dans un bosquet, il y a aussi une chapelle, d'une apparence tout à fait rustique. Petit clocher de bois, porte fermant à peine. Tout le luxe est à l'intérieur, où l'on voit de jolis vitraux représentant Jésus, l'*alpha* et l'*oméga*, puis la Sainte-Vierge, les quatre évangélistes, saint Louis, et un autre roi revêtu d'un costume de pèlerin. J'ai remarqué un prie-Dieu marqué aux armes royales, et je me suis approché pour voir si le velours en était bien usé. Pas trop, à ce qu'il m'a paru, mais tout de même cette petite chapelle montagnarde placée à côté du Linderhof, c'est une idée qui m'a fait plaisir et qui atteste, malgré tout, les sentiments religieux et chrétiens du prince.

Voir le Linderhof, c'est quelque chose, mais on ne saurait s'arrêter en si beau chemin, et il faut pousser l'excursion jusqu'à Neuschwanstein. C'est, de l'aveu de tous les touristes, et pour ma part j'y souscris entièrement, la perle des constructions de Louis II. Cette fois, au moins, la note est originale; plus de pastiche ni d'imitation étrangère; un vrai château féodal, digne d'un prince allemand, digne d'un Wittelsbach. On s'y rend de Partenkirchen, par Lermoos, Reutte et Füssen, c'est-à-dire à travers la contrée la plus charmante et la plus accidentée, et qui, grâce aux caprices de la frontière, est tantôt autrichienne et tantôt bavaroise. L'arrivée à Lermoos a je ne sais quoi d'imposant. On débouche soudain dans une vaste plaine quadrangulaire au fond de laquelle s'élèvent fièrement la Zugspitz et le Wetterstein. Le contraste est saisissant entre la prairie verdoyante et ces hauts sommets couverts de neige. De Lermoos à Reutte, rien ne m'a frappé, si ce n'est, dans la vallée, les ruines d'un monastère qui m'ont rappelé celles de Saint-Cloud ou du

Conseil d'Etat. Les murs se dressent encore comme d'immenses paravents, et sur les plus hautes pierres aussi bien qu'à l'intérieur, poussent à l'envi des fleurs, des herbes folles, des arbustes, toute une flore énergique et sauvage, la flore des ruines. A partir de Füssen, la route se transforme; on dirait une avenue, une allée de parc. On se sent dans le voisinage d'une résidence royale. Les voitures se pressent toujours plus nombreuses; des flots de touristes se succèdent sans relâche. Tout à coup, à un détour du chemin, perchée sur un rocher faisant saillie, on aperçoit la haute tour du Neuschwanstein qu'on prendrait, au premier aspect, pour un minaret. L'impression, la note est des plus romantiques. C'est bien le château fort du moyen-âge qui, adossé à la montagne, dominant au loin la plaine, semble placé là comme une sentinelle vigilante pour protéger le vassal et détrousser le voyageur. Au sommet de la façade se dessine, dans la vigoureuse netteté de ses contours, la statue d'un chevalier couvert de son armure. On croirait voir un paladin couronné de l'auréole des croisades lointaines. Cela sent le défi, la provocation, le gantelet de fer jeté à la face de je ne sais quel mystérieux rival.

J'ai ressenti, devant le Neuschwanstein, la même première impression que m'avait causée l'Herrenschloss. Tout porte la marque d'un travail achevé. La brique n'apparaît nulle part ; et le revêtement des murs est en granit, en pierres bien taillées, bien agencées, bien cimentées. Je crois que la moindre éraflure de la pierre aurait été pour les yeux du prince une vraie souffrance.

Tous les détails d'ornementation sont délicieusement exécutés. Sans doute les siècles viendront, le temps exercera ses ravages, mais je suis sûr que le pauvre roi, s'il eût vécu, n'aurait rien négligé pour assurer a son œuvre ce caractère si éclatant d'exquise perfection. Je me le représente très bien faisant, chaque semaine, nettoyer les murs de son palais avec un plumeau. La sainte horreur du grain de poussière allait en lui jusqu'aux dernières limites. Signe de démence. Et l'intérieur du palais, sous le rapport du *fini*, ne le cède en rien à l'extérieur, on peut le croire. Il me semble même que les fresques, prodiguées selon l'usage avec excès, sont mieux réussies que toutes celles — et Dieu sait leur nombre ! — que j'ai pu voir jusqu'à présent en ce fécond pays de Bavière. Elles m'ont réconcilié, ou à peu près, avec les dieux et héros du Teutonisme. La légende de Lohengrin, dans les fraîches compositions du professeur Hauschild, m'est apparue, en particulier, sous le jour le plus charmant, le plus poétique. On voudrait pouvoir s'arrêter quelques instants devant ces œuvres récentes des peintres munichois, mais le pauvre touriste fait partie d'une escouade, et on le promène à travers les salles au pas de course. Il a le temps de constater néanmoins que toutes ces peintures pourraient servir d'illustrations aux drames lyriques de Wagner, Hans Sachs par ici, Tannhaüser par là, sans oublier Tristan et Yseult, Klingsor et Parsifal. La salle du trône, où sont représentés les rois chrétiens canonisés par l'Église, saint Louis, saint Edouard, saint Etienne, saint Henri, saint Ferdinand, saint Casimir, est d'un caractère grandiose et m'a fait la meilleure impression. On rêve, sous cette coupole au style byzantin, de sanctuaires orientaux, moitié palais, moitié chapelle. Et il me semble, après une si longue évocation de fables plus ou moins mythologiques, qu'on célèbre ici le triomphe de la vérité, du christianisme et de ses saints. La plupart des touristes montent au sommet de la tour. Vue superbe, qui d'un côté s'étend sur la plaine immense et de l'autre sur les lacs et les montagnes. Un étonnement vous poursuit, vous étreint, vous pénètre, c'est de voir ce luxe, cette élégance raffinée, ce divin rayonnement de l'art au milieu d'une nature si sauvage et si désolée, et dans un château qui rappelle les rudes mœurs du moyen-âge. Double contraste, double charme. On sent qu'ici les milieux ont été violentés par la fantaisie d'un prince artiste et prodigue, et ce coup de force plaît à l'infirmité humaine.

L'image de Louis II, quelques efforts qu'on fasse pour l'éloigner, revient donc toujours et s'impose à travers le spectacle de ses œuvres. On est comme obsédé par son fatal sourire, on se surprend à gémir sur le sort de cette victime de l'idéal. On croit voir la petite fleur charmante entourer peu à peu de ses fibres légères et serrer le cœur et le cerveau de son amant. Rien n'est plus doux, rien n'est aussi plus impitoyable. Et on se demande en même temps par quelle secrète ironie des choses ce prince rêveur, aux délicatesses féminines, échappé des pages d'un conte de fées, devait, en pleine époque de fer et de sang, se trouver en présence du chancelier de Berlin ? Ne dirait-on pas le petit oiseau fasciné de loin par la bête de proie? L'oiseau timide, se sentant déjà blessé à mort par le terrible chasseur noir, est allé se cacher pour mourir aux extrémités de son royaume, dans les bois, au bord des lacs, au pied des montagnes, le plus loin possible des regards de l'ennemi. Le peuple bavarois ne s'est peut-être pas assez rendu compte de cette excessive pudeur d'une âme vraiment royale, mais il a du moins toujours nourri pour son jeune souverain les sentiments du loyalisme le plus fidèle, le plus tendre. Et à ce propos je dirai que, sans excepter les Autrichiens, les Allemands du Sud étaient animés des mêmes sympathies. Je l'ai constaté plusieurs fois dans leurs discours, tandis que les Prussiens, au contraire, ne cachaient point leur hostilité. Persiflage amer, ou dédaigneux silence, voilà tout ce que le Neuschwanstein leur inspire, et on comprend d'ailleurs qu'ils s'y sentent mal à l'aise; il y règne un esprit qui ne sera jamais le leur. Et on ne sait encore qui l'emportera définitivement du Nord ou du Sud, du Prussien brutal, positif, calculateur, sachant dissimuler ses desseins, ou du Bavarois bon enfant, épris des beaux arts, toujours confiant et insoucieux de l'avenir.

On ne peut omettre, malgré les jeunes et éclatantes splendeurs du Neuschwanstein, de visiter aussi l'ancienne résidence royale, le Hohenschwangau, bâti par le roi Maximilien. Rien de grandiose, rien de belliqueux surtout, dans cette construction bourgeoise, mais elle affecte la forme d'un castel d'Ecosse aux tourelles crénelées, et au milieu de cette forêt de sapins, se reflétant dans le miroir vaporeux des lacs, ce caractère est si bien en situation qu'elle semble enveloppée de grâce et de poésie. L'aspect, de près, est moins merveilleux. Le château ou plutôt la villa appartient à la période badigeonnante, et il va de soi que ses murs sont déjà de toutes parts lézardés, écaillés, effrités. Horrible, trois fois horrible. Pour les salles, il suffit de mentionner une série de fresques de très petite dimension en l'honneur des principaux chefs de la maison des Wittelsbach, et, sur de modestes étagères, un amoncellement de bibelots, où le cygne, comme il convient en ces lieux, tient partout le premier rang. On a dû, pour constituer ces musées à la fois innocents et économiques, dépouiller tous les étalages des marchands de faïence et de porcelaine de la contrée. Il y a, dans cette collection de cygnes de toute forme et de toute couleur, quelque chose qui sent le caprice d'un enfant malade. On songe à ces petites chapelles des jeunes filles pieuses, où l'on voit des fournées de saints et de madones minuscules en pâte tendre. Les salles sont petites, très basses ; c'est le simple intérieur d'une maison de campagne. Une chose captive beaucoup l'attention des touristes, c'est le plafond de la chambre à coucher du roi Louis II. Il est percé d'une infinité de trous qui, éclairés au moyen de transparents, permettaient au pauvre prince de se croire abrité directement par la voûte céleste, et lui procuraient la douce illusion de dormir à la clarté de la lune et des étoiles.

Au milieu des petits incidents de la journée, j'ai lié connaissance avec trois ou quatre touristes qui seront demain jusqu'à Imst mes compagnons de route. Avant le dîner, nous faisons l'ascension de la Jugend et de la Marienbrücke d'où l'on jouit du double et magnifique panorama de la plaine et des montagnes, et je me suis promené, durant près d'une heure, sur une des rives de l'Alpsee, par un sentier plein de charme et de mystère, qui fait à moitié le tour du petit lac. Quel tableau, quel paysage d'une douceur mélancolique! Le soir tombe; partout le calme, le silence, une immobilité presque absolue; les sapins se groupent en masses noires au flanc des collines; le lac somnolent n'est plus éclairé que par un pan de ciel d'un vert blanchâtre, où les étoiles, l'une après l'autre, viennent piquer leur étincelle tremblotante. Je suis seul dans le sentier; pas un bruit, rien ne bouge, si ce n'est un cygne qui s'avance gravement, silencieusement vers sa petite hutte à demi cachée dans les roseaux. Un léger frisson m'agite; ce n'est pourtant pas de la terreur : il y a trop de paix autour de moi, mais je songe aux fées, aux gnômes, aux lutins, à tous ces personnages mystérieux des ballades allemandes qui pourraient peut-être bien exister, et m'apparaître soudain, sans crier gare.

Le petit village est bondé de touristes. On assiège les auberges et les cantines, et il faut surtout livrer bataille pour s'assurer un bon logement. Par bonheur, un de mes compagnons de demain a découvert une chambre à quatre lits qui fera merveilleusement notre affaire. Nous le remercions de son zèle en poussant presque des hurrahs de victoire, car bien des gens inquiets autour de nous ne semblent pas logés à si belle enseigne. On dîne en plein air, sous un bouquet d'arbres, au bord du lac, entre deux routes. Il fait bon vivre, décidément. A mesure que la nuit étend ses voiles, la surface argentée de l'eau s'estompe, le miroitement cesse, on ne voit plus en haut et en bas que des sapins. On comprend qu'en raison de la fraîcheur rustique du décor et de l'excellente qualité de la bière bavaroise, nous avons plongé le repas au delà des limites ordinaires. Conversation vive et soutenue, jusqu'au moment où, sur le point d'aller prendre possession de nos lits, les deux plus âgés d'entre nous, mais non pas les moins bavards, semblent éprouver tout à coup un certain embarras. Leur parole devient hésitante et peu claire, ils nous jettent des regards à demi suppliants. Qu'est-ce donc? Qu'y a-t-il? Ils nous avouent alors, en rougissant jusqu'aux yeux, qu'ils ont l'habitude de ronfler. Eclats de rires : tant mieux! en avant l'orchestre! Ce sont là les menues joies de ces rencontres de touristes. La manière dont on se déshabille en un tour de main, l'apparition des caleçons, des serre-têtes, des cascamêches, les petits mystères intimes de la toilette, un rien suffit pour dilater la rate, on rit comme des lycéens en vacances. Quand tout est prêt, et que chacun peut faire appel à Morphée, l'un de nous éteint la bougie, et les plaisanteries recommencent. Elles sont d'un caractère si folâtre, si juvénile qu'on ne pourrait croire, à les entendre, que nous avons déjà, tous les quatre, dépassé largement la quarantaine. Peu à peu cependant les rires diminuent, on se souhaite encore un léger *gute nacht*, et le sommeil triomphe enfin, sur toute la ligne. Pour moi, je ne me suis pas endormi trop vite, et j'ai eu largement le temps de constater qu'on avait eu raison de nous prévenir. Je n'aurais même jamais pensé que l'homme, sans le vouloir et surtout sans le savoir, pût faire avec son nez tant de bruit dans le monde.

Le lendemain, comme il était convenu, mes camarades de chambrée m'ont cueilli au passage à Füssen, petite ville où je les avais précédés dans la matinée, et, au grand trot de nos chevaux, nous sommes revenus en Tyrol. Je connaissais déjà la route de Lermoos à Nassereit, mais je l'ai admirée comme au premier jour, avec la même vivacité d'impression. C'est pour voir de telles choses qu'on voyage dans les Alpes. Des montagnes escarpées, des précipices effrayants, et surtout des lacs d'un bleu sombre, où, pareilles aux pierres d'une mosaïque, apparaissent çà et là des taches jaunes, vertes, violettes. Je n'en ai vu nulle part, pas même en Suisse, qui m'aient paru si étranges, si fantaisistes. Leur surface immobile, la transparence de leurs eaux, les petits îlôts dont ils sont semés, l'alternance enfin de ces topazes, de ces turquoises, de ces émeraudes, tout cela produit l'effet le plus surprenant et le plus ravissant. Et notez qu'on les voit de très haut, d'une route taillée dans le roc et qui côtoie presque toujours l'abîme. L'aspect général est très sauvage ; partout le morne silence des solitudes, pas un cri d'oiseau.

Le voyage jusqu'à Imst n'est qu'une longue causerie, sauf aux moments où les nuages démasquant un peu trop le soleil, nous cédons les uns les autres à son influence somnifère. Le plus gai, le plus loquace de mes compagnons de route est un Viennois, grand ami des voyages et excursions alpestres, et racontant volontiers ses exploits de touriste. Toute la Suisse, avec ses lacs, ses glaciers, ses belles routes, il nous la redit et nous la montre dans sa splendeur devenue banale. Il a pour lui donner la réplique une dame entre deux âges et entre deux airs, à laquelle nous avons offert l'hospitalité de notre landau, à Reutte, et qui, à l'entendre, semble avoir aussi parcouru les cinq parties du monde. Très mordante et amusante, du reste, et en sa double qualité de prussienne et de protestante, se moquant, avec une âpreté singulière, des mœurs patriarcales de la Bavière et du Tyrol. « Rien de confortable dans toutes leurs auberges ; imaginez un peu qu'à Pertisau on nous a donné des fourchettes d'étain ! et il nous a fallu encore, comme c'était un vendredi, nous abstenir de manger de la viande. » Il est inutile d'ajouter que, tout le long de la route, les madones et les croix lui arrachent des cris de protestation. Elle détourne la tête, elle verserait, je crois, des larmes devant ces manifestations si évidentes de l'idolâtrie la plus grossière. Le Viennois et moi nous nous efforçons d'apaiser ses scrupules, mais il nous faut bientôt reconnaître que ses préventions sont irréductibles. Mieux vaut donc garder le silence. Elle ne trouve un peu d'encouragement et d'appui qu'auprès d'un Bavarois — celui d'entre nous précisément qui faisait le plus de bruit la nuit dernière — gros homme grisonnant, suant par tous les pores, et pestant avec énergie contre les ardeurs du soleil. Il s'est donné tout à l'heure pour libéral, et il croit nécessaire, devant cette luthérienne, de rompre à son tour une lance en faveur des idées modernes. « Pour moi — dit-il — je ne suis pas allé à Pertisau ; c'est trop *pfæffisch!* » On ne saurait imaginer le ton de mépris avec lequel il prononce ce dernier mot qui, du reste, met un terme à la discussion. J'ai cru devoir la noter ici, car elle indique un des plus gros désagréments auxquels peuvent être soumis les touristes qui visitent la Haute-Bavière et le Tyrol. Ils sont malheureusement exposés, dans ces pays dont l'esprit religieux est légendaire, à rencontrer à chaque pas un de ces libres-penseurs aussi prétentieux qu'insupportables qui, leur siège fait d'avance, sont résolus à tout blâmer, à tout critiquer, à tout dénigrer. Si les braves indigènes s'amusent, sont gais, réjouis, bons vivants, notre homme s'indigne et déclare que leur religion est superficielle : pure hypocrisie, le cœur n'y est pas. Si, au contraire, un dimanche ou un jour de fête, les gens sont graves, recueillis, peu bruyants, il s'indigne encore et il les traite de crétins, d'ignorants, de fanatiques. Et l'idée ne lui viendra jamais que si dans tout cela il y a un sectaire, un hypocrite, un imbécile, c'est lui.

CHAPITRE XV

De Landeck à Meran.

La veille, je m'étais résolu, sur le conseil même de mon aubergiste de Landeck, à partir pour Meran par le courrier postal, c'est-à-dire à trois heures et demie du matin. Non pas cependant que je n'eusse beaucoup hésité, car je n'aime guère à me mettre en route de si bonne heure ; mais j'avais eu beau consulter tous les horaires et imaginer les combinaisons les plus ingénieuses, impossible de trouver un autre moyen de faire le trajet en une seule étape. Or, comme nous étions à la fin du mois de septembre et qu'ici l'hiver fait parfois des apparitions un peu brusques, il m'importait beaucoup d'économiser ainsi toute une journée. Le temps était superbe, et je voulais en profiter à tout prix pour arriver le plus tôt possible au pays enchanté des Dolomites. Quel regret si, pour un retard de vingt-quatre heures, j'allais être privé de leur merveilleux spectacle ! Du reste, comment résister au conseil de l'aubergiste qui m'engageait lui-même avec tant d'honnêteté, à ne pas trop différer le moment de mon départ ?

On me réveille donc à l'heure convenue, et je suis bientôt prêt, mon petit bagage à la main. Le garçon m'attendait sur le perron de l'hôtel, et il m'indique où se trouve le bureau de la poste. « C'est à gauche, à deux pas d'ici ; monsieur n'a pas besoin que je l'accompagne. » Là-dessus, la porte se referme, et me voilà seul, au milieu de la rue, livré à la perspicacité de mon génie. La rue n'est pas large, et malgré « la douce clarté qui tombe des étoiles, » j'ai grand'peine à distinguer nettement les objets qui m'environnent. Je m'avance néanmoins, à pas mesurés et prudents, dans la direction indiquée, et je finis par apercevoir une pâle lueur au fond d'une cour, et à peu de distance un landau fermé dont l'aspect m'arrache un cri de protestation. « Une pareille voiture, mais c'est une prison ! et le paysage, comment le verrai-je. » ? A ces paroles grommelées en français, une ombre se remue que tout d'abord je n'avais point remarquée, et de cette ombre sort une voix grondante qui me fait tressaillir.

— Que désirez-vous ?

— Une place pour Meran, on doit l'avoir retenue.

— On n'a rien retenu du tout, et il est trop tard pour vous faire inscrire, nous partons à l'instant même.

Cette déclaration, prononcée du ton le moins aimable, m'inspire un moment la pensée de regagner mon lit. J'y étais si bien tout à l'heure, j'y dormais comme un charme, à poings fermés. Courage cependant ! Il serait ridicule de céder devant ce subalterne, et d'ailleurs le ciel est si pur, la nuit si tiède, les étoiles si brillantes ! Je reprends donc la conversation.

— Pardon, mon brave, il n'est que trois heures

et quart; vous avez, et au delà, le temps de m'inscrire, d'autant plus que, si je ne me trompe, il n'y a pas affluence de voyageurs.

— Peu importe, je vous répète qu'il est trop tard.

Je vais répliquer de mon mieux, quand soudain la porte du bureau s'ouvre, et un nouveau personnage — très gracieux celui-là — me prie poliment d'entrer. Il semble au courant de la discussion, et tout de suite, pour la somme tarifiée, me délivre un coupon parfaitement en règle. Je triomphe, mais le conducteur qui m'a suivi, grognant comme un bouledogue, me lance encore une dernière apostrophe : « En voiture, dépêchons, nous n'avons pas de temps à perdre. » Il n'est plus nécessaire de lui répondre, et je me dirige lentement vers le landau, où bientôt nous sommes assis à côté l'un de l'autre. Nous allons nous y tenir compagnie jusqu'à Meran, c'est-à-dire à peu près quinze heures : belle perspective.

Il y a pour tout voyageur des heures d'émotion cruelle. Que va-t-il se passer dans cette voiture qui m'emporte en pays inconnu, au milieu des ombres de la nuit? Je suis seul, sans défense, en face d'un homme irrité, et le silence obstiné que nous gardons tous deux me remplit peu à peu d'une vague impression d'effroi. J'essaie de dormir, vains efforts! mon imagination travaille, les idées les plus tragiques m'empêchent de fermer les yeux. Je me demande d'où peut venir la mauvaise humeur de mon gardien. Désirait-il se trouver seul afin de dormir plus à son aise? Me prend-il peut-être, avec mon mince bagage de touriste, pour un de ces vagabonds en rupture de ban, ennemis nés de tout légitime fonctionnaire? Mais j'y songe! c'est sans doute mon français de tout à l'heure qui éveille ses soupçons de policier à mon égard. Et je vois surgir alors le fantôme de Silvio Pellico, je songe aux sbires autrichiens, aux Plombs de Venise, au *carcere duro*, et je me demande si, malgré les réformes opérées depuis la révolution de 1848, le système du prince de Metternich n'est peut-être pas toujours en vigueur et en honneur dans la monarchie. Je cherche à me retracer la physionomie de mon geôlier que j'ai entrevue un instant à la lueur de la lanterne. Une barbe épaisse, des joues rubicondes, de petits yeux clignotant sous le verre des lunettes, en somme l'air le plus bourgeois, le plus paterne, le plus pacifique. Que croire? Je demeure éveillé, prêt à tout évènement, et j'en profite pour regarder le paysage à travers la pénombre de cette nuit d'été. L'Inn mugit sur notre droite, je devine des flots écumeux, des abîmes effrayants; au-dessus la ligne onduleuse des montagnes se profile sur la pâleur étoilée du ciel.

Je ne sais si mon voisin dort, mais nous restons deux longues heures sans échanger une seule parole. Enfin le jour commence à poindre, et nous arrivons à Pfunds, premier relai. Je déjeûne à la hâte, méditant sur l'horreur de ma situation, qui menace de se prolonger toute la journée. Il faut en sortir, et à tout prix. Je me décide donc à soumettre mon trop irascible conducteur à une tentative éhontée de corruption. Je l'aborde, et lui offre le classique petit verre. Il ne répond rien, mais il incline la tête, et il me semble, au moment où nous trinquons, qu'un sourire se dessine enfin sur ses lèvres. Ce premier succès redouble mon courage. Dès que nous sommes remontés en voiture, je fais appel aux attraits séducteurs d'un *virginia;* mon homme l'accepte et l'allume aussitôt — toujours sans mot dire — mais je m'aperçois qu'il a quelque peine à en tirer de la fumée. « En voici de meilleurs — lui dis-je aussitôt — veuillez choisir. » Mon voisin esquisse un nouveau sourire, prend mes cigares sans les examiner, et les fourre tout simplement dans sa poche. « Merci, me dit-il, je les fumerai après l'autre. « Sa manière de choisir est assez originale, mais comme je désire un traité de paix en bonne et due forme, je n'ai garde, comme on pense, de disputer sur les conditions. Trop heureux, pensais-je à part moi, d'en être quitte à si bon marché! Et de fait, à partir de cet incident, la glace est rompue, mon compagnon de route prend un visage bienveillant, et je peux deci delà lui arracher quelques paroles.

La route, une des plus belles que je connaisse, a été construite il y a près de trente ans. Taillée en plein roc, elle s'élève sur le flanc de la montagne, par une pente assez rapide, jusqu'au nouveau Finstermünz. A droite, la vallée paraît s'enfoncer toujours davantage, sans que l'éternel grondement des eaux de l'Inn devienne moins sonore. Il y a dans ce défilé de puissants et merveilleux échos, et notre postillon profite de la circonstance pour nous donner une idée de son talent musical. Il n'a que le petit cornet traditionnel à son service, mais il en est parfaitement maître et son répertoire est très varié. Je reconnais la plupart des mélodies populaires du Tyrol, *Wasserfall*, *Mailüfterl*, *bin a frischa tiroler Bua*, etc., et on voit qu'elles sont chères à notre artiste, il les joue vraiment *con amore*. Quand son cornet le fatigue, il se met à chanter et même à siffler ; une vraie nature de Tyrolien. Je suis ravi de la rencontre, et, prenant congé du conducteur, je saute à bas de la voiture et je m'élance sur le siège. L'aimable postillon ! Vingt ans à peine, une figure ouverte et enjouée, des yeux où se peint la candeur de l'âme. Et comme il est fier de son pays ! comme il est heureux de voir que j'en admire aussi les beautés ! Il me nomme toutes les montagnes, à droite, à gauche ; il me rend attentif aux points de vue les plus remarquables ; il se fait enfin mon cicerone avec la meilleure grâce du monde. Pour cette fois, je n'ai plus affaire à un garde-chiourme de Metternich.

L'air devient plus vif ; c'est l'heure où le soleil commence à dorer légèrement les plus hautes cimes des montagnes. Aussi nous arrivons avec plaisir à l'auberge du nouveau Finstermünz, et nous faisons largement honneur au petit vin de Botzen qu'on nous y sert. Je me sens comme pénétré d'une vraie joie de touriste ; le ciel est sans nuages, plein de promesses ; tout annonce une magnifique journée. A peine sommes-nous repartis que l'aspect du vieux Finstermünz vient me causer une singulière impression d'attendrissement. La gravure et la lithographie ont depuis longtemps popularisé ce site romantique, et je me rappelle, dans ma jeunesse, y avoir souvent et longtemps rêvé. Combien de fois, en feuilletant un vieux livre à images, j'ai désiré le voir, et maintenant c'est fait, le voilà sous mes yeux. Imaginez au fond de la vallée, dans une gorge étroite et sauvage, une tour se dressant au milieu des flots mugissants de l'Inn, et au travers de cette tour, noire, moussue et délabrée, le pont pénétrant comme une baliste et rejoignant les deux rives. C'est par là, sur cet abîme ténébreux qu'il fallait autrefois s'aventurer; c'est par là qu'ont passé tant de personnages célèbres qui nous l'ont raconté dans leurs impressions de voyages. La vieille route est aujourd'hui presque détruite ; des blocs de rochers sous l'effort de l'avalanche, ont roulé de toutes parts et l'ont défoncée. C'est comme un chaos renaissant, et quelle tristesse s'en dégage ! Les routes abandonnées sont aussi des ruines, elles ont aussi leurs souvenirs et leur poésie.

Mes regards demeurent longtemps attachés sur ce spectacle, mais soudain la route tourne à gauche, c'est un complet changement à vue. A cet endroit nous quittons la vallée de l'Inn qui prend sa source, comme on sait, dans les Alpes grisonnes. Elle arrive sur le sol tyrolien par l'Enggadine, qui nous apparaît un instant dans une éblouissante échappée. Au fond des montagnes blanches et roses sous les rayons du soleil naissant, et, au bas, la lumière et l'ombre jouant et se mêlant à travers les sinuosités et les échancrures de la vallée; des pans coupés aux arêtes vaporeuses, de larges plaques d'un noir intense, des lignes orangées, vertes, bleues, d'une délicatesse de teinte incomparable. Le panorama est splendide, mais en quelques minutes il a disparu, nous tournons encore à gauche et nous voici dans un défilé où s'élève fièrement une forteresse. Je me suis demandé, devant cette construction imposante, si l'Autriche a vraiment peur d'être envahie du côté de la Suisse. Un soldat qui ne songe guère à cette question brûlante fait mélancoliquement sa faction sur les hauteurs voisines. On voit sa guérite creusée dans le roc. Je me plais à croire qu'en la saison des neiges l'Autriche se sent moins menacée par la libre Helvétie et que la faction dudit soldat est alors suspendue.

Nous arrivons à Nauders, village d'une certaine importance, à cause de la proximité de la frontière. Il y a grand remue-ménage devant l'auberge de la Poste. Une demi-douzaine de touristes, qui sont sur le point de partir pour une ascension quelconque, s'agitent, discutent, brandissent leur alpenstock, tout étonnés sans doute de leur propre courage. Ils daignent s'offrir à l'admiration de quelques voyageurs qui descendent d'une voiture des messageries helvétiques et d'une bande de paysans qui, revenant de la foire, sont en train de se réconforter joyeusement sur la place. Je m'approche de ces braves gens, et d'eux-mêmes, quoique sans nulle effronterie, plusieurs d'entre eux m'adressent la parole. Ils ont ce regard sympathique et franc que j'ai toujours remarqué chez le paysan tyrolien. Je sens qu'ils respectent en moi l'étranger, l'hôte de leur pays. Ils portent d'ailleurs un costume assez pittoresque, bretelles vertes avec veston à parements rouges, et au chapeau, cela va de soi, des fleurs ou de longues plumes de coq. Tous fument, mais je constate que l'ancienne pipe en porcelaine a fait son temps ; c'est la pipe en bois, grêle et recourbée, qui la remplace.

La route de Nauders à Mals est de tous points merveilleuse. Nous sommes maintenant dans l'Etschthal, c'est-à-dire dans la vallée de l'Adige. On me montre le point précis où cette rivière prend sa source: le petit ruisseau clapote le long du chemin, et nous le voyons se jeter dans le lac de Reschen. Il en sortira tout à l'heure pour descendre vers l'Italie et la Méditerranée, tandis que l'Inn que nous venons de quitter coule vers le Nord et va se mêler aux flots du Danube. A cet endroit de la route le coup d'œil est vraiment féerique. Le lac, agité par une brise légère, pétille en quelque sorte sous les rayons du soleil; on croirait voir courir des étincelles sur la crête des flots blanche d'écume. A droite et à gauche, de vastes prairies où paissent des milliers et des milliers de vaches; le bruit monotone de leurs sonnettes ne cesse pas un instant de retentir. Les montagnes, des deux côtés, sont couvertes de sapins et de mélèzes, et tout au fond, à l'arrière-plan, apparaissent, sous leur manteau de neiges éternelles, les plus hautes cimes du massif de l'Ortler. On ne saurait rien concevoir de plus majestueux, rien de plus digne du pinceau d'un grand paysagiste.

Nous descendons, descendons toujours, mais par une route horriblement poudreuse. Le vent du Nord s'en mêle, et soulève autour de la voiture de véritables tourbillons de poussière. C'est à peine si, à travers ce nuage qui nous enveloppe nous pouvons apercevoir et saluer de loin le couvent de Marienberg et le château de Fürstenberg qui jadis appartenait à l'évêque de Coire. Le couvent, comme tous ceux de l'ordre bénédictin, est admirablement bâti et situé ; ses hautes murailles, blanchies à la chaux, émergent au milieu des noirs sapins et dominent superbement la vallée.

Le vent fait rage, et nous arrivons à Mals couverts de poussière des pieds à la tête. Demi-heure d'arrêt. On se lave, on se brosse, on se met à table. Comme il est plus de midi, l'appétit ne manque pas, et c'est tant mieux, car la cuisine de Mals a grand besoin de cet assaisonnement supplémentaire. Veau rôti et pommes de terre sautées, j'ai déjà dit qu'en Allemagne on ne peut sortir de ce menu. Je remarque parmi les convives, qui sont assez nombreux, deux touristes français en costume de haute fantaisie. L'un deux ne sait pas un traître mot d'allemand ; l'autre semble avoir moins négligé l'étude des langues étrangères. Il parvient tant bien que mal à se faire comprendre, mais sa prononciation est vraiment détestable ; il s'obstine, par exemple, à dire *Meran* au lieu de *Mèrann*, et cette simple erreur d'accentuation suffit à obscurcir tout son discours. Au surplus, sans-gêne complet. Il va et vient à travers la salle, bouscule les pauvres servantes, s'étonnant des moindres choses, riant, pouffant, s'esclaffant. On lui apporte une omelette qu'il a commandée, mais selon l'usage tyrolien elle est garnie de confiture. « Ces Tyroliens, quels drôles de gens ! Ils font cuire leurs omelettes des deux côtés, et v'lan, avec un peu de sucre, ils ont leur petit dessert. » J'admire cette heureuse nature, et en même temps l'extrême facilité du Français à s'ébahir de tout et de rien, à ne rien vouloir entendre aux mœurs et coutumes des autres nations. *Nil mirari*, dit pourtant le poète.

A partir de Mals, le passage est moins agréable. Tandis qu'à droite la montagne reste verdoyante et ombragée de mélèzes, à gauche elle prend un aspect désolé ; ce ne sont que rochers nus crevant, comme des vertèbres, la terre rougeâtre. Tout au sommet cependant j'aperçois quelques arbrisseaux, dont le feuillage pâle et presque cendré me jette dans l'âme une impression de tristesse. Le spectacle de la vallée n'est guère plus réjouissant. On arrache les pommes de terre, et ce sont des femmes qui, à genoux et quatre par quatre, accomplissent cette besogne. Pauvre contrée ! Il y a des prés qui ne paraissent pas fauchés, mais tondus, tondus ras comme le dos d'une brebis. Et ce qui m'affecte davantage encore, c'est la poussière qui tourbillonne de plus belle et les villages misérables que nous traversons. Les murs, comme en Italie, n'y sont pas recrépits, et cette pierre âpre et nue semble nous déchirer les yeux. Une seule rue, d'ailleurs, toujours en pente, pavée de gros cailloux, et étroite au delà de toute idée. Notre voiture pourtant s'y engouffre à bride abattue, et avec quel vacarme, on peut aisément l'imaginer. Le postillon y contribue pour sa bonne part ; il fait claquer son fouet, il joue de la trompette, et bientôt tout le monde est sur les portes ou aux fenêtres. On nous regarde avec bienveillance, et quand notre voiture s'arrête — elle s'arrête souvent — on vient offrir à nos hommes, pour prix de quelque commission, un pot de bière ou un verre de vin. Le bon conducteur ne refuse jamais. Aussi sa figure s'illumine, et à mesure que la journée s'avance, il devient, lui si taciturne le matin, d'une verbosité de plus en plus débordante. Impossible désormais d'observer en paix le paysage ou de réfléchir. Je suis comme Sganarelle, je voudrais bien qu'on rendît de nouveau ma fille muette.

Nous approchons rapidement du terme de notre voyage. Le vent est tombé, le soleil a disparu, nous jouissons de la première fraîcheur du soir. Par moments un air doux et parfumé vient nous caresser le visage, et nous sentons que nous sommes entrés dans la région méridionale du Tyrol. Au bas de notre montagne de cendre apparaissent des châtaigniers magnifiques, puis des vignes s'élevant d'étage en étage, et formant de gracieux arceaux à la manière italienne. A Schlauders, plantureux jardins, où se montrent déjà le pêcher, le figuier, l'amandier. Toute la contrée revêt un caractère de fertilité prodigieuse et rien ne peut exprimer l'agréable sensation que j'éprouve à cet instant de la journée. Il me semble que tout le Midi, avec ses merveilles, va surgir tout à l'heure à mes yeux dans ce petit coin perdu des Alpes. Au loin, à travers la brume grandissante, et du haut d'une dernière colline, nous apercevons Meran coquettement assise ou plutôt blottie au pied d'une montagne. La vallée s'élargit autour d'elle et s'arrondit ; on dirait d'un cirque gigantesque. Les villas, toujours plus rapprochées les unes des autres, se succèdent le long du chemin ; çà et là des promeneurs, des paysans qui reviennent des champs, des femmes qui bavardent sur le seuil des maisons. Tout à coup, à peu de distance de Meran, la voiture s'arrête, et j'y vois monter, à ma grande surprise, une jeune femme avec son enfant. Le conducteur a poussé un petit cri de joie. « C'est ma femme, me dit-il, et notre fils. » Je leur fais place avec plaisir, et j'embrasse le marmot, qui rougit de confusion. Le père est aux anges. Il prend les mains de son enfant et l'interroge d'une voix câline. A-t-il été à l'école? A-t-il été bien sage? La femme à son tour prend la parole; figure jeune encore, mais émaciée, mélancolique; elle raconte les petits évènements du jour et de la veille. Je suis charmé par ce délicieux tableau de genre, et je me demande, en souriant, où sont mes grosses terreurs de la matinée. Imagination, voilà bien de tes coups! Mais le postillon fait retentir son cornet, la voiture saute sur le pavé avec son bruit de ferraille, et nous faisons enfin notre entrée dans la ville de Meran, une vraie ville, entendez-vous, une ville officielle, car sur la haute porte, afin que nul n'en n'ignore, sont gravés ces deux mots en lettres majuscules: *Stadt Meran*.

CHAPITRE XVI

Un dimanche à Meran.

La ville de Meran n'est qu'une rue, rue immense, longue au moins d'un kilomètre, et bordée, malgré son étroitesse prodigieuse, d'une double rangée d'arcades à l'italienne. On pourrait, d'un côté de la rue à l'autre, se tendre et se toucher la main sans nul effort. Rien de plus pittoresque, mais en même temps, je pense, rien de plus favorable aux voisinages indiscrets. Il faut croire que les habitants de Meran, à l'exemple du sage de l'antiquité, sauraient vivre au besoin dans une maison de verre. Les arcades sont basses, mais égayées d'un frais badigeonnage à la chaux, et elles sont munies d'un plancher central, très agréable aux touristes fatigués. En hiver, quand par exception la neige tombe avec trop d'abondance, c'est ici sans doute, sous cet abri protecteur, que se retire et se concentre le va et vient de la circulation. Beaucoup d'étrangers s'y mêlent, car Meran est devenu, depuis quelques années, grâce aux nombreux séjours de l'impératrice Elisabeth, une station hivernale très fréquentée, très en vogue. Et c'est pourquoi, autour de la rue dont je viens de parler, il s'est construit des quartiers nouveaux qui sont de véritables faubourgs, ou, pour mieux dire, autant de petites villes faisant comme une garde d'honneur à l'ancienne. Etablissement de bains, hôtels magnifiques, casino, nul attrait ne manque à Meran pour y retenir à la fois les malades et les touristes. La situation d'ailleurs est ravissante; c'est encore les Alpes, et c'est déjà l'Italie; ce serait presque Nice, si la mer aux flots bleus y remplaçait en partie les hautes montagnes. Je dois noter cependant qu'en raison de l'époque de l'année où nous sommes, j'ai trouvé peu d'animation à Meran ; la promenade Gisella était presque déserte. Bien tristes, bien lugubres, les quais gigantesques construits pour contenir les flots de la Passeyr, et qui n'ont à lutter, durant les sécheresses prolongées, que contre le faible effort murmurant d'un mince filet d'eau. Les pierres énormes, roulées et entassées par le torrent, blanchissent sous le soleil, comme des vagues immobiles, dans un pêle-mêle plein d'horreur.

*
* *

C'est dimanche, et je crois aussi jour de fête, car, dès le matin, une foule énorme se presse dans la grande rue de Meran. Sur la place, devant l'église paroissiale, cette foule peu à peu s'agglomère, toujours silencieuse, recueillie, grave. L'église est bondée; à chaque nouvel office, on entre, on sort en masses compactes. On dirait que pour un motif de la plus majeure importance, tous les paysans des environs se sont ici donné rendez-vous. Quel motif? Je l'ignore, mais je profite de l'occasion pour observer leurs physionomies, leurs allures, leurs costumes traditionnels. Les hommes ont de larges bretelles vertes, si larges qu'elles leur tiennent lieu de gilet, et en outre, une petite veste brune à parements rouges, avec un chapeau en pointe orné d'un ruban et d'un bouquet de fleurs. Quelques-uns d'entre eux portent aussi des culottes courtes, la ceinture de cuir brodée d'argent, et, sous le genou découvert et libre, des bas blancs serrés par une jarretière. J'admire la forte carrure de ces paysans, et en même temps leur figure ouverte et sympathique. On sent la droiture et la bonté sous cette enveloppe herculéenne. J'ai vu ce jour-là plusieurs jeunes gens tout fiers de porter pour la première fois peut-être leur costume rouge et vert tout battant neuf. Les femmes sont en cheveux; les jeunes filles ont un air doux, candide, modeste, les mères et aïeules le maintien sérieux et réfléchi. Le dimanche pour ces religieuses populations est encore le jour béni où, les travaux suspendus, on vient prier en commun et penser aux choses éternelles. Une joie intime et profonde est visible sur tous ces visages. On a l'impression d'un vrai peuple; on se sent en présence d'une idée, d'un principe qui, élevant les esprits et les cœurs, rassemble et unit toute cette foule, en lui donnant force, cohésion, consistance.

Les souvenirs de la guerre de 1809 sont ici très vivants, plus vivants peut-être encore que dans le reste du Tyrol. Si les grands combats, en effet, se livrèrent autour d'Insbruck, c'est du Passeyrthal où vivait Andréas Hofer, que le mouvement insurrectionnel prit son essor. C'est aussi dans les environs de Meran que le héros patriote fut découvert, et j'aperçois, en parcourant la ville, plusieurs plaques commémoratives qui ont trait aux premières conséquences douloureuses de son arrestation. Ici, il fut interrogé par le général Huard ; là il fut garrotté, emprisonné, gardé à vue. Tout parle à Meran d'Andreas Hofer et je ne suis pas surpris en assistant au défilé d'un cortège de chasseurs tyroliens, de voir que leur bannière porte dans ses plis l'image de l'ancien dictateur. Un excellent corps de musique les précède, qui naturellement joue la marche d'Andreas Hofer. Tous ces chasseurs sont d'anciens soldats, la plupart médaillés.

Le temps est superbe, la chaleur accablante, et je suis en train de prendre à l'hôtel un peu de repos, lorsque tout à coup, vers deux heures et demie, un étrange bourdonnement me réveille. Je n'y attache d'abord aucune importance, et j'essaie aussitôt de me rendormir, mais le bruit redouble, s'accentue, emplit la rue, et il s'y mêle par intervalles des chants d'une douceur infinie. Cette fois, je secoue ma torpeur : des Tyroliens qui chantent, c'est mon affaire. Je me précipite à la fenêtre, et le spectacle le plus imposant s'offre alors à mes regards, celui d'une immense procession, déroulant ses anneaux à perte de vue. Je n'en ai jamais vu de plus considérable ; car j'entends évaluer auprès de moi cette foule à plus de dix mille personnes, et je comprends maintenant pourquoi ce matin il y avait tant de paysans autour de l'église. Les bannières sont magnifiques et l'une d'elles est si élevée, si colossale qu'elle atteint jusqu'au troisième étage de l'hôtel. Je n'ai pas, du reste, la patience d'attendre la fin du défilé, et je ne tarde pas, en vrai Sybarite, à reprendre possession de mon fauteuil, où je suis comme bercé, longtemps encore, par le pieux bourdonnement qui monte de la rue.

Une excursion obligée, c'est celle du Schloss Tyrol, le château de ces comtes du Moyen-Age qui, au milieu des guerres féodales, ont fait peu à peu l'unité du pays. On y arrive par une route charmante, pleine de poésie, une de ces routes comme on en dessine dans les albums, comme on en rêve. Elle suit d'abord en s'élevant le cours de la Passeyr, entre des haies de figuiers, d'amandiers, de vignes étalées. Elle s'appuie, sur la gauche, au flanc d'une colline, tandis qu'à droite un vieux mur, à hauteur d'appui, s'en va croulant, couvert de lierre et de plantes moussues. A mesure qu'on avance, le panorama se découvre, s'élargit ; le regard plonge dans la vallée de la Passeyr, où la sonorité de l'écho fait mugir la voix du torrent. Partout de riches pâturages, partout des troupeaux avec leurs clochettes fêlées, dont le tintement ressemble au clapotement d'un ruisseau. Une chose m'étonne de temps à autre, c'est de percevoir, à travers ce bruit, comme la détonation d'une arme à feu. Je m'arrête enfin, j'écoute, j'examine, et je découvre la raison de ce singulier phénomène. Ce sont de jeunes bergers qui, pour passer le temps, s'amusent à faire claquer leur fouet. Et ils s'y emploient avec une telle ardeur qu'on les voit se lancer, pirouetter sur eux-mêmes, et tomber quasi de fatigue sur le gazon. Ils s'excitent de loin les uns les autres, mettant leur amour propre à ne point rester court dans ce bruyant dialogue de colline à colline. Tous les cent pas, un petit torrent qui gronde et bondit, longe la route ou la traverse par un canal souterrain. Je rencontre deux femmes qui vont pieds nus, portant sur leurs épaules une charge de regain. Elles me saluent d'un air respectueux et doux, et je suis encore sous cette impression favorable, lorsqu'à un détour du chemin je vois surgir un homme vêtu et surtout coiffé de la manière la plus bizarre. Il a des plumes à son chapeau comme un chef indien ; sa veste, ses bretelles, ses culottes sont en cuir ; et il brandit fièrement une hallebarde moyen-âge. On devine ma stupéfaction, mais il m'adresse un *guten tag* des plus rassurants, et je le vois disparaître en un clin d'œil je ne sais où. C'est, je suppose, un garde champêtre, et qui remplit honnêtement sa tâche, mais je lui garde un peu rancune de son apparition si brusque. J'en suis même encore ému quand, après avoir traversé une sorte de tunnel, j'arrive devant le vieux château féodal, qui du haut de son nid d'aigle, domine au loin la vallée.

Le château menace ruine, et ce serait dommage que l'Etat ne songeât point à la restauration de ce précieux monument historique. Il offre sans doute peu de valeur au point de vue architectural, mais il a donné son nom à toute la province, à ce Tyrol toujours si fidèle à la monarchie, et il me semble que c'est un titre à la considération officielle. La concierge, une bonne grosse personne réjouie, n'a pu me montrer que trois salles, y compris la chapelle ; tout le reste est dans un état de délabrement lamentable. Le salon d'honneur, dont les proportions sont assez mesquines, contient les portraits des trois derniers empereurs, François Ier, Ferdinand, François-Joseph. Je ne sais si ces peintures sont des chefs-d'œuvre, mais ici le vrai tableau, c'est la nature qui s'est chargée de nous l'offrir, c'est le panorama merveilleux dont on jouit, à droite et à gauche, sur la vallée de l'Adige. Il faut dire aussi que le temps est fait à souhait pour le plaisir des yeux ; pas l'ombre d'un nuage, pas la plus légère brume au flanc des montagnes ; partout des contours bien nets, bien précis et comme découpés à l'emporte-pièce ; un air limpide enfin, l'air transparent de ces étés d'arrière-saison. Je passe dans la salle des gardes, où j'admire au-dessus des portes des bas-reliefs très curieux. « Voulez-vous voir aussi la chapelle ? » me dit la concierge. — « Certainement. » Elle s'approche alors avec un sourire un peu contraint d'une porte par où j'entendais, depuis quelques instants, comme des voix de religieux psalmodiant matines et laudes. « Un couvent, un chapitre de chanoines? » Non, dit la bonne femme, c'est le chapelain, » et, discrètement, comme si elle craignait d'être grondée, elle ouvre la porte et j'aperçois un prêtre en cheveux blancs, qui, tout seul, récite à haute voix son bréviaire. Il s'arrête, à moitié confus d'être surpris à faire autant de bruit qu'un chapitre, et après avoir achevé ses prières, vient à moi en souriant, plein de bonne grâce. C'est un cicerone plus intéressant et surtout mieux informé que la concierge. Il me montre de vieilles chasubles, des vases sacrés, un rétable et un confessional du XIIIe siècle, etc. » Le musée n'est pas bien riche, comme vous voyez, me dit-il ; mais vous avez eu raison de venir ici : ce château, c'est le centre, c'est le cœur du Tyrol. »

Je prends congé du bon vieillard, je le remercie de son accueil, et je reviens à Meran par Saint-Pierre et Gratsch. Route pittoresque qui réserve au touriste les plus agréables surprises. On n'imagine pas l'étendue et la beauté du panorama que le regard découvre et embrasse de la chapelle de Saint-Pierre. C'est celui de tout à l'heure, mais ouvert, étendu, complété dans toutes les directions. Et je jouis d'autant plus de la vue de ce décor féerique que je suis assis, pour le contempler, sous une treille chargée de raisins mûrs. On pourrait se croire ici dans une loge de théâtre. Quel point de vue incomparable ! A gauche, sur la colline que j'ai gravie, le petit village et le château de Tyrol, fortement éclairés par le soleil couchant, et derrière, les surplombant, les roches grises du Passeyrthal. A droite, et en face, la vallée de l'Adige, avec les pans coupés de ses montagnes successives, à travers lesquels s'échappent des traînées de lumière, qui jouent dans la plaine avec les premières ombres du soir. L'arrière plan est formé par les Alpes dolomitiques de Botzen, finement dentelées et d'un rose pâle se fondant dans l'azur foncé du ciel. On a peine à détacher ses yeux de ces teintes si pures, si fraîches, si délicates, mais quand on les reporte un instant sur la vallée, un nouveau charme les saisit et les captive. C'est Meran, se cachant en partie au pied du Küchelberg, et étalant ses faubourgs, ses nouveaux quartiers jusqu'à l'Adige, qui, tantôt resserrée en d'étroites rives, tantôt divisée en plusieurs bras, serpente avec grâce dans le vaste cirque.

Je descends à Glatsch par un sentier rapide et tracé au bord d'un véritable abîme. C'est un calvaire, avec ses petits oratoires tout fraîchement peinturlurés. Il passe encore, avant d'arriver au village, sous une treille dressée comme une tente en travers de la route. Les raisins sont dorés, appétissants, et il serait facile, en élevant un peu la main, d'anticiper sur la vendange. Je résiste néanmoins à la tentation, car il ne faut pas abuser de la confiance tyrolienne, et un superbe restaurant, du reste, m'offre bientôt de quoi me dédommager. Bâtiment neuf, très vaste, très élégant, où le caractère *altdeutsch* semble dominer. Une chose me frappe, c'est l'abondance, extraordinaire même en Tyrol, des inscriptions et emblèmes religieux. A la porte un immense crucifix devant lequel brûle une petite lampe, et sur la façade plusieurs fresques représentant des scènes bibliques. Parmi les sentences et devises, quelques-unes m'ont paru topiques ; en voici une qui donne le ton général :

Einem jeden steht offen Thür und Haus
Der mit Gott geht ein, mit Gott geht aus.

« Ici la porte et la maison sont ouvertes à tous ceux qui entrent et sortent en paix avec Dieu. »

Je cueille encore celle-là, la plus profane de toutes :

Der eine macht's
Der eine lacht's
Der eine verlacht's -
Was macht's ?

« Si quelqu'un travaille et fait son œuvre, les uns le louent, les autres le raillent ; qu'importe ? »

Les Tyroliens ont le goût de ces devises et de ces peintures qui manifestent aux yeux de tous leurs sentiments religieux et moraux. Il n'est pas une de leurs maisons qui ne tienne à honneur de donner de la sorte un bon conseil au passant ou de lui rappeler une vérité du christianisme. C'est comme une prédication familière et incessante, et j'y trouve aussi la marque de cette foi vive, profonde, entière, qui, à notre époque de lâches compromissions, est d'un charme si puissant chez ce peuple primitif. Ces braves gens n'ont pas encore appris à rougir de leur religion, et ils l'affirment, et ils la pratiquent au grand jour, tout simplement. Nul respect humain, nulle concession à cette fausse pudeur du libéralisme qui voudrait faire une loi à l'homme moderne de cacher ses croyances sous un voile impénétrable. « Soyez chrétien, si vous le voulez, mais qu'autour de vous, personne ne s'en doute ! » Ici, rien de cette hypocrisie à rebours ; pas de dissimulation, pas d'attitude équivoque ; on a devant soi des hommes tout d'une pièce, qui ne changent pas de costume à chaque instant comme maître Jacques, qui ont enfin les mêmes principes pour leur vie publique et leur vie privée. Spectacle plein de charme, je le répète. Il y a quelques années, je faisais un petit séjour dans une station æstivale et j'avais pour commensal un négociant lyonnais, qui scandalisait toute la table par ses impiétés. Il était majeur, nous le laissions dire, mais un an plus tard, me trouvant à Lyon, j'entrais par hasard dans une église, où l'on exposait le saint Sacrement. Quelle fut ma surprise! Mon voltairien, affublé d'une aube brodée de rouge, tenait un cierge d'une main et de l'autre un des coins du dais. Il devait être au moins marguillier dans la paroisse.

Comme on apprécie, après des traits de ce genre, l'aimable franchise tyrolienne! Elle éclate et s'affirme en mille circonstances, et parfois sous la forme la plus inattendue. Aux environs d'Innsbruck, il y a peu de temps, j'ai rencontré toute une noce, les époux en tête, qui, pour mieux sanctifier la journée, faisait, en récitant le chapelet, le pèlerinage du Georgenberg. Bien souvent, durant les fenaisons, j'ai vu les paysans du Tyrol disposer leurs tas de foin de telle manière qu'ils pussent former, au milieu des champs, l'anagramme de Jésus ou de la Vierge Marie. Un jour, revenant du Trentin vers le Nord, j'étais monté dans un wagon de troisième classe pour observer de plus près les gens du peuple; il y avait foule, foule joyeuse, animée, bruyante; on fumait, on chantait, on riait aux éclats; tout à coup le silence se fait, un silence absolu, plus de pipes aux lèvres, plus de chapeaux sur la tête : on venait d'entendre dans le lointain les sons de l'Angelus, et tout le monde, sans nul respect humain, priait avec ferveur. Au reste, que dire de ces chapelles sur les hauteurs, de ces oratoires prodigués le long des routes, de ces crucifix, de ces statues de saints sans nombre? Il est impossible ici qu'à chaque pas la pensée de l'homme ne soit ramenée, de gré ou de force, vers les sujets les plus élevés, les plus graves.

Qui fait construire et entretient tous ces petits monuments? C'est parfois la commune, mais c'est le plus souvent une famille aisée dont la piété tient à perpétuer de la sorte le souvenir de quelque évènement triste ou joyeux. Il y a, comme on pense, toute une légion d'artistes qui trouvent leur profit à ces dévotions populaires. Petits artistes, cela s'entend, et simples paysans pour la plupart, ils font preuve néanmoins d'un certain talent, qui n'est pas toujours dénué de fantaisie. Ils ont même ici et là des hardiesses dignes du moyen-âge, et ils n'épargnent pas plus que les Flamands la sensibilité nerveuse du public. A Nauders, j'ai vu, l'autre jour, un Christ couvert d'horribles blessures; il était inondé de sang des pieds à la tête, et comme il servait d'ornement à une fontaine, c'est de son sein, de son sein percé, que l'eau coulait.

Les sentiments religieux des Tyroliens ne sont pas, d'ailleurs, chose d'imagination, et ils se traduisent, d'une manière pratique, dans les mille détails de la vie quotidienne. On s'aperçoit vite ici que les gens sont foncièrement honnêtes. J'en appelle à tous ceux qui, comme moi, ont voyagé souvent dans le Tyrol, ils peuvent attester, j'en suis sûr, que partout et toujours, ils ont eu le sentiment d'une sécurité absolue. Nul besoin de se défier des voleurs et des aigrefins, comme c'est trop souvent le cas en d'autres pays ; nulle crainte non plus d'être exploité et rançonné à merci comme étranger. On est surpris et même stupéfait de la modicité des prix dans la plupart des auberges de la campagne et des petites villes. Une vaste chambre pour vingt ou trente kreutzers et la nourriture aux mêmes conditions de bon marché ! Ce qui frappe le plus, c'est l'absence complète de toute âpreté au gain ; on ne se met pas le moins du monde en frais pour retenir plus longtemps le touriste. A Saint-Martin, dans le Passeyrthal, où je ne savais un instant si je voulais rester ou partir, je ne vis aucun signe de contrariété sur les visages quand, après avoir consulté l'hôtesse, je me résolus soudain au départ. On me salua, on me dit adieu avec le même bienveillant sourrie que si j'étais resté huit jours dans la maison. Les âmes ici sont élevées ; elles prennent aisément leur vol au-dessus des intérête matériels.

Le Tyrol, malgré le charme de ses mœurs patriarcales, ne manque pourtant pas de détracteurs passionnés. Il m'est tombé sous la main deux gros volumes où l'on s'efforce de prouver et de faire croire au monde qu'il ne mérite guère son excellente réputation. On lui reproche d'abord ses braconniers, ses *wildjägers*, race de gens, paraît-il, qui exposent méchamment leur vie pour aller tuer de pauvres chamois au bord des abîmes. Ils se battent même entr'eux, ils nourrissent des haines et des jalousies féroces ; c'est tout ce que la terre peut porter de plus cruel et de plus sanguinaire. Le Tyrol, en outre, à entendre mes deux auteurs, a le tort immense d'être un pays pauvre, à peu près dépourvu d'industrie, et où l'on s'obstine à ne pas chercher les moyens de faire pousser la vigne sur le flanc des montagnes ou le long des glaciers. Il est vrai qu'on n'y voit point de misère proprement dite, mais un peuple ne doit-il pas mettre avant tout son honneur à favoriser les progrès de la civilisation ? Il n'y a pas assez d'usines dans ces vallées et combien de forces motrices y demeurent inutiles ! Enfin, et c'est le grief par excellence, le Tyrol persiste dans sa foi religieuse. Il ne veut rien savoir des idées nouvelles, et il a le mauvais goût de préférer ses anciens principes à l'anarchie intellectuelle des nations modernisées. Il croit encore à une vie future ; il met l'esprit au-dessus de la matière ; il est plongé, comme on voit, dans les plus épaisses ténèbres de l'ignorance. Voilà quels sont, en résumé, les reproches qu'on fait au Tyrol, et on me dispensera de m'y arrêter davantage aujourd'hui ; d'autant plus, si je ne me trompe, que la réponse y est déjà faite.

Excursion à Sand, dans le Passeyrthal, patrie d'Andreas Hofer. La route, au début, ne laisse pas d'être fort agréable ; bordée de hauts châtaigniers, elle s'élève lentement et se perd en incessants détours selon le caprice des collines ; mais tout à coup, au bout d'une heure de marche, le paysage prend un autre caractère. C'est la montagne, avec ses rochers et ses masses sombres de sapins. La route descend peu à peu vers la rivière, qu'elle longe dès lors sans désemparer jusqu'à Sand, et je doute que, sur la surface du globe, il en existe une seule qui soit plus mal entretenue. Il est vrai que la Passeyr est un torrent dans toute la force de l'expression, et qu'on aura toujours grand'peine, quoi qu'on fasse, à prévenir et à maîtriser ses colères. Le fond de la vallée n'offre au regard que des bancs de sable à perte de vue, où émergent de loin en loin des entassements, des avalanches, des coulées de blocs énormes, arrondis et blanchis par les flots. L'auberge du Sand est une maison très modeste, construite sur le sable, comme son nom l'indique, à peu de distance et presque au niveau de la rivière. On m'y montre, conservés dans une armoire vitrée, le chapeau d'Andreas Hofer, sa ceinture en cuir, une paire de culottes, des éperons, etc. La chose pour moi la plus curieuse et la plus suggestive, c'est la lettre qu'écrivit le héros, dans sa prison de Mantoue, quelques heures avant sa mort. L'orthographe en est peut-être un peu fantaisiste, mais les sentiments qu'il y exprime sont admirables. Toute son âme, à ce moment suprême, est tournée vers Dieu, vers la vie future. Pas un mot de l'empereur, ni de la patrie bien-aimée. « *Ade, schnöde Welt...* »; cette dernière phrase est poignante; c'est le pur désenchantement des choses d'ici-bas.

CHAPITRE XVII

Andréas Hofer.

On n'est pas surpris, en visitant le Passeyrthal, que cette vallée, située au cœur du Tyrol, ait été le lieu de naissance d'Andréas Hofer. Isolée du monde, avec lequel elle n'est reliée que par deux défilés étroits et sauvages, on sent qu'il doit être facile à ses habitants de rester fidèles aux traditions de leurs ancêtres. En face de cette nature imposante et immuable, bois profonds, monts gigantesques, torrents dévastateurs, comment l'homme pourrait-il se laisser séduire aux vaines conceptions de l'esprit philosophique? Toute innovation doit ici d'emblée lui paraître un sacrilège.

Andréas Hofer, dans sa jeunesse, ne fit pas preuve d'une intelligence très vive, mais il était appliqué à l'étude, réfléchi, méditatif. Il aimait à se rendre compte des choses, recherchait la conversation des gens d'expérience, et de la sorte sut se former de bonne heure le jugement le plus sain et le plus solide. La vie à la maison n'était pas toujours bien gaie pour le pauvre enfant, car, sa mère étant morte jeune, il avait affaire à une marâtre, mais cette dureté des circonstances, ces premières disgrâces de la destinée, sans altérer les heureuses qualités de sa nature, donnèrent pour toujours une forte trempe à son caractère. Ouvert et franc, plein de modestie, de douceur et de tendresse, il inspirait autour de lui d'irrésistibles sympathies. C'était déjà un puissant charmeur, et quand les années eurent achevé leur œuvre, avec son visage affable, sa haute taille, sa force herculéenne, on n'aurait pas trouvé, dans toute la vallée et peut-être aussi dans tout le Tyrol, un compagnon plus aimable, plus robuste, mieux taillé pour les luttes de la vie. On l'avait envoyé, jeune encore, vivre au milieu des Tyroliens du sud, et il pouvait avec une certaine aisance s'exprimer en italien. Ce dernier avantage, non moins que les autres, lui donnait un grand prestige et ce prestige s'accrut encore lorsqu'ayant pris la direction de l'auberge paternelle, il devint le *Sandwirth*, c'est-à-dire l'hôtelier du Sand, l'hôtelier de la vallée du sable.

Il ne faut pas s'étonner de l'importance accordée par les Tyroliens à cette profession d'aubergiste. Au fond de ces vallées perdues, ensevelies sous la neige durant plusieurs mois de l'année, où pourraient-ils, si ce n'est à l'auberge, apprendre un peu les choses du dehors ? C'est là que de loin en loin les nouvelles se font jour, et qu'ils se sentent, pour quelques instants fugitifs, remis en communication avec le reste du monde. En 1790, Andréas Hofer, à peine âgé de vingt-trois ans, fut choisi pour être un des deux députés de la vallée au Landtag tyrolien. Cette charge, qui lui permit de prendre part aux délibérations les plus importantes, contribua dans une large mesure à étendre les horizons de son intelligence, et en même temps à l'affermir dans ses convictions politiques et religieuses. On était alors au lendemain de la mort de Joseph II, et il n'y avait personne au sein de la petite assemblée tyrolienne qui n'eût à cœur de protester contre les lois tyranniques de ce prince, que Frédéric le Grand avait coutume d'appeler : mon frère le *sacristain*. La réaction contre le joséphisme bureaucratique était même si violente qu'elle semblait prendre, chez quelques-uns, les allures d'une véritable révolte. En même temps la nouvelle des premiers évènements de la révolution française pénétrait jusqu'en Tyrol et y remplissait les esprits de crainte et les cœurs d'indignation. Une époque de crise s'ouvrait pour l'Europe, où les bases de l'ancien ordre chrétien étaient ébranlées, et pour une population religieuse comme celle du Tyrol, il est aisé de concevoir à quel point elle s'en montrait troublée et consternée. Des prêtres français, exilés de leur patrie, étaient venus chercher un refuge en Allemagne, et l'un d'entr'eux, un Père bénédictin d'Alsace, avait fixé son séjour dans le Passeyrthal. Il prêchait fréquemment à Saint-Martin, tout près du Sand, et Andréas Hofer, comme on s'imagine, était toujours au premier rang de ses auditeurs. Lui-même, faisant écho à l'ardente parole du religieux, commentait aux allants et venants, dans son auberge hospitalière, les scènes de plus en plus atroces de la terrible révolution. Dans la grande salle au plafond bas, à la lueur d'une lampe fumeuse, on aime à le voir, en ces premières heures de sa carrière, exposant avec la vigueur et la clarté de son bon sens, à quelle cause il fallait attribuer ce cataclysme épouvantable. « Sans religion, disait-il, pas de bonheur pour un peuple. » Et cette vérité fondamentale, il la prêchait sur tous les tons et en tous lieux, car son commerce de vins l'appelant tantôt dans le nord, tantôt dans le sud du Tyrol, il n'était pas moins connu et populaire à Innsbruck qu'aux environs de Botzen et de Meran. Partout on faisait fête au Sandwirth, et les étudiants eux-mêmes se plaisaient à l'écouter et à s'entretenir avec lui des affaires du jour. Cette jeunesse obéissait à la sûreté de son instinct ; elle sentait toute la force contenue dans cet homme simple et droit, aux yeux francs, au langage incisif, au patriotisme ardent et profond.

L'orage révolutionnaire, au début des évènements, ne semblait menacer, d'une façon directe, ni le Tyrol ni aucune province autrichienne. On se contentait donc de prier, d'organiser des pèlerinages, d'implorer enfin, par des actes de pénitence, la protection divine en ces temps si pleins de périls. Peu à peu cependant le succès des armes françaises en Italie vint troubler cette quiétude relative. Les paysans dans chaque vallée formèrent alors des compagnies de francs-tireurs, où ils s'excitaient mutuellement à bien combattre, à tout souffrir et à mourir, s'il le fallait, pour la défense de l'église et de la monarchie. Attente douloureuse où alternaient la confiance et la crainte, et qui se prolongea jusqu'aux premiers mois de 1797! L'alarme à ce moment devint sérieuse, car le général Joubert, à la tête d'une division avait pénétré jusqu'à Botzen et s'était même emparé de cette ville. Le petit corps autrichien chargé de la défense du Tyrol battait en retraite et ne songeait qu'à éviter le combat, mais les paysans arrivèrent en masses compactes autour de Botzen et, enflammés d'une sainte ardeur, culbutèrent et chassèrent l'ennemi. Ce fut un premier triomphe qui remplit les cœurs d'allégresse, et qui préserva le Tyrol, jusqu'à la paix de 1801, de la honte d'une occupation étrangère. Hofer se trouvait, bien entendu, parmi les combattants, mais il n'était pas revêtu d'un commandement supérieur. La Providence le réservait pour des circonstances plus solennelles.

On connaît la suite des évènements. La guerre éclata de nouveau en 1805, et, après les grands désastres d'Ulm et d'Austerlitz, le Tyrol fut séparé de l'Autriche et annexé au royaume de Bavière. Il semble qu'à cette époque avec un peu de prudence et d'habileté politique, les Bavarois n'auraient pas eu beaucoup de peine à gagner les sympathies du peuple tyrolien. Le roi Maximilien, dans un langage vraiment paternel, s'était efforcé de lui adoucir l'amertume de la séparation. « Je vous le promets encore une fois, chers Tyroliens, disait-il ; votre constitution sera respectée, moi vivant on n'y changera pas un iota. Vous avez perdu un bon souverain, vous le regrettez et vous versez des larmes : cette fidélité vous honore et je vous en estime davantage. Puissé-je à mon tour, quand la mort viendra m'enlever à mes peuples, susciter parmi vous des regrets aussi sincères ! » Il promettait donc de ne rien changer aux lois et usages du pays, c'était une chose capitale, et s'il avait en même temps déclaré la guerre aux derniers abus du Joséphisme, nul doute qu'il n'eût conquis facilement le cœur de ses nouveaux sujets.

Il y a beaucoup d'affinité entre les Tyroliens et les habitants de la Haute-Bavière, même situation cosmographique, mêmes sentiments religieux, mêmes coutumes, mêmes mœurs. Aujourd'hui encore, comme nous l'avons vu, la différence sur tous ces points est peu sensible.

Le roi de Bavière, à qui Napoléon avait imposé le ministre Montgelas, n'eut pas malheureusement le bon esprit de rester fidèle aux principes contenus dans ses premières déclarations. Il préféra brusquer les choses, et s'attacher le peuple conquis, selon la méthode chère aux Germains, par un grand déploiement de force matérielle. Il envoya dans le catholique Tyrol des fonctionnaires protestants ou libres-penseurs qui, loin de faire disparaître les derniers vestiges du joséphisme, remirent tout cet affreux système en honneur et l'aggravèrent encore par des vexations nouvelles. Plus de processions, plus d'offices du soir, défense de sonner les cloches, et en même temps, au point de vue politique, militaire et financier, les mesures les plus propres à soulever l'indignation populaire. Le landtag tyrolien fut supprimé, la conscription appliquée avec une extrême rigueur, les biens communaux saisis, les impôts doublés et triplés. On conçoit la fâcheuse impression produite sur ce peuple de montagnards qui, non moins que les Suisses des petits cantons primitifs, avaient des traditions de fierté et même d'indépendance. Ils avaient toujours servi fidèlement les empereurs d'Autriche, mais en hommes libres, en citoyens, et sous la sauvegarde de leurs vieilles franchises. Ce qui les froissa le plus néanmoins, ce fut la persécution religieuse. Voir leurs évêques en exil, leurs prêtres pourchassés et jetés en prison, les cérémonies de leur culte presque partout interrompues, était pour eux la douleur poignante, l'injure suprême, mortelle, à jamais ineffaçable. En 1808, l'exaspération avait atteint dans tout le pays ses dernières limites, et, dès ce moment, la moindre étincelle pouvait suffire à mettre le feu aux poudres.

L'insurrection, comme il arrive presque toujours en pareil cas, était depuis longtemps organisée et sur le point d'éclater que les tyrans étrangers n'en avaient pas encore conçu le premier soupçon. Chacun s'y employait avec un patriotique enthousiasme, et nulle parole imprudente ou coupable ne vint compromettre la cause populaire. « Il n'y a pas de traître dans le Tyrol », disait à ce propos Andréas Hofer. Et par une conséquence nécessaire de la situation, les auberges devinrent partout les vrais centres de ralliement. C'est là que se donnaient et se transmettaient les mots d'ordre qui en peu de jours parvenaient jusqu'aux hameaux les plus reculés. Andreas Hofer, déjà très connu dans plusieurs vallées, vit sa renommée grandir encore et s'étendre dans tout le Tyrol Il fut chargé à cette époque, en compagnie de deux de ses amis, de se rendre secrètement à Vienne, où, d'accord avec l'archiduc Jean, ils réglèrent les derniers détails de la prochaine levée de boucliers. On s'attendait à une nouvelle guerre pour le printemps de 1809, et il fut convenu qu'au signal donné par Vienne l'insurrection éclaterait partout au même instant. Un corps d'armée autrichien, arrivant par le Pusterthal, devait venir prêter main forte aux patriotes tyroliens. Les trois envoyés, porteurs de la bonne nouvelle, rentrèrent dans leurs foyers par des routes différentes, et bientôt tout le pays fut en fièvre, préparant ses armes, et attendant avec anxiété l'heure bénie de sa délivrance. Seul, le gouvernement bavarois ne savait rien, et sans prendre aucune mesure de précaution, se reposait dans la sécurité la plus trompeuse.

Le réveil fut pénible. Le 8 avril, les premières troupes du général autrichien Chasteler pénétrèrent dans le Pusterthal, et, le même jour, Andréas Hofer adressait à ses hommes la proclamation suivante : « Demain, 9 avril, on se met en campagne pour Dieu, pour l'empereur et pour la patrie; tout le monde est prié de se battre bravement. » Les soldats bavarois étaient dispersés par petits détachements sur toute l'étendue du territoire, et il fut facile aux paysans révoltés de les surprendre et de les obliger, presque sans coup périr, à mettre bas les armes. Il n'y eut que trois points où la lutte devint sérieuse et aurait pu tourner à la confusion des assaillants, Sterzing, Innsbruck, et Botzen. A Sterzing, le héros du combat fut Andréas Hofer qui, franchissant avec sa troupe le col de la Jaufen, vint se heurter au bataillon commandé par le major Speicher. Ce dernier disposait d'un canon qui, au début de l'engagement, maltraitait beaucoup les Tyroliens. Que fait Andréas Hofer? Il a recours à un stratagème. Un char de foin conduit par deux femmes s'avance au milieu de la plaine, et les tireurs tyroliens les plus habiles, postés derrière cette redoute ambulante, ont bientôt mis les artilleurs hors de combat. Les Bavarois ne perdent pourtant pas courage; ils luttent encore en désespérés; mais force leur est enfin de se rendre. A Innsbruck, même succès pour les insurgés, et, cette fois, c'est 5.000 soldats qui capitulent, commandés par les généraux Bisson et de Wrede. Quant au Tyrol méridional, il eut un peu plus de peine à se débarrasser de la domination étrangère; il semble que, dans cette partie de la province, le patriotisme était moins ardent, et d'ailleurs les dix mille hommes du général Baraguay d'Hilliers y donnaient sans doute à réfléchir. Quoiqu'il en soit, comme une armée autrichienne s'avançait sur Vérone, les Français jugèrent prudent de se réfugier en Italie, et c'est ainsi qu'en moins d'une semaine, l'insurrection fut partout victorieuse, et que le Tyrol, par ses seules forces, avait su recouvrer son indépendance.

Je dis ses seules forces, car le général Chasteler n'arriva sur le théâtre de la lutte que lorsqu'elle était presque terminée. Il eut même assez peu de chance pour se laisser battre dans la seule rencontre qu'il eut avec l'ennemi. Cet échec n'était pas de nature à le bien disposer pour ces paysans qui, sans connaître les règles de la stratégie, avaient néanmoins si aisément accompli leur besogne. Les hauts fonctionnaires civils et en particulier le baron de Hormayr, récemment nommé par l'archiduc intendant du Tyrol, nourrissaient peut-être plus de défiance encore et d'éloignement à l'égard des chefs de l'insurrection. Leur premier soin, après le succès de la cause tyrolienne, fut donc de concentrer aussitôt tous les pouvoirs entre leurs mains, et de se présenter devant le peuple en véritables triomphateurs. Hormayr alla même jusqu'à ordonner qu'on le recevrait à Botzen et à Meran avec tous les honneurs dus à un général victorieux. Il prit possession du château de Tyrol, dont le vieux proverbe disait que « qui le possède est maître aussi du pays ». C'est alors, et au moment de son entrée solennelle à Meran, qu'Andréas Hofer et lui se rencontrèrent pour la première fois. Le héros tyrolien descendit de son cheval, et vint, au milieu de son brillant cortège, féliciter le baron et lui rendre hommage. Ces deux hommes ne pouvaient s'entendre; leur nature, leur éducation, leurs sentiments, tout les séparait; aussi le rude et loyal paysan catholique fut-il d'emblée mis à l'écart par le gentilhomme bureaucrate, plein de vanité mondaine, et infecté de joséphisme. On ne le jugea propre à aucun emploi, si ce n'est à maintenir l'ordre par sa présence au milieu des paysans enivrés de leurs succès. Après quoi, sans autre récompense ou remerciement, on le laissa rentrer avec ses hommes dans le Passeyrthal. Il avait bien été à la peine, il n'était pas digne d'être à l'honneur.

La conduite d'Hormayr dénotait une singulière imprévoyance, ou plutôt une confiance exagérée dans la force des nouvelles armées autrichiennes. Sans doute, en 1809, Napoléon commençait à voir pâlir son étoile; la guerre d'Espagne occupait au loin une bonne partie de ses meilleures troupes ; et déjà l'Allemagne, frémissante de colère, essayait de secouer son joug ; mais le grand capitaine avait encore son génie et savait transformer de jeunes conscrits en soldats. Il arrivait avec sa promptitude accoutumée et dès les premières batailles livrées en Bavière, il fallut aux Autrichiens battre en retraite et se replier en toute hâte sur Vienne. Le même mouvement, par contre-coup, se produisit en Italie, et dès lors le Tyrol, découvert au nord et au sud fut pris entre deux feux. Il était d'une extrême importance pour l'armée française, engagé bientôt jusqu'au cœur de la monarchie autrichienne, de ne pas laisser derrière elle un pays en insurrection, et c'est pourquoi le Tyrol, sans aucun retard, fut envahi des deux côtés, au sud par le général Ruska, au nord par les généraux de Wrede et Deroy. Ces derniers étaient à la tête d'un fort détachement de troupe, avec lequel ils eurent bientôt fait de déblayer toute la vallée de l'Inn. Chasteler qui, après s'être refusé longtemps à croire à l'imminence du péril, n'avait enfin marché à l'ennemi que pour essuyer une complète déroute à Rattemberg, ne tarda pas à perdre courage et s'enfuit en abandonnant les meilleures positions. Les Tyroliens le suppliaient de continuer la lutte et de les mener au combat, mais il n'avait aucune confiance dans la valeur de ces soldats improvisés, et il aima mieux se réfugier en Carinthie, où se trouvait l'armée commandée par l'archiduc Jean. Hormayr, de son côté, venait de disparaître, mettant sa précieuse personne à l'abri des mauvais coups du sort ; et c'est ainsi que le Tyrol se trouva livré à lui-même, n'ayant plus à compter que sur le courage de ses enfants.

Tout semblait désespéré; les Français et les Bavarois s'étaient emparés d'Innsbruck, une véritable terreur affolait la population. C'est alors qu'au milieu du désarroi général les esprits se tournèrent spontanément vers Andréas Hofer, vers ce paysan simple et droit qui apparaissait à tous comme la vivante personnification du Tyrol. On vient le chercher dans sa vallée, on l'entoure, on le presse, et lui, s'élevant sans peine à la hauteur de la situation, accepte plein de confiance la mission de sauver la patrie. Il envoie aussitôt des messagers dans toutes les directions, il ordonne la levée immédiate de la landwehr et du landsturm, il écrit que « le départ de Chasteler n'empêchera pas les Tyroliens de se défendre... Pas de capitulation honteuse... Il faut compter sur Dieu qui protège les bonnes causes... Si quelqu'un essaie de décourager les autres, qu'on l'arrête ! » et en quelques jours le Sandwirth, communiquant son ardeur à tout le pays, arrive devant Innsbruck, ayant réuni sous ses ordres une armée de douze mille paysans résolus à vaincre ou à mourir. On sait les diverses péripéties de cette lutte vraiment héroïque. A deux reprises, le 25 et le 29 mai, Andréas Hofer, aidé de ses deux lieutenants Speckbacher et Haspinger, soutint victorieusement l'effort des deux généraux français et bavarois. On se battait, de part et d'autre, avec un acharnement sans égal, plusieurs fois la victoire parut se prononcer pour les troupes régulières, mais toujours le Sandwirth, au premier rang dans la mêlée, revenait à la charge, Speckbacher redoublait d'audace et de bravoure, Haspinger élevait et brandissait son crucifix, et rien ne put lasser la foi, le courage et le dévouement des patriotes tyroliens. Dans la nuit du 29 mai, le général Deroy, voulant éviter la honte d'une capitulation, prit le parti d'abandonner la ville et de battre en retraite sur Kuffstein. Il avait perdu la veille plus d'un millier de soldats, et il jugeait avec raison qu'en s'obstinant davantage, il s'exposait à subir le triste sort de son prédécesseur, le général Bisson. L'opération d'ailleurs fut conduite avec une habileté remarquable, et quand ils s'aperçurent, le matin, que l'étranger s'était enfui, les Tyroliens en éprouvèrent une joie mêlée d'étonnement. Ils ne songèrent presque pas à la poursuite et les premiers moments donnés à l'allégresse et à l'enthousiasme, la plupart, selon leur habitude, regagnèrent au plus tôt leurs foyers. Il ne resta bientôt plus à Innsbruck que les fidèles Passeyrois groupés autour de leur chef Andréas Hofer qui, comme on pense, à partir de cette victoire inespérée et décisive, devint de plus en plus l'objet de l'admiration et de la vénération populaire. On l'appelait « l'homme du Tyrol », on s'empressait d'obéir à tous ses ordres, on recueillait ses paroles comme autant d'oracles, et poussé de la sorte par cette confiance du peuple, le Sandwirth, toujours modeste et bon, sans aucune visée personnelle, entra dans la voie qui devait le conduire à la dictature.

Il profita de son pouvoir pour organiser la défense du pays, car, mieux avisé qu'Hormayr, qui venait de reparaître après l'orage, il comprenait que la lutte, loin d'être terminée, pouvait reprendre de plus belle à chaque instant. La grande partie, en effet, se jouait sur les bords du Danube où Napoléon, après son échec d'Aspern, était réduit sans doute à une impuissance momentanée, mais préparait déjà, par des prodiges d'activité, la terrible et sanglante revanche de Wagram. L'insurrection tyrolienne de 1809 est, on peut le dire, l'exacte contrepartie de la campagne du grand capitaine; elle en reproduit fidèlement, en sens contraire, les diverses alternatives de revers ou de succès. Aussi, tout le temps que Napoléon passa dans l'île de Lobau, occupé des préparatifs du second passage du Danube, fut-il pour le Tyrol une période de complète accalmie. On s'y prenait même à espérer que la fortune des armes tournerait encore une fois à l'avantage de l'Autriche, et cette disposition des esprits permit au baron de Hormayr de s'emparer de nouveau de la haute administration du pays. Il eut même l'impertinence de rendre un décret d'après lequel le droit de convoquer le landsturm et les compagnies de francs-tireurs n'appartiendrait plus désormais qu'à lui et aux généraux de l'armée régulière. Le coup était surtout dirigé contre Andréas Hofer qui, sans en manifester d'ailleurs la moindre amertume, jugea prudent de céder la place et se retira dans le Passeyrthal. Il avait eu le temps néanmoins d'ordonner des prières publiques, et, selon le vœu formé par les combattants du Berg Isel, de consacrer solennellement le Tyrol au Sacré-Cœur. Hormayr n'osa point s'y opposer, mais en bon Joséphiste, il se tint à l'écart de toutes ces vaines cérémonies religieuses. Son principal souci, c'était de contracter des emprunts, car l'argent, personne ne l'ignore, est le nerf de la guerre, et pour faciliter le placement de ses fonds d'État, il se plaisait à répandre les nouvelles les plus favorables et les plus fantaisistes. Tout allait pour le mieux ; Napoléon était aux abois ; une paix glorieuse devait être bientôt conclue. La bataille de Wagram, qui se livra sur les entrefaites, fut même, à l'entendre, pendant plusieurs jours, une grande victoire des armées autrichiennes.

Il fallut en rabattre, et de beaucoup, et le Tyrol ne tarda pas à en avoir la preuve cruelle. Le bruit avait d'abord couru qu'il était compris dans l'armistice conclu à Schönbrunn, mais Napoléon regardait les Tyroliens comme de simples insurgés, et il avait hâte de tirer vengeance de leur prétendue trahison. Une armée de cinquante mille hommes, sous le commandement du maréchal Lefebvre, reçut l'ordre d'envahir immédiatement le Tyrol et de châtier d'importance ces insolents montagnards. Tout devait plier devant cette force prépondérante, et en peu de jours, en effet, la vallée de l'Inn jusqu'à Innsbruck fut de nouveau soumise au régime de la conquête. Le général Beaumont arrivait en même temps par la Haute-Bavière, et le général Deroy débouchait du côté de Salzbourg dans le Zillerthal.

Nul moyen de résister à cette triple avalanche, d'autant plus que le vainqueur, exaspéré par ses précédentes défaites, n'usait d'aucun ménagement à l'égard de ce peuple de rebelles. La tête des chefs de l'insurrection, et celle en particulier d'Andréas Hofer, que les soldats appelaient le général *Barbone*. était mise à prix ; on avait aussi recours aux procédés les plus odieux et les plus tyranniques pour terroriser les femmes et les enfants et les pousser de la sorte à la délation. Meurtres, pillages, incendies, tout était mis en œuvre, et on aurait pu se croire dans les Pays-Bas aux plus mauvais jours de la domination du duc d'Albe. Aussi, dans tout le pays, malgré le souvenir des récentes victoires, il y eut un moment de lassitude et de véritable dépression morale. Les meilleurs patriotes s'enfuirent ou se cachèrent ; personne ne croyait que la résistance fût encore possible. Seul Andréas Hofer, entouré de quelques amis fidèles, ne voulut point désespérer du salut de la patrie. Sa force d'âme était prodigieuse ; rien ne pouvait troubler la sérénité de sa foi, mais à quel moyen recourir ? Comment relever les courages ? Il fait appel au dévouement éprouvé de Speckbacker et de Haspinger, et sans se soucier du décret d'Hormayr qui, du reste, selon sa coutume prudente, s'était empressé de disparaître, il convoque une fois de plus le ban et l'arrière-ban des chasseurs tyroliens. Sa voix est écoutée ; elle va frapper les échos les plus lointains : elle réveille le patriotisme dans tous les cœurs, et bientôt, au-delà du Brenner, de Sterzing à Botzen, les paysans s'agitent, les combattants accourent en foule, tant et si bien que le maréchal Lefebvre, après avoir envoyé devant lui le général saxon Rouyer, prend la résolution d'aller réduire en personne, à la tête de ses troupes, ce qu'il considérait comme une dernière poignée de factieux.

La situation pourtant devenait tragique ; on sentait de part et d'autre que cette fois il fallait vaincre ou mourir, et que cette guerre serait la dernière, une guerre d'extermination, sauvage, sans merci. Le maréchal Lefebvre, en partant pour Sterzing, fit répandre une proclamation où se trouvait cet ordre rigoureux : « Comme on vient d'apprendre qu'Andréas Hofer, nommé le Sandwirth, capitaine des rebelles de Passeyr, a l'audace d'envoyer dans tout le pays des messagers qui propagent de faux bruits et font appel à l'insurrection, il est ordonné que quiconque sortira de son village sans être muni d'un laissez-passer délivré par l'autorité légitime, sera saisi, traduit devant les commissions militaires, et fusillé dans les vingt-quatre heures... » En même temps, sans songer qu'il s'exposait à compliquer ainsi les difficultés d'une retraite toujours possible, le maréchal jugea bon de faire incendier sur sa route quelques villages afin de produire dans les esprits une salutaire impression de terreur. La grande lutte devait se livrer aux environs de Sterzing, car l'objectif de Lefebvre était de pénétrer jusqu'à Brixen, et de se mettre de la sorte en communication, soit avec Beaumont qui se trouvait dans le Vorarlberg, soit avec Ruska qui opérait en Carinthie. Il avançait, plein de confiance, au milieu de populations silencieuses, mais profondément irritées, lorsque après avoir franchi le col du Brenner, débouchant dans la plaine de Sterzing, il put enfin par lui-même se rendre compte de la profondeur de ses illusions.

Le général Rouyer, après plusieurs échecs, battait en retraite sur toute la ligne. Son avant-garde, composée de deux bataillons de soldats saxons, avait été surprise et cernée dans la gorge étroite du Mittewald, et, trop avancée pour qu'on pût lui porter secours, s'était vu dans l'obligation de capituler. Les paysans se défendaient avec une énergie farouche, faisant rouler sur les assaillants, du haut des montagnes, des troncs d'arbres et d'énormes blocs de rochers. Le 7 août, le maréchal Lefebvre, impatient de venger l'affront infligé à son lieutenant, se décide à livrer bataille avec toutes ses forces réunies, pour s'emparer de l'importante position de Mauls. Il y réussit, mais après avoir éprouvé des pertes si considérables qu'il n'osa point tirer parti de sa victoire et pénétrer plus avant dans la vallée. Il comprenait qu'entouré de populations surexcitées au dernier point, il lui fallait surtout craindre et éviter qu'on le coupât de sa ligne de retraite. Son suprême espoir, c'était que les généraux Beaumont et Ruska, à qui l'ordre avait été donné de le rejoindre à Brixen, parviendraient bientôt à faire leur trouée et à le dégager. Il s'agissait seulement de gagner un peu de temps, et dans ce but il jugea que l'expédient le plus habile était de nouer des négociations avec Andréas Hofer. Ce dernier s'y prêta de fort bonne grâce, attendu qu'il avait aussi besoin de temps pour soulever les paysans du Brenner et de l'Innthal et enfermer le maréchal dans un cercle de fer et de feu toujours plus étroit et plus infranchissable. L'évènement lui donna raison, et Lefebvre, au bout de quelques jours, s'aperçut de l'erreur qu'il avait commise.

Les généraux Beaumont et Ruska ne purent mener à bien leurs opérations, tandis qu'au contraire les émissaires d'Andréas Hofer remplirent leur mission avec un succès sans pareil. On avait appris l'issue des derniers combats ; on voyait passer chaque jour de nombreux convois de soldats blessés ; on se disait enfin que si la lutte continuait, elle pouvait être favorable encore à l'insurrection, et partout, sur le Brenner, dans la vallée de l'Inn, et même à Innsbruck, les patriotes reprenaient courage et venaient rejoindre leurs anciens chefs. Les choses marchèrent si vite et si bien que le maréchal, ne trouvant plus même autour de lui de quoi nourrir son armée, dût songer à la retraite, et cette retraite fut de tout point un désastre. Le tocsin sonnait dans tous les villages ; les paysans, massés sur les hauteurs, tiraient à bout portant et décimaient les fuyards ; ceux-ci se pressaient aux passages difficiles, se bousculaient, jetaient leurs armes, et le maréchal, devenu le point de mire des tireurs, ne put échapper à une mort certaine qu'à la faveur d'un déguisement. C'était la déroute, la déroute dans toute son horreur, et le vieux soldat, versant des larmes de colère et de désespoir, s'écria que « même en Espagne il n'avait jamais rien vu de semblable ». Il dut s'estimer très heureux d'arriver à Innsbruck avec une armée qui comptait encore vingt-cinq mille hommes. Il avait à peu près perdu la moitié de son effectif.

Qu'allait-il faire ? Devait-il à son tour, comme

les généraux Bisson et Deroy, tenter la fortune des armes sous les murs d'Innsbruck? Cette colline du Berg Isel, éternel enjeu de la lutte, n'avait-elle pas été fatale à ses deux prédécesseurs? Lefebvre répondit à la question comme il convenait à un maréchal de France, et il résolut, avant de céder devant l'insurrection, de faire un suprême effort pour relever l'honneur de son drapeau. L'espérance l'avait pourtant presque abandonné d'une victoire décisive, car en voyant, pendant la nuit, tant de feux allumés sur les hauteurs voisines, il jugeait bien à quelle résistance formidable il allait se heurter. La lutte fut terrible ; vingt mille paysans, commandés par les trois mêmes chefs inséparables, Hofer, Speckbacher et Haspinger, soutinrent victorieusement, durant toute une journée, le choc furieux des soldats français et bavarois. Lefebvre aurait voulu s'emparer à tout prix de cette colline maudite, où les chasseurs tyroliens, malgré le feu de l'artillerie ennemie, avaient si bien su, dans les deux précédentes batailles, maintenir leurs positions et décider par là la victoire. L'assaut fut livré plusieurs fois, et avec une telle vigueur que souvent on dut se battre corps à corps et à coups de crosse. Le maréchal ne cessait d'encourager ses soldats en donnant lui-même l'exemple de la bravoure, mais les plus grands prodiges de valeur furent accomplis en pure perte; les paysans jusqu'au soir restèrent maîtres du terrain. La nuit seule vint séparer les combattants, et le lendemain, après quelques heures données au repos, le maréchal prit enfin le parti de renoncer à la lutte. Toute la vallée de l'Inn fut évacuée en quelques jours ; le Tyrol, pour la troisième fois, avait reconquis son indépendance.

*
* *

Andréas Hofer, comme on pense, fut reçu à Innsbruck avec les démonstrations de joie les plus enthousiastes. La dictature lui était spontanément offerte par le peuple ; il l'accepta et prit à partir de ce jour le titre de commandant supérieur du Tyrol. Ce pouvoir suprême, il ne voulut jamais néanmoins l'exercer qu'au nom et pour le compte de son maître, l'empereur François. Nulle trace, chez cet homme de bien, de la moindre ambition personnelle ; il n'avait d'autre pensée, au milieu de la détresse générale, que de venir en aide à son pays et de lui préparer des jours meilleurs. Il ne tarda pas à écrire une longue lettre à l'empereur pour lui exposer la situation nouvelle du Tyrol, et lui demander « si la résistance prolongée aiderait au salut de la patrie ou lui serait plutôt nuisible ». Ces paroles sont significatives, et elles mettent en pleine lumière les intentions du héros tyrolien. Il s'opposa toujours, avec son grand bon sens et sa modération accoutumée, aux extravagances de quelques-uns de ses lieutenants, et notamment d'Haspinger, qui voulaient profiter des dernières victoires pour soulever d'autres provinces de la monarchie. Son but était de donner au Tyrol une forte organisation militaire, afin que si les hostilités recommençaient entre Napoléon et l'Autriche, il fût en état de prêter à la nation un secours, sinon décisif, du moins très important. La paix n'était pas encore conclue; l'armistice de Schönbrunn se prolongeait et on ne pouvait guère prévoir, à ce moment, quel serait le sort du Tyrol dans un arrangement définitif. Tout conseillait donc la prudence, et il est certain qu'à cet égard, Andréas Hofer, durant sa dictature, ne se montra point dépourvu des vraies qualités de l'homme d'état, du chef de peuple.

Les réglements militaires, d'ailleurs, et l'organisation des forces tyroliennes n'absorbaient pas entièrement son activité patriotique. Il avait l'œil et la main à tout, rétablissant l'ordre et la régularité dans les diverses branches de l'administration, relevant les finances publiques par les mesures les plus sages et les plus habiles, poursuivant les gens sans aveu, protégeant la propriété, favorisant les bonnes mœurs. Un jour, au lendemain du triomphe national, des bandes de paysans parcouraient les rues d'Innsbruck chantant, criant, faisant tapage. Soudain il apparaît au balcon d'une fenêtre de la Hofburg. « Quelle est votre conduite, mes amis? Voulez-vous imiter les Bavarois, vos anciens oppresseurs? La guerre est pour le moment terminée; rentrez donc au plus tôt dans vos familles. Je ne veux plus voir à Innsbruck aucun d'entre vous, et si vous n'obéissez pas sur l'heure, je déclare ne plus être votre chef. » Ces simples paroles suffisent, le calme se rétablit comme par enchantement. Il attachait aussi beaucoup d'importance à ne rien permettre, en ces jours de crise où se jouaient les destinées de la Patrie, qui pût être noté comme une marque de légèreté frivole. Point de bals, ni amusements trop mondains, sauf le cas où il s'agissait d'un mariage; défense aux jeunes filles de porter des bijoux précieux ou des vêtements immodestes ; défense aux hommes d'aller à l'auberge pendant les offices divins, etc. Et toutes ces ordonnances d'Andréas Hofer étaient observées à la lettre, religieusement, joyeusement.

J'ai parlé tout à l'heure de la Hofburg ; le dictateur avait, en effet, pris possession du palais impérial, et il y habitait en compagnie de ses plus fidèles lieutenants. On aurait tort néanmoins de croire que le séjour de cette demeure princière parvint à surexciter son amour-propre et à lui faire contracter le goût du faste et des honneurs. Tel il était le premier jour, tel il resta jusqu'à la fin. On lui donnait parfois le titre d'excellence, mais il répondit aussitôt d'un air mécontent : « Taisez-vous, nous ne sommes pas des messieurs, nous ne sommes que des paysans. » Il ne changea rien, d'ailleurs, à son costume ordinaire, et demeura fidèle également à toutes les habitudes de sa vie. Son dîner, qu'on lui apportait d'une auberge voisine, lui coûtait 45 kreutzer, c'est-à-dire un peu plus d'un franc. Le soir, avec ses amis, comme autrefois dans sa maison du Sand, il sifflait, chantait, fumait, jouait aux cartes. Nulle gêne, comme on voit, nul souci de se transformer et d'adapter plus ou moins ses mœurs à sa haute situation nouvelle. Son grand plaisir était de voir des habitants de sa vallée, et quand un troupeau de vaches passait devant la Hofburg, il se mettait à la fenêtre et le suivait longtemps des yeux. Son âme s'envolait alors vers sa petite auberge du Sand, vers sa famille, vers ses amis, vers tous les siens qu'il aimait tant. Sa piété, loin de faiblir, s'accentuait toujours davantage. Il fit placer, dans la salle à manger du palais, un crucifix et une image de la Vierge en disant : « *A bissl a christlas Zoachen konn nit schod'n !* Quelques marques de christianisme, cela ne peut pas faire de mal. » Matin et soir, il allait prier à l'église paroissiale, et, après le souper, il récitait le chapelet avec ses gens. « Vous avez mangé avec moi, leur disait-il, vous devez donc aussi prier avec moi. »

La gloire d'Andréas Hofer avait atteint son apogée. Son nom s'était répandu jusqu'aux extrémités de l'Allemagne, et les adversaires de Napoléon dans le reste de l'Europe applaudissaient de loin au courage de cet homme qui ne craignait pas de braver en face le despote. Des émissaires anglais et espagnols arrivèrent en Autriche pour offrir de prolonger par tous les moyens l'insurrection tyrolienne. Leurs ouvertures n'eurent pas de suite, mais l'empereur François jugea que l'heure était venue de donner enfin à son fidèle serviteur une preuve publique de sa reconnaissance. Il fit parvenir à Andréas Hofer une médaille et un collier d'or que le héros reçut solennellement à l'église, au milieu d'une foule immense et profondément émue. A quoi pensait-il, lorsqu'arrivé dans le sanctuaire, en face de l'autel, il s'agenouilla sur ce prie-Dieu richement orné, comme celui d'un prince? A sa responsabilité, sans doute, si grave, si terrible, mais en même temps à la bienveillance et à la magnanimité de l'empereur qui ne pouvait plus, semblait-il, après tant de luttes glorieuses, abandonner le Tyrol et le livrer à ses ennemis. La politique, par malheur, a ses exigences fatales, et souvent elle est forcée de fouler aux pieds les sentiments les plus nobles du cœur humain.

La grosse question pour les Tyroliens était de savoir si la paix serait conclue, et dans ce cas, malgré leur situation d'insurgés, si le vainqueur les admettrait à prendre part à ses avantages. Là-dessus les bruits les plus contradictoires circulaient dans le pays, et deux grands courants d'opinion ne tardèrent pas à s'y former. Les uns croyaient que la paix leur serait favorable et la désiraient ; les autres, beaucoup plus nombreux, souhaitaient ardemment la continuation de la guerre, persuadés que le Tyrol n'avait rien à espérer de la clémence de Napoléon. Au surplus, disaient ces derniers, jamais meilleure occasion ne s'était présentée de porter un coup décisif au terrible conquérant ; l'Allemagne s'agitait, l'Espagne était en feu, l'Autriche avait encore une armée de trois cent mille hommes. Il suffisait donc d'un peu d'énergie et de persévérance courageuse. Andréas Hofer, on le conçoit aisément, inclinait vers le parti de la guerre à outrance. Tant de succès déjà remportés, une protection si manifeste de la Providence, l'horreur qu'il éprouvait pour l'ancienne domination bavaroise, tout cela le portait à regarder une soumission nouvelle à l'ennemi comme une évidente trahison envers les intérêts du ciel et de la patrie. Il écoutait avec déplaisir, avec irritation même, ceux qui annonçaient la conclusion prochaine de la paix. Il alla même jusqu'à faire emprisonner deux de ces messagers de malheur, et il répétait souvent à son entourage : « Je gage ma tête que la paix ne sera point conclue. »

A Vienne, cependant, les évènements suivaient leur cours, et vers le milieu d'octobre, avant qu'aucune nouvelle certaine fût parvenue à Innsbruck, des détachements de troupes considérables envahirent tout à coup et sur plusieurs points le Tyrol. Le général Drouet d'Erlon les commandait, et il n'eut pas de peine à se frayer un passage à travers les défilés des principales vallées. Les paysans se laissaient surprendre, car l'incertitude des nouvelles à l'égard de la paix les avait empêchés de s'unir et de grouper utilement leurs forces. Au reste, le général français, éclairé par l'expérience des précédentes campagnes, agissait, cette fois, avec beaucoup de prudence et une habileté consommée. Nulle provocation ; on avançait lentement et à coup sûr ; on répandait les proclamations les plus conciliantes ; on faisait tout espérer de la clémence impériale, si volontairement le peuple déposait les armes. C'est alors que le jugement d'Andréas Hofer, jusque-là si ferme, si droit, si sain, parut fléchir sous l'influence désastreuse de certains hommes aveuglés par le fanatisme ou intéressés à la prolongation de la guerre. Le moine Haspinger était à leur tête, et sa gloire des premiers jours en est comme voilée d'un nuage. Il excitait Andréas Hofer par les discours les plus furibonds, et ce dernier, hésitant pour la première fois, ne sachant plus donner des ordres clairs et énergiques, eut la douleur de voir l'ennemi profiter de son indécision, et le chasser bientôt d'Innsbruck et même du Berg-Isel, la montagne sainte. Vingt fois il exprima l'opinion que l'empereur ayant signé la paix, la lutte était devenue impossible ;

vingt fois, craignant d'être regardé comme un traître par le peuple, il ordonna les mesures nécessaires pour la résistance. Enfin, cédant à la marche fatale des évènements, et au désir nettement formulé de l'empereur François, il fit sa soumission pleine et entière au général Drouet d'Erlon, congédia ses troupes et se retira à Sand, le cœur déchiré d'angoisses.

Andréas Hofer avait mal choisi son lieu de retraite, car cette vallée de la Passeyr, où il jouissait d'un si grand prestige, était encore absolument acquise à l'idée de la guerre à outrance. C'est là que la première insurrection avait pris naissance, c'est là que le feu de la révolte, allumé dans tous les cœurs tyroliens, devait aussi jeter ses dernières flammes. On ne parvient pas sans beaucoup de peine à soulever un peuple contre ses tyrans, mais il est bien plus difficile encore, une fois qu'il s'est enivré du bruit des armes, de l'apaiser et de le faire rentrer dans l'ordre. Bien des gens, surtout au sein d'une population montagnarde, composée en grande partie de rudes et intrépides chasseurs, s'accoutument et se plaisent aux hasards de la guerre de partisans, où ils peuvent, au moyen du pillage, vivre dans une certaine abondance. C'était le cas pour un grand nombre d'insurgés du Passeyrthal, et en outre les jeunes gens, menacés d'être soumis au régime de la conscription, aimaient mieux se battre pour leur patrie que sous les ordres d'un prince étranger. On venait donc, de toutes parts, auprès du grand patriote, et on le pressait, on le conjurait de signer encore un appel aux armes. Tout le pays, lui disait-on, désire la guerre, et d'ailleurs, la paix n'est pas conclue ; on a été trompé par de faux bruits. Andréas Hofer avec son bon sens ordinaire, demeura d'abord insensible à ces objurgations. « Tout est fini, répondit-il, il n'y a plus rien à faire. » Par malheur, on revenait toujours à la charge ; quelques-uns de ses parents s'étaient même mis de la partie ; et des lâches, qui ne songeaient en ce moment qu'à s'esquiver au delà de la frontière, accouraient pour l'exciter une dernière fois par leurs hypocrites fanfaronnades. Il y a toujours, autour des grandes âmes, à l'heure où les oppressent le doute et l'angoisse, une légion d'âmes basses et perfides qui se font comme un jeu d'augmenter leurs tortures morales. Le héros tyrolien, obsédé par les conseils de tant de fanatiques, d'intrigants et de faux braves, perdit peu à peu son assurance des premiers jours et finit même par se demander s'il avait bien jugé de l'état des choses. La paix était-elle vraiment conclue ? Pouvait-on lutter encore avec chance de succès ? Le peuple allait-il le regarder, lui, le soldat sans reproche et sans peur, comme un lâche et un traître à la patrie ?

Ces idées frémissantes le harcelaient et s'emparèrent bientôt de son esprit. Il pensait sans relâche et sans fin à sa responsabilité de chef de peuple. Son cerveau bouillonnait ; une fièvre incessante l'agitait qu'il n'avait jamais connue autrefois. Que croire ? que décider ? Un jour qu'il discutait sur toutes ces choses avec son cousin Haller et son secrétaire Döninger, la porte de la chambre où il se trouvait s'ouvrit tout à coup et un homme entra, furieux, son fusil chargé à la main.

— « Eh bien! dit-il, que fais-tu, Anderlé? Ne veux-tu plus te battre avec les Français? Si tu ne veux rien faire, mon fusil est aussi bien chargé pour toi que pour eux. Tu as commencé, il faut achever... »

Andréas Hofer, profondément saisi et troublé par ces paroles, essaya pourtant de se contenir et d'apaiser son interlocuteur. Efforts inutiles! Le tyrolien fanatisé continua ses violentes invectives et il alla même, emporté par sa colère, jusqu'à coucher en joue l'ancien dictateur. A ce geste, qu'Andréas Hofer prit pour un avertissement divin, sa raison, déjà vacillante, céda sous le poids de ses vaines terreurs, et il s'écria, les yeux égarés, et s'adressant à son secrétaire :

— « Viens, Döninger ; allons rédiger un dernier appel aux armes ! »

Nul ami sérieux n'était là pour le conseiller ; la proclamation fut écrite et signée le jour même ; et le pauvre grand patriote ne songea guère qu'il venait en même temps de signer son arrêt de mort.

L'insurrection, malgré la résistance du clergé et de quelques hommes réfléchis et prudents, se réveilla avec une rapidité inouïe dans le Passeyrthal, le comté de Méran et le Wintschgau. En peu de jours, les Français surpris furent chassés de ces trois vallées ; le général Ruska dut se hâter de battre en retraite sur Botzen, et le général Dorelli, à la tête d'une brigade, se vit même cerné et contraint à mettre bas les armes.

L'enthousiasme régnait parmi les insurgés; ils se promettaient déjà une victoire complète; mais hélas, l'heure des grands triomphes était pour jamais passée; le reste du Tyrol demeurait tranquille, subjugué, anéanti. Tous ceux qui virent Andréas Hofer en cette phase suprême de sa vie nous le représentent sombre et inquiet, ayant l'air d'un fou et d'un désespéré. Son clair bon sens lui revenait par intervalles, et il voyait bien que la lutte était sans issue. Les forcenés qui l'entouraient le surveillaient comme un ôtage; ils se servaient du prestige de son nom pour continuer leur criminelle entreprise. Le résultat se devine. Les Français, sous le commandement du général Baraguay d'Hilliers, revinrent en force et n'eurent pas de peine à reprendre l'avantage. Les Tyroliens furent partout vaincus, poursuivis, dispersés. Il fallut alors songer à la fuite, et Andréas Hofer, responsable de cette dernière levée de boucliers, dut sentir, plus encore que tout autre, peser sur sa tête une menace de mort.

Le général Baraguay d'Hilliers, âme noble et ouverte aux sentiments humains, se montrait très disposé à la clémence. Il fit promettre au dictateur déchu d'intercéder en sa faveur, à la condition qu'il s'emploierait avec lui à pacifier la contrée. Andréas Hofer refusa; pour rien au monde il ne voulait se livrer aux mains des Français. Un autre moyen de salut lui restait encore, c'était de s'enfuir sans retard, et par des chemins de traverse, de gagner le Pusterthal et ensuite la Carinthie. Il ne put s'y résoudre davantage; quitter son Tyrol lui semblait impossible. Que faire donc? Accompagné de son fils et de son fidèle secrétaire Döninger, il prit le parti de se cacher presqu'au sommet d'une montagne, dans une pauvre cabane à fourrage appartenant à un de ses amis. On l'aménagea du mieux qu'on put, et là, au milieu de la neige qui déjà tombait sur les hauteurs, le grand patriote attendit en paix les ordres de la Providence. Son temps se passait surtout à prier; chaque jour les trois compagnons d'infortune récitaient en commun le chapelet et les litanies de la Sainte Vierge. Des parents et des amis venaient les visiter, leur apportant les vivres nécessaires et leur apprenant les dernières nouvelles. Parfois c'étaient aussi d'autres fugitifs, et Andréas Hofer les encourageait et leur donnait quelque secours en argent. Aux jours clairs, quand la neige cessait de tomber, il gravissait le sommet le plus élevé de la montagne, et de là, plongeant ses regards jusqu'au fond de la vallée, il pouvait voir circuler dans tous les sens les patrouilles françaises. On cherchait à découvrir sa retraite; sa tête avait été mise à prix, mais il se rassurait en disant comme autrefois : « Il n'y a pas de traîtres dans le Tyrol. »

Il y a des traîtres partout, et les âmes généreuses, comme j'ai dit tout à l'heure, ne manquent jamais d'en rencontrer tôt ou tard sur leur chemin. Déjà bien des gens, dans le Passeyrthal, connaissaient le lieu de refuge d'Andréas Hofer, et la plus petite indiscrétion pouvait suffire pour exciter les soupçons de l'ennemi aux aguets. La femme d'Andréas Hofer, cachée ailleurs, au sein d'une famille amie, avait été dénoncée, et c'est à peine si elle avait pu s'échapper et rejoindre son mari dans sa solitude alpestre. Son arrivée excita des craintes nouvelles; les proscrits sentirent que leur sécurité n'était plus absolue; ils pouvaient être découverts et trahis eux-mêmes d'un moment à l'autre. Quelles angoisses poignantes! mais elles redoublèrent, lorsqu'un jour un habitant de la vallée, qui jouissait du plus mauvais renom, parut tout à coup sur le seuil de la pauvre cabane. Il avait aperçu de loin, et à sa grande surprise, un peu de fumée s'élever au-dessus des neiges amoncelées. Qui donc pouvait habiter là, en plein hiver, dans cette masure! A la vue d'Andréas Hofer un méchant sourire se dessina sur ses lèvres; puis, affectant un air d'indifférence, il s'entretint quelques instants avec lui. Le grand patriote, dans sa loyauté candide, ne supposait pas que cet homme, un Tyrolien ! pût avoir l'âme assez félone pour le trahir ; mais sa femme, plus clairvoyante, fut saisie d'un sentiment de terreur ; elle se jeta aux pieds du visiteur indiscret, lui offrit de l'argent, le conjura de garder le silence. Raffl — c'était son nom — accepta l'argent, promit sur l'honneur de ne rien dire à personne et disparut, s'efforçant de dissimuler sa joie. Les compagnons d'Andréas Hofer, toujours sous le coup de leurs craintes, l'engagèrent de nouveau à s'enfuir. Peut-être pouvait-il encore gagner la frontière! Déguisé, en marchant la nuit, il avait chance de réussir! Tout fut inutile; le chef tyrolien se sentait fixé et comme cloué au sol de la patrie.

Les Judas de tout temps et de tout pays ont un instinct qui leur commande de faire vite. Raffl ne perdit donc pas un moment, et au bout de quelques jours, une colonne de 1.500 soldats fut chargée par le général Huard d'opérer la capture d'Andréas Hofer. Arrivés pendant la nuit au pied de la montagne, ils occupèrent soigneusement toutes les routes, et un nombreux détachement, guidé par le traître, se trouvait déjà devant la cabane à quatre heures du matin. Tout reposait encore à l'intérieur; Döninger le premier entendit du bruit; il donna l'éveil, et Andréas Hofer, ouvrant lui-même la porte, dit aux soldats: « Qui parmi vous sait l'allemand? Je suis seul coupable, je vous livre ma personne, mais laissez en liberté ma femme et mon fils, et aussi ce jeune homme; ils sont innocents. » On se jette aussitôt sur lui, on l'enchaîne, on le garrotte; on traite de la même façon son fils et son secrétaire; et tous trois, à moitié vêtus, sous les coups de crosses et les injures, sont emmenés, à la lueur des flambeaux, à Saint-Martin, puis à Meran. Là seulement, les malheureux sont soustraits par le général Huard à la brutalité de la soldatesque, mais, le long du chemin, combien de souffrances ils avaient dû subir, surtout Andréas Hofer! Chaque soldat venait arracher un poil de sa longue barbe en s'écriant: « Je pourrai dire que j'ai assisté à la capture du général Barbone! » Les pieds déchirés et meurtris des captifs laissaient une trace sanglante sur la neige. Le héros chrétien cependant eut assez de force d'âme pour conserver jusqu'au bout une douceur inaltérable. « Prions, disait-il, soyons fermes, souffrons avec patience, et offrons tout à Dieu; nous pourrons ainsi expier quelques-unes de nos fautes. »

Andréas Hofer fut conduit sans retard à Mantoue, où il devait passer devant une commission militaire. On l'enferma, avec Döninger, dans une casemate des remparts. Sa résignation était absolue; jamais homme n'a regardé venir la mort avec une si fière et si tranquille assurance. « Je mourrai sans regret, disait-il; mieux vaut que je meure pour mon pays, pour mon Tyrol, que de le voir plus longtemps ravagé par la guerre. » Le général Bisson lui conseilla, pour avoir la vie sauve, d'entrer au service de Napoléon, le maître du monde. Il pourrait de la sorte se couvrir encore de gloire et parvenir peut-être à une situation très élevée. Andréas Hofer refusa sans la moindre hésitation. « J'étais, dit-il, je suis et je demeure fidèle à la maison d'Autriche et à mon empereur François. Si je dois mourir, tant mieux; je connaîtrai au moins l'heure de ma mort et je pourrai m'y préparer comme il convient; c'est un bonheur qui n'échoit pas à tout le monde. »

L'instruction marchait très vite; les interrogatoires se succédaient coup sur coup, et, dans les intervalles, le héros priait sans relâche ou s'entretenait amicalement avec Döninger. Son affection pour ce dernier avait singulièrement grandi dans la communauté des épreuves; il le prenait sur ses bras, le portait comme un enfant, lui disait les paroles les plus tendres. « Mes propres enfants, dès qu'ils ont pu marcher, je n'ai plus voulu les porter, mais toi, malgré ton âge, je te porte encore aujourd'hui. Si je dois vivre, je ferai savoir à tous quelle amitié fidèle j'ai trouvée en toi; si je dois mourir, comme j'espère arriver au ciel, je prierai pour toi, pour ton bonheur en ce monde et pour ton salut éternel. »

Le dénouement approchait. Le conseil de guerre se réunit dans la nuit du 18 au 19 février, et, à la majorité des suffrages, Andréas Hofer fut condamné à mort. On télégraphia cette sentence au vice-roi d'Italie, à Milan, qui fit répondre aussitôt qu'elle devait être exécutée dans les vingt-quatre heures. Tout espoir était désormais perdu; le condamné se prépara à la mort; un excellent prêtre, l'abbé Manifesti, lui apporta les secours de la religion, il les reçut avec les sentiments de la piété la plus admirable, et c'est alors qu'il écrivit cette dernière lettre dont j'ai parlé, et où le héros chrétien nous apparaît dans toute sa grandeur idéale. Il y fait ses adieux à toute sa famille, à ses parents, à ses amis; il y exprime ses désirs au sujet du service religieux qui doit avoir lieu dans sa paroisse; il s'y recommande aux prières de tous ceux qui l'ont connu et qui ont combattu sous ses ordres; et la termine par ces mots qui résument son âme. « Adieu, misérable monde, la mort me coûte si peu qu'à la voir venir je n'ai pas même une larme dans les yeux! Ade, du schnöde Welt, so leicht kombt mir das Sterben, dass mir nit die Augen nass werden. »

Le 20 février, dans la matinée, le condamné fut conduit sur les remparts, non loin de la porte Ceresa. Douze soldats se détachèrent de la troupe qui devait assister à l'exécution et se placèrent en face de lui, à la distance réglementaire. On voulait lui bander les yeux; il refusa; on lui conseillait aussi de s'agenouiller, il ne voulut pas le faire : « Je veux mourir debout et rendre ainsi mon âme à Celui qui l'a créée. » Puis, après avoir prié quelques instants, il s'écria d'une voix forte : Vive l'empereur François! et faisant un geste de commandement aux soldats, il leur dit lui-même le mot fatal : Feu !

Six coups partirent, mais les soldats étaient émus, ils avaient mal visé sans doute, et le héros tomba seulement sur un genou. Les six autres coups l'étendirent à terre, mais il essaya encore de se relever, et il fallut le coup de grâce pour lui arracher enfin la vie. Andréas Hofer, comme l'a dit un grand poète anglais, est mort avec la noblesse et la fermeté des martyrs chrétiens, et on dirait que, pareil au gladiateur antique, il s'était en quelque sorte étudié à bien mourir. Sa vie fut grande et glorieuse, sa mort fut plus belle encore.

Tout ce drame que je viens de raconter si longuement s'est déroulé dans l'espace d'une année à peine, mais la muse de l'histoire ne cessera de le faire connaître aux générations les plus reculées. Tant qu'il y aura de nobles cœurs en ce monde, ils aimeront à se souvenir du grand patriote tyrolien, et ils trouveront, dans le récit de sa vie et de sa mort si héroïque, la preuve convaincante que le catholicisme n'étouffe pas l'amour de la patrie. C'est une chose remarquable qu'à l'époque où Napoléon Ier ne rencontrait plus de résistance en Europe, à l'heure où tous les princes s'inclinaient avec une crainte servile devant le despote parvenu, c'est une chose remarquable, dis-je, qu'il éprouva ses premiers revers en Espagne et en Tyrol, les deux peuples peut-être les plus catholiques de ce temps. Quoi qu'il en soit, si l'Allemagne et le Tyrol ont le droit d'être fiers d'avoir montré au monde une si haute et si noble figure, il ne saurait nous être défendu, à nous qui ne sommes ni Tyrolien, ni Allemand, de lui rendre hommage à notre tour et d'enflammer pieusement notre âme à son souvenir.

CHAPITRE XVIII

Botzen.

Méran, en sa qualité de ville privilégiée, et quoiqu'elle soit perdue au fond d'une vallée peu importante, est reliée par un chemin de fer de quelques kilomètres à la station de Botzen et par là-même à la grande voie européenne du Brenner. C'est la seule ligne d'intérêt purement local qu'on ait jusqu'à présent construite dans le Tyrol, et il serait à souhaiter qu'on s'en tînt là, car ce pays, mis en coupe réglée comme la Suisse, et livré aux sottes admirations de la foule, perdrait bien vite la meilleure partie de son charme. On ne pourrait plus, le vrai bâton du touriste en main, le découvrir en quelque sorte et en respirer le parfum à demi sauvage ; on n'aurait plus le loisir et l'occasion d'étudier ses mœurs, ni d'apprécier, dans l'intimité des vieilles auberges patriarcales, la simplicité charmante, joyeuse et cordiale de ses habitants ; on ne verrait plus toutes ces choses, devenues si rares et si précieuses à notre époque, qu'à travers l'écœurante et sempiternelle banalité des grands hôtels modernes, à travers la face stupide et insolente de ce personnel en frac noir qui se renvoie les touristes de main en main dans tout le reste de l'Europe.

Passe encore pour Innsbruck, qui est une pseudo-capitale, et pour Méran, qui est une station d'hiver et d'été, mais les petites villes et les villages enfouis dans la profondeur des vallées, que la Providence les préserve à jamais des spéculateurs, des ingénieurs et des constructeurs de chemin de fer !

Le trajet de Meran à Botzen se fait en moins d'une heure, et rien dans le paysage qui se déroule sous mes yeux n'attire et ne retient particulièrement mon attention. Quelques châteaux sur le flanc des montagnes, les uns restaurés et transformés en villas, les autres tombant de plus en plus en ruines. Chacun d'eux sans doute a sa légende plus ou moins mystérieuse et terrible, et que les vieilles gens racontent le soir à la maisonnée saisie d'effroi, mais je laisse le soin de les apprendre et de les redire aux écrivains qui s'en font une aimable spécialité. Pour le moment je suis tout occupé à suivre dans la plaine le progrès merveilleux et constant de la flore méridionale. Aux environs de Botzen, la vigne si longtemps refoulée par le nord est enfin partout maîtresse du terrain ; elle s'étale au loin sur les collines avec une profusion magnifique, élevant de degré en degré les gracieux festons de ses arceaux. On pourrait déjà se croire en pleine terre italienne, mais le premier aspect de Botzen suffit pour faire évanouir cette fausse impression. C'est encore une ville allemande, et très allemande, malgré le peinturlurage de ses maisons et les hautes arcades de ses magasins. Outre la langue qu'on y parle et dont les accents gutturaux ne sauraient tromper personne, on remarque aussitôt chez ses habitants cette lenteur d'allures et cet empâtement de la physionomie qui sont les traits caractéristiques de la population germaine du Tyrol. Nous sommes ici dans le voisinage de l'Italie, et on en subit sur certains points l'influence, mais c'est tout ; le reste est marqué au coin de l'Allemagne.

Peu de choses à voir dans cette petite ville. L'église la plus importante est flanquée d'une tour gothique, dont l'élégance et les fines dentelures me paraissent très remarquables. Elle s'élance au-dessus d'un toit qui, par ses ardoises ou tuiles multicolores, produit l'effet d'une immense mosaïque aérienne. L'église, ou plutôt la place où elle s'élève, est entourée d'une lourde chaîne en fer fondu, dont je me suis vainement demandé la raison d'être. Elle est si basse, en effet, qu'on ne peut la prendre pour une barrière et tout le monde, dames et messieurs, sautent par dessus sans nul embarras. Purement décorative, à ce qu'il paraît. A deux pas de là se trouve le cimetière qui rappelle un peu ceux de Munich et d'Innsbruck. Même genre de tombeaux, de fresques et de statues. Je me suis promené quelques instants sous ces arcades silencieuses, dans ce Friedhof, ce champ de la paix, comme disent les Allemands, et j'y aurais sans doute prolongé ma rêverie contemplative, si le bruit d'un feu de peloton des mieux nourris n'était venu soudain me surprendre et me faire tressaillir. Qu'est-ce donc ? Une revue ? La guerre civile ? J'ai à peine le temps de me poser les questions qu'un double triple, quadruple écho formidable reproduit au loin l'écho de la fusillade. On dirait un roulement de tonnerre se répercutant à l'infini dans la vallée. Je sors aussitôt du cimetière, au moment même ou toutes les cloches de l'église se mettent à sonner à grande volée. Ma curiosité, comme on pense, est de plus en plus en éveil. Quel grand évènement se passe donc à Botzen ? J'entre dans l'église, à peu près vide tout à l'heure et maintenant remplie par une foule considérable. Des officiers, des magistrats occupent au chœur des places réservées ; une haie de soldats se tient devant et autour du sanctuaire. C'est un office solennel et je suis enchanté d'entendre une superbe messe en musique, assurément due au génie d'un grand compositeur, et exécutée avec une mœstria sans pareille. Le plaisir me retient dans l'église jusqu'à la fin de la cérémonie, mais en sortant, sous le portique, j'avise une bonne femme, et je lui demande : Quelle est donc la fête qu'on célèbre aujourd'hui ? — Quelle fête ? — et la vieille me regarde d'un air à la fois surpris et scandalisé — mais c'est la fête de l'empereur ! c'est le jour de la saint François d'Assise !

Tout s'explique. Et la fusillade recommence ; le canon s'en mêle sur les hauteurs ; les cloches de leur côté rivalisent de zèle ; c'est bientôt un vacarme à réveiller tous ceux qui dorment au cimetière. Si jamais une bataille se livrait dans cette vallée aux échos tonitruants, les soldats ne pourraient guère obéir aux ordres de leurs chefs, faute de pouvoir les entendre. L'office terminé, les troupes se massent sur la place, et le défilé commence ; quelques artilleurs de montagne, de l'infanterie en tunique blanche, et surtout des chasseurs tyroliens à la démarche souple et dégagée. Je n'aime pas beaucoup les officiers en grande tenue, ceinture jaune avec d'énormes mouchets de même couleur, et je trouve que, saluant de l'épée leur commandant, ils ont une façon de redresser leur torse assez ridicule. Les soldats, selon l'usage autrichien et en signe d'allégresse, portent à leur shako un petit bouquet de feuilles de chêne. D'où vient cette coutume? Je l'ignore, mais rien n'est plus frais, plus pittoresque, plus gracieusement poétique que cette verdure dentelée se prolongeant sur tout le front de bataille.

J'imagine, d'ailleurs, que cette démonstration n'est pas pour ces soldats pure affaire de parade officielle, car l'empereur François Joseph est bien réellement populaire : il a toujours eu, il aura toujours avec lui le peuple et l'armée. C'est sa grande force, trop méconnue des politiciens du boulevard. Sans doute les partis se disputent au Reichstag de Vienne; les diverses nationalités de l'Empire luttent avec acharnement pour la prépondérance ; le commerce, l'industrie, la finance sont presque entièrement aux mains d'une race étrangère, mais dans ce pays, où le suffrage universel n'est pas encore organisé et corrompu comme ailleurs, les couches profondes du peuple, l'ouvrier, le paysan, le soldat, ont encore, enraciné au fond de l'âme, le double amour de l'Autriche et de la famille impériale. Je l'ai bien vu, cette année même, à Munich, dans un concert donné au Jardin anglais par la bande tyrolienne du vieux Rainer. On demandait à ces braves chanteurs d'ajouter un dernier morceau à leur programme, et, devant ce public d'Allemands fanatiques et prussianisés, que choisirent-ils ? Un chant national autrichien, *mein Œsterreich*. Et avec quel vibrant enthousiasme ils le chantèrent ! J'en étais surpris moi-même, et il me sembla qu'ils le jetaient à la Prusse comme une sorte de protestation patriotique.

François Joseph, si l'on excepte certains bourgeois infectés de faux libéralisme, peut compter sur la fidélité à toute épreuve et l'attachement respectueux de ses sujets. Il a cependant subi de bien grandes défaites ; on l'a chassé de l'Italie et de la Confédération germanique ; il est encore aux prises avec des difficultés sans cesse renaissantes, et on pourrait dire qu'au milieu de l'Europe, il vit en quelque sorte au jour le jour. D'où vient cela ? D'où vient ce prestige qui l'entoure encore aux yeux de ses peuples? D'une seule chose, c'est que, par sa naissance et son caractère, il est vraiment le prince, celui qui personnifie la nation. Les Autrichiens sentent que sa cause est intimement liée à la leur, que les deux causes n'en font qu'une et qu'en dehors de cette union salutaire on irait aux aventures et aux pires catastrophes. Un souverain, dans ces conditions-là, peut supporter tous les échecs du monde. Ainsi le roi François premier, malgré ses témérités folles, n'a jamais craint, même en captivité, pour sa couronne et pour son pouvoir. L'usurpateur, au contraire, est tenu de vaincre ; sa fortune n'a qu'une base, le succès, et le succès continuel, tyrannique, absolu. Je ne veux pas faire allusion aux conquérants d'aujourd'hui ; mais voyez Napoléon, au lendemain de la bataille de Dresde ; comme il sent, à cette heure douloureuse, peser sur lui la fatalité de sa destinée! L'Autriche lui offre la paix; s'il était vraiment le prince, le prince légitime, il pourrait l'accepter sans honte et rentrer dans sa capitale, où le consoleraient l'amour et la fidélité de son peuple; mais lui, Bonaparte, l'aventurier de génie, impossible! il lui faut vaincre, vaincre toujours, vaincre quand même, ou disparaître. C'est le grand drame de la carrière de Napoléon, c'est là, bien mieux qu'au retour de l'Ile d'Elbe ou à Waterloo, qu'on peut le saisir en pleine lumière et dans sa poignante vérité psychologique.

Je reviens à mes moutons, c'est-à-dire à cette fête de l'empereur François Joseph. La messe en musique avec chœur mixte et accompagnement d'orchestre ne m'a pas scandalisé le moins du monde. C'était très beau comme conception et exécution, et les gens autour de moi, graves, recueillis, ne semblaient pas livrés à des sentiments trop profanes. Il est certain que ce peuple a des aptitudes spéciales pour la musique, et que, loin de le distraire des pensées religieuses, elle le porte naturellement à la prière. Je ne comprends pas d'ailleurs pour quelle raison on interdirait les voix de femmes dans les églises, ainsi que l'emploi des instruments inventés par le génie de l'homme. Sur quoi pourrait-on baser ce singulier anathème? Est-ce que toute chose, dans l'univers, ne doit pas rendre hommage à son Créateur? Les Tyroliens, en tout cas, ne paraissent pas disposés pour le moment à se contenter, d'une manière exclusive, de l'austérité du chant grégorien, et ils chanteront longtemps encore les louanges de Dieu avec tous les instruments possibles, grosse caisse et piston compris. Il ne faut pas oublier que leur christianisme est moins sévère, moins rigide que le nôtre; on n'y sent pas du tout l'influence du jansénisme. L'essentiel, du reste, en cette matière, est de prendre garde aux abus, et je ne fais nulle difficulté de reconnaître qu'en Autriche on pousse parfois les choses un peu loin. Voici ce que j'ai lu dans le numéro de la *Deutsche Zeitung* du 14 août 1886 :

Musique d'église. Après demain dimanche, en l'Eglise Saint-Augustin, à 11 heures, *messe* de Hahn, *graduel* de Mozart, *offertoire* de la baronne Baudoin; *orgue*, Dr Bayer, *maître de chapelle*, Eder;

En l'Eglise Saint-Charles, *messe* de Horak, *trio* de Churschmann, chanté par madame Dora Ressl, Alexandre Parger, etc. ;

En l'Eglise de la Sainte-Trinité, *messe* de Schopf, *graduel* de Zierer, *offertoire* de la baronne Baudoin ; *soli* chanté par madame A. V. Rucher, madame Gisella Walter, M. Gruber;

En l'Eglise Saint-Jean, *messe* de Diabelli ; *graduel* de Kempten, chanté par Weigl, et *offertoire* de L. Weiss; *soprano*, mademoiselle Schnötzinger, *violoncelle*, M. Sigmund;

Et ainsi de suite pour plusieurs églises ; un programme de concert n'en dirait pas davantage.

Je ne fais pas un long séjour à Botzen, car le temps continue d'être magnifique, et j'ai une peur atroce d'être surpris par la pluie avant mon arrivée dans le célèbre val d'Ampezzo. Pas un nuage ; le ciel d'une limpidité cristalline ; le fond de tableau le plus favorable pour contempler les Alpes dolomitiques. J'ai grand regret cependant de ne pas m'arrêter à Klausen, d'où j'aurais pu visiter le couvent des bénédictines de Seben, juché d'une manière si pittoresque sur un contrefort de la montagne. Personne, parmi les voyageurs qui traversent le Brenner, ne saurait s'empêcher d'admirer cette situation incomparable. Le capucin Haspinger faisait aussi partie d'un monastère de Klausen, lorsque l'insurrection de 1809 vint l'arracher à sa cellule et le transformer en capitaine. Les paysans et les moines furent, ici comme en Espagne, les plus ardents promoteurs de la guerre d'indépendance.

A la station de Waidbruck, mes réflexions sont interrompues par trois voyageurs qui prennent place dans mon compartiment, un vieillard, un jeune homme et une jeune fille. Cette dernière, grande et fort belle personne, a revêtu tous ses atours de riche paysanne. Les doigts chargés de bagues, deux chaînes d'or tombant sur son corsage, une haute collerette bien empesée lui relevant la tête, elle sourit d'un air de ravissement intime, et parle avec une extrême volubilité. Je n'avais rien compris aux premières paroles que mes nouveaux compagnons de route avaient échangées entr'eux, mais en prêtant un peu l'oreille à leur conversation, je passai bientôt de la surprise à la stupéfaction la plus profonde. Impossible de comprendre un traître mot au langage bizarre dont ils se servaient ! Tantôt je me disais : Ce sont des Italiens, tantôt j'inclinais à croire que j'avais affaire à des Slaves. Je ne pouvais admettre que leur dialecte fût du patois, car, sans être un bien grand clerc en philologie, je me flatte de comprendre le tyrolien. Enfin, à Brixen, les deux jeunes gens nous quittent, et je peux avoir alors l'explication du phénomène. Le vieillard et moi, nous lions vite connaissance, et il m'apprend que je viens d'entendre parler le *romanche.*

Il y a là, en effet, une vallée, le Grödenthal, où cet idiome est encore en usage. A l'école, on y apprend aux enfants l'allemand et l'italien, mais rien n'y fait, le romanche reste la seule langue populaire. Les habitants de cette vallée de Gröden se marient entr'eux, et leur fidélité aux traditions est exemplaire, même en Tyrol. « Vous auriez dû, me dit mon interlocuteur, faire une excursion jusqu'à St-Ulrich, notre capitale ; on y peut voir une partie des Alpes dolomitiques, et s'y faire une idée de nos principales industries. Vous savez, sans doute, que mes compatriotes ont une certaine réputation comme sculpteurs sur bois ; ils expédient leurs produits dans le monde entier, et quelques-uns s'établissent même à l'étranger pour les besoins toujours grandissants de leur trafic. Moi qui vous parle, j'ai des parents à Lyon et à Marseille, et j'espère bien leur faire visite un jour et connaître aussi le beau pays de France. » Et disant ces paroles, il s'efforce de baragouiner quelques mots de français, mais avec une bonne volonté qui par malheur l'emporte de beaucoup sur son savoir.

Je lui confie mon intention d'aller coucher le soir à Bruneck, afin de partir dès le lendemain matin, pour Toblach et la vallée d'Ampezzo.

« Quelle rencontre ! me dit-il ; je vais moi-même à Bruneck ; nous ferons route ensemble, et si vous le désirez, je vous servirai jusque-là de cicerone ». J'étais enchanté, comme on pense, et la soirée fut pour moi des plus agréables. Arrivés à Bruneck, et installés à l'auberge du *Soleil*, nous causâmes de mille choses, du Tyrol, de l'Autriche, de la France, de la situation générale de l'Europe, et de l'avenir » Tout est possible, me disait-il ; nous pouvons être annexés à l'Allemagne ; la Prusse peut être aussi vaincue à son tour sous l'effort d'une coalition ; qui vivra verra ; l'avenir, c'est la bouteille à l'encre ; on ne saurait plus rien prévoir. » Avant le dîner, il m'avait conduit à travers la ville, dont l'aspect n'offre rien de remarquable, si ce n'est que, rompant avec les traditions tyroliennes, les rues n'ont ni arcades, ni balcons, ni tourillons.

CHAPITRE XIX

Les Alpes dolomitiques.

Le trajet n'est pas long de Bruneck à Toblach ; le train ordinaire, en moins d'une heure, m'y amène dans la matinée. Je suis dispos comme aux meilleurs jours, et surtout follement avide de voir enfin ces Alpes dolomitiques dont on s'accorde à dire tant de merveilles. Déjà, de la portière du wagon, j'ai remarqué, déchirant l'azur du ciel, plusieurs cimes aux formes tourmentées, fantastiques. On aurait dit, dans le lointain, comme des vagues gigantesques dont la crête écumeuse se serait soudain figée et cristallisée. Et tout ce fond de décor est d'un gris pâle mêlé de teintes roses dont aucune épithète ne saurait donner l'impression vraie. Toblach est un joli petit village assis à mi-côte d'une des collines, je n'ose dire montagnes, au milieu desquelles s'élargit en cet endroit la vallée du Pusterthal. L'horizon est partout gracieux et calme, sauf du côté d'Ampezzo, où l'on voit s'ouvrir une gorge étroite, profonde, mystérieuse. C'est comme une tache noire, surmontée de blancheurs et de rayonnements étranges. A gauche, adossé contre un bouquet de bois, se dresse le magnifique *hôtel de Toblach*, qui regorge, durant l'été, de touristes et de villégiateurs. Par malheur, la saison est terminée, et rien n'est plus lugubre, au milieu du silence de la solitude, que cet immense bâtiment dont toutes les portes et fenêtres sont closes. Et que sera-ce dans quelques semaines, dans quelques jours peut-être, lorsque la neige doucement, lentement, impitoyablement, viendra peu à peu tout recouvrir de son blanc linceul ? La vue de l'*Albergo d'Ampezzo* qui s'élève à quelques centaines de pas sur la droite m'arrache à ces réflexions mélancoliques, et je n'ai pas de peine à y louer une voiture qui me conduira aujourd'hui même jusqu'à Cortina. Je suis un des derniers voyageurs de l'année, et les gens ne manquent pas qui, à l'occasion de mon passage, cherchent à exercer encore une fois le droit d'aubaine.

Le soleil est levé depuis longtemps, mais nous sommes au commencement d'octobre, et dans l'étroite vallée où nous courons, l'air est encore vif, je dirais presque glacial. Le cocher relève le col de sa veste ; pour moi, je m'enveloppe d'une couverture, et je m'apprête, moyennant cette sage précaution, à jouir sans inquiétude des beautés du paysage. A peine a-t-on quitté Toblach qu'à travers un léger rideau de mélèzes, on aperçoit un petit lac, et ses eaux sont si calmes, si claires, si transparentes, elles reflètent si bien les sapins de la montagne qu'on finit par les oublier et voir à leur place un immense abîme. L'aspect général est extraordinairement sauvage ; pas une maison, pas une créature animée ; un silence de mort plane sur cette nature primitive. Nous avançons et la vallée se resserre ; c'est presque un défilé à Höllenstein, cette gorge qui mérite son épithète d'infernale. Et en effet ces rochers nus qui se dressent dans les attitudes les plus bizarres, ces ombres froides qui tombent des hauteurs, ce silence que rien n'interrompt, tout cela saisit et remplit le cœur de je ne sais quelle secrète épouvante. On comprend qu'au spectacle de cette désolation des choses, l'imagination populaire ait, en Allemagne, enfanté tant de légendes sombres et terribles. Il n'est guère possible de ne pas subir l'influence de ces horreurs, et de ne pas croire, au moins d'une manière vague et inconsciente, à tout ce monde démoniaque des gnômes, des lutins, des farfadets.

Je suis en train d'excuser de la sorte, dans mon esprit, le goût singulier du génie allemand pour la poésie fantastique, lorsque à un tournant de la route, un changement à vue s'opère soudain sous mes yeux. Les rayons du soleil envahissent la vallée; tout s'éclaire, se dessine, prend un aspect riant; un lac aux teintes jaunes et vertes miroite sous un voile de brume, et enfin, à l'arrière plan, le majestueux Monte Cristallo apparaît avec ses dents, ses pointes, ses aiguilles, ses tours crénelées. Sensation puissante, où se mêlent la surprise et le ravissement. Les sommets roses sont saupoudrés de neige, et il semble que, dans la profondeur des échancrures, serpentent des glaciers aux reflets bleuâtres. Le regard, jusqu'à Schluderbach, ne peut se détacher de cette masse imposante.

Longue halte à Schluderbach, où l'auberge est assez confortable, et occupée encore par quelques touristes. Ce hameau, le dernier de la vallée où l'on parle allemand, est la plus ravissante oasis alpestre que je connaisse. Il faut pourtant s'arracher à ses délices, et nous voilà de nouveau courant sur la route de Cortina, qui longe en s'élevant les formidables contreforts du Monte-Cristallo. Rien d'extraordinaire au début, si ce n'est, sur la droite, la rougeur incandescendante de la *Croda rossa*. On dirait que, par mille blessures invisibles et éternelles, la fière pyramide laisse couler son sang sur la forêt d'où elle émerge. C'est peut-être, de toutes les cimes dolomitiques, celle qui produit l'impression la plus saisissante. Isolée, farouche comme les *trois Zinnen*, elle étonne surtout par la teinte si chaude de son porphyre. On serait aussi tenté de croire qu'une hécatombe mystérieuse a eu lieu sur son sommet, et que le sang des victimes doit ruisseler sur ses flancs durant des siècles sans fin. A partir d'Ospedale, ou Peudelstein, la route tourne à gauche et par une suite de lacets descend dans la vallée de la Piave. Coup d'œil féerique. Le soir tombe, et, sur le ciel d'un vert pâle, se profilent à l'horizon des pics fantastiques, tordus en spirales, pareils à d'immenses flammes de pierre. C'est la *Mittagspitze* et la *Croda de l'Ancora*. Rien de plus merveilleux. Je prie le cocher d'arrêter un instant ses chevaux, et je reste en extase devant ce fond de tableau incomparable. Au bas le lit d'un torrent couvre toute la vallée ; un mince filet d'eau verte y coule dans un désert de pierres blanchies.

Me voici depuis quatre jours dans ce pays si surprenant des Dolomites, et je suis ravi, stupéfait, subjugué par le spectacle que j'ai sous les yeux. Aucun éloge n'est excessif. C'est vraiment un monde étrange ; et nulle part la nature, au moins dans notre Europe, n'offre un aspect si singulier, si prodigieux, si imprévu. Cortina d'Ampezzo se trouve au milieu d'un cirque de montagnes où s'élèvent les sommets les plus fameux des Alpes dolomitiques. Ici, c'est l'énorme entassement du Cristallo ; là le *Sorapis*, plus loin l'*Antelao*, en face la *Mittagspitze*, la *Croda dell' Ancora*, le *Novelau*, les *Cinq Tours*, et enfin les trois majestueuses *Tofana*. De Cortina même, on peut très bien jouir de ce panorama magnifique, mais il suffit de faire l'ascension du *belvédère*, petite montagne se dressant au milieu de la vallée, pour en concevoir une idée plus exacte et plus grandiose encore. C'est une excursion d'une heure à peine, par un chemin pierreux, mais d'une pente assez douce. Le regard y plonge dans toutes les directions, et durant de longues heures, sans lassitude, l'étonnement toujours en haleine, on peut s'y enivrer de la vue de ces capricieuses folies de la nature.

Les montagnes dolomitiques affectent deux formes principales. Ou bien elles s'élancent de terre comme des jets de flamme pétrifiés, avec des arêtes, des déchirures, des pointes aiguës qui font songer à la lave jaillissante des volcans ; ou bien ce sont d'immenses forteresses aux puissantes assises, aux étages bien dessinés, avec des contreforts, des plateformes, des créneaux, des tours. Il semble même, à certains endroits, qu'on se trouve en face de constructions humaines, où alterneraient la brique et le granit. Ces tons rouges, roses, cendrés, sont d'un effet indescriptible. On ne reconnaît plus la nature; on se demande par moments si l'on n'a pas changé de planète. On pense aussi aux illustrations bibliques de Doré, et de fait, si jamais les Titans ont existé sur la terre, c'est là que se trouvent à coup sûr les débris foudroyés de leur œuvre.

Cortina, avec la haute tour romane de son église, se détache à ravir sur une colline verdoyante. C'est presque une petite ville, aux mœurs tout à fait italiennes. Le soir, sur la route, ou même dans les champs, les notables de l'endroit jouent aux boules, et ils le font avec des gestes et des cris qui ne laissent aucun doute sur leur nationalité. Nous sommes au milieu *d'irredenti*, et malgré les faveurs du gouvernement qui protège beaucoup leurs industries locales, ils passent pour désirer avec ardeur le grand jour de la rédemption politique. On parle néanmoins l'allemand dans tous les hôtels, et j'ai même été surpris de voir la plupart des employés s'exprimer si correctement dans une langue qui n'est pas la leur. « La raison — m'a dit mon aubergiste de la *Croce bianca* — c'est que nous envoyons nos enfants passer une année ou deux dans le Pusterthal et ils en reviennent possédant très bien l'allemand. » Du reste, à la table d'hôte, mélange complet des deux races : Viennois et Vénitiens se rencontrent sur ce terrain plus ou moins neutre. Le contraste est violent, et on peut faire ici les plus intéressantes études de mœurs.

D'un côté le blond Germain avec sa lourdeur massive, sa conversation apprêtée et pédante; de l'autre l'Italien au teint bruni, aux yeux perçants, à la parole chaude, vibrante, et parfois presque courroucée. Je ne sais si les illusions de l'amour-propre m'égarent en ce moment, mais il me semble qu'entre les deux races le Français tient le milieu pour ainsi dire et qu'il l'emporte sur l'une et sur l'autre par plus de goût, de tact, de mesure, de distinction. Il n'a pas l'emportement passionné de l'Italien, et sait éviter aussi le ton gourmé de l'Allemand. Ce dernier, quand il parle, a toujours l'air d'enseigner; il débite lentement ses longues phrases comme s'il les lisait imprimées dans son cerveau. Il veut qu'on l'écoute, et il a besoin, grâce à la syntaxe allemande, de s'écouter tout le premier avec attention. Une seule syllabe changée à la fin de sa phrase, et toute sa lourde machine serait détraquée. Ce qui a donné la victoire aux Allemands, dit-on, c'est le maître d'école; je crois bien, ils le sont tous.

Je suis revenu à Schluderbach par la route du Misurinasee, sans négliger de faire l'ascension du monte *Piano*, ascension obligatoire et qui, à elle seule, vaut tout le voyage. La route, à peu de distance de Cortina, s'engage entre le Cristallo et le Sorapis, et à mesure qu'on avance, ces grands massifs dolomitiques s'ouvrent, se déchirent, se déploient; des formes nouvelles apparaissent; c'est un perpétuel changement à vue. Nulle part, on ne peut, je crois, se faire une meilleure idée des illusions d'optique particulières aux pays de montagnes. On vient de voir et d'admirer une cime aux formes étranges ; on fait cinquante pas, on se retourne, on ne la reconnaît plus. Son aspect s'est tout à coup modifié de la manière la plus inconcevable. On songe aux mille dessins, que peuvent former les petits morceaux de verre d'un kaléidoscope. Plus on se rapproche aussi de ces montagnes aux teintes souriantes, plus elles prennent un caractère sauvage et font ressortir leur énormité formidable. Il semblait tout à l'heure qu'on allait pouvoir les toucher de sa main, et qu'il serait facile de les gravir en quelques minutes, mais elles semblent toujours fuir, au contraire, et on a l'impression d'un écrasement.

Personne sur le chemin jusqu'à la station des *Trois Croix;* le lourd silence qui règne autour de moi n'est interrompu ou plutôt souligné que par le murmure d'un petit torrent, sur les bords duquel éclate çà et là la fraîche rougeur des touffes d'alpenrosen. Fleurs aimables, quoique sans parfum, car elles gardent le sourire de la vie au milieu des rochers muets et immobiles ! Aux *Trois Croix*, plusieurs gardes forestiers sont réunis, et je trouve, en leur modeste et joyeuse compagnie, que le vin de Bolzen a bien son prix sur ces hauteurs. Réconforté, je me remets en route, et j'arrive en moins de deux heures au lac de Misurina. C'est un enchantement; rien ne peut rendre le charme de ces eaux calmes, reposées, limpides, où viennent se refléter, comme sur le miroir le plus uni, les trois pics roses des *Zinnen* émergeant d'une forêt de sapins. C'est d'une fraîcheur douce et sauvage que rien n'égale; la grâce, comme une gaze légère, enveloppe ici la force et la grandeur.

L'auberge de Misurina, malgré la saison avancée, est encore ouverte, et j'y fais un déjeuner conçu et apprêté selon les règles de la cuisine italienne. L'huile domine, mais peu importe ! je suis servi par de braves gens qui veulent bien me donner, avec un grand luxe de détails, les renseignements nécessaires pour l'ascension du monte Piano. Et ces renseignements si précis n'étaient pas hors de saison, car, sans leur secours, je ne sais pas trop comment j'aurais pu me tirer d'affaire. Le sentier dans la montagne est à peine tracé; il est aussi très rude et suffisamment périlleux, et j'ai mis trois bonnes heures, au bas mot, pour atteindre le but tant désiré.

Ce que je dis là néanmoins, n'est pas pour décourager les amateurs, il s'en faut; et quand les dificultés seraient mille fois plus grandes, quand il faudrait grimper pendant cinq et même dix heures, je dirais encore qu'aucun touriste, arrivé à Cortina ou à Schluderbach, ne saurait se dispenser de faire cette ascension. Autant vaudrait venir à Chamounix en voiture fermée et s'en retourner sans avoir jeté les yeux sur le Mont Blanc. C'est seulement du sommet du monte Piano qu'on peut vraiment jouir, dans une harmonieuse vue d'ensemble, du panorama sans pareil des Alpes dolomitiques. Il semble que Dieu l'ait placé là comme un observatoire naturel pour ces amoncellements et élancements de pierres gigantesques qui évoquent en nous le souvenir de je ne sais quelles Babels insolentes et châtiées. Ce qui frappe le plus, à côté du Sorapis et du Cristallo, ce sont précisément les Cadines et les trois Zinnen, à cause de leur physionomie tourmentée, désespérée, maudite. Et l'imagination, devant ce spectacle, demeure d'autant plus saisie, qu'on peut lui comparer la sérénité d'attitude des Alpes ordinaires, le *Venedig*, le *Grossglockner*, les pics du Stubai et du Zillerthal qui remplissent dans le lointain tout un côté de l'horizon. Je suis resté plusieurs heures, étendu sur la pelouse, à me reposer et à jouir de la vue de tant de choses si merveilleuses. Mille variétés de fleurs — la flore alpestre au grand complet — sollicitaient aussi mon attention; j'ai même pu cueillir quelques touffes d'édelweiss. J'étais seul d'ailleurs, et je me sentais comme environné et emprisonné par le silence. Parfois, cependant, une hirondelle de montagne passait dans son vol rapide, et elle semblait siffler à mon oreille comme la balle du chasseur noir.

Si l'ascension est pénible, la descente ne l'est pas moins, et je goûte avec joie, à Schluderbach, les douceurs d'un repos bien mérité. Le *Fremdenbuch* de l'auberge, qui me tombe par hasard sous la main, m'aide à passer une heure ou deux d'une manière assez récréative. Rien de plus amusant que ces réflexions, où chaque voyageur vient à tour de rôle poser comme penseur et comme écrivain. On voit le grand homme improvisé, saisissant la plume avec émotion, et se recueillant, entouré des siens, avant de donner libre essor à son génie. Il semble même, en feuilletant les pages du précieux livre, qu'on les sent encore vibrer sous l'inspiration de tant de muses domestiques. Il y a pourtant ici et là quelque trait d'esprit, des vers bien tournés, des dessins gracieux, mais le plus souvent hélas ! la platitude de Prud'homme et de Perrichon, l'incommensurable ineptie bourgeoise naïvement étalée au grand jour. Et à cet égard, il faut le reconnaître, toutes les nations civilisées sont logées à la même enseigne : l'engeance prud'hommesque est universelle et se multiplie aujourd'hui sous tous les climats. Je remarque néanmoins parmi tant de pensées profondes d'origine allemande, italienne ou hongroise cette phrase française, ce cri du cœur, si éloquent en sa concision et digne du grand ancêtre de toute la famille dont je parle :

Au pied des Dolomites on regrette d'abord le beau soleil de Nice (Nizza), mais on admire la grandeur sauvage et sublime du monte Cristallo.

16 octobre 1880.

*A. L***, et sa femme, membres du Club Alpin Français.*

Labiche n'a donc rien exagéré! Perrichon existe bien en chair et en os! J'en ai rougi de confusion pour la France, et ce qui a mis le comble à mon humiliation, c'est qu'un mauvais plaisant de Berlin, avec sa signature en toutes lettres, s'est donné le plaisir d'ajouter cette note à la belle conception de notre alpiniste :

Et on regrette aussi les trottoirs de Paris (Parigi)

Parigi est dur.

***

Revenu le lendemain dès la première heure à Toblach, je visite le petit village en attendant le train. Est-ce peut-être pour avoir ces jours-ci trop admiré la nature, je l'ignore, mais l'église paroissiale, fraîchement restaurée, m'a vraiment produit l'effet d'une merveille artistique. La façade n'a aucun caractère, et, à l'intérieur, il y a trop de dorures, et les statues blanchies à la chaux sont ridicules, mais j'ai vu là des fresques ravissantes, superbes de coloris et de dessin, dignes d'orner les plus riches cathédrales. L'exécution en est très récente, et on s'aperçoit vite que l'artiste qui les a conçues et exécutées ne relève ni de l'école du XVIIIe siècle, ni de celle des Cornelius, des Overbeck ou des Flandrin. Nulle emphase désordonnée, mais rien non plus de guindé, de trop anguleux, de trop austère. Les saints personnages sortis du pinceau du peintre sont des hommes aux gestes nobles, naturels, élégants, et ils ne s'appliquent ni à faire le grand écart au-dessus des nuages, ni à rester debout comme des pieux, les formes effacées, à l'alignement. L'Eglise est dédiée à saint Jean-Baptiste et à saint Sébastien, et les grands modèles pouvaient ici, comme on voit, venir en aide à l'imagination de l'artiste. J'ai surtout remarqué le *baptême de Jésus*, la *prédication au désert*, le *festin d'Hérode*, qui sont les compositions les plus importantes, et aussi, dans les bas-côtés, des grisailles d'un goût parfait.

On s'étonnera sans doute que, dans une église

de village, on puisse trouver un tel luxe de décoration artistique, mais il ne faut pas oublier que la foi profonde du paysan tyrolien ne recule devant aucun sacrifice pour embellir la maison de Dieu. C'est sa gloire, c'est son bonheur. Et comme autrefois les grandes villes chrétiennes employaient leurs ressources à bâtir les plus belles cathédrales, ainsi les villages du Tyrol rivalisent entr'eux à qui possèdera l'église la plus vaste, la mieux ornée, la mieux pourvue surtout à l'égard des orgues et des cloches. Et c'est la générosité des fidèles qui subvient presque seule à de si grosses dépenses. Je lis, en effet, cette fière inscription au sommet de la voute de l'église de Toblach.

Divi Joannis atque Sebastiani honoribus pia fervensque communitas exstruxit hoc opus.

Remarqué, en me promenant dans le village les petites filles sortant de l'école, à cause de leur très singulier costume. Elles portent, à l'exemple de leur mère, de vastes chapeaux noirs et des robes longues. On dirait des Lilliputiennes. J'ai pensé aussi un instant aux jeunes princesses des tableaux de Van Dyck, à ces petites filles de Charles Ier qui jouent déjà à la grande dame.

CHAPITRE XX

Le Brenner et le Vorarlberg.

J'avais bien raison, la semaine dernière, de ne point trop m'attarder en chemin. Dès le soir même de mon ascension au monte Piano, le ciel a peu à peu perdu sa limpidité de cristal; puis des nuées blanches se sont levées à l'horizon, et aujourd'hui le vent souffle, tout prend des teintes assombries. En attendant la pluie ou peut-être la neige, je fais un séjour de quelques heures à Brixen qui, en sa qualité de résidence épiscopale, est comme la capitale religieuse du Tyrol. Elle n'offre rien, ou presque rien de remarquable à l'œil du touriste. Des rues ornées d'arcades, comme toute bonne ville tyrolienne, et des maisons badigeonnées et peinturlurées à plaisir. Un ancien camarade d'études me fait visiter les deux églises, le grand séminaire, le palais de l'évêque, et je ne trouve à noter, au cours de mon pélerinage, que la chapelle du séminaire très fraîchement et délicatement restaurée, et le vieux cloître adossé à la cathédrale, avec ses fresques et ses colonnettes en style roman. Les pierres tombales des anciens évêques de Brixen qui tapissent les murs du portique produisent un fort bel effet. Une place entourée de marronniers sépare le palais de la cathédrale; c'est là que se réunit le peuple, le dimanche. On pousse si loin ici l'amour du badigeonnage que le clocher de l'église paroissiale est jusqu'à sa pointe blanchi à la chaux. Aussi, de loin, on le prendrait pour un immense cornet de papier ou mieux encore pour un bonnet de coton de dimensions phénoménales. La situation de Brixen est délicieuse ; la vallée s'y élargit comme à Botzen et à Meran ; et la vigne, sous l'influence du soleil méridional, y couvre encore de ses frais arceaux les collines environnantes. Il n'est pas besoin de constater les sentiments religieux de la population ; il y a ici moins de libéraux que dans les autres parties du Tyrol, et je ne suis pas surpris de voir sur la façade de l'hôtel de l'*Eléphant* une invocation, sous forme de quatrain, à la Vierge protectrice de la maison.

A la gare de Franzensfest, j'ai pu contempler, dans toute sa splendeur. un vrai type de juif, roi de l'époque. Court, énorme, les joues luisantes, les cheveux roux, avec un nez qui rappelait la courbe du croissant, il s'étalait, les deux mains dans ses poches, redressant la tête et nous regardant, nous autres petites gens, du haut de ses sacs de gros sous. Il causait avec un gentilhomme autrichien de très antique noblesse qui, d'un air humble, l'échine courbée, osait à peine lui donner la réplique. Auprès du juif se trouvaient sa femme aux grands yeux de Moabite, une suivante quelconque et le bébé vêtu comme un petit prince. Il est monté à la dernière seconde dans le train ; tous les employés s'inclinaient en passant devant ce grand seigneur du jour, et je crois bien qu'il a fallu sa permission pour qu'ils pussent donner le signal du départ.

Je me suis arrêté quelques instants à Sterzing, petite ville qui chaque jour perd un peu de son ancienne importance. Autrefois, avant la construction du chemin de fer, c'était un lieu de passage des plus animés. Tout le trafic entre l'Allemage et l'Italie devait se servir de cette voie de communication, et déjà les Romains, fort experts en ces sortes de choses, y avaient établi une de leurs stations et un camp retranché. Sterzing, comme Meran, n'est qu'une longue rue, mais cette rue est relativement large et n'a des arcades que d'un seul côté: toutes les maisons y sont teintes en blanc, en bleu, en rose, en jaune ; toutes sont revêtues d'ornements et d'arabesques en plâtre, sans compter les tourillons aux formes les plus élégantes. La coupe du toit est tantôt triangulaire, tantôt horizontale ; parfois la façade s'élève seule comme un immense paravent. En outre, toutes les auberges du monde se sont donné rendez-vous dans cette rue, et les enseignes dorées et peinturlurées s'y balancent au vent et apparaissent de loin confondues dans le plus joyeux pêle-mêle. Celui qui voudra connaître les titres préférés des aubergistes tyroliens n'a qu'à se promener au milieu de cette collection de chefs-d'œuvre en fer forgé. A Sterzing, on peut loger au *lion*, à l'*agneau*, au *cerf*, à l'*éléphant*, à l'*aigle noir*, à l'*aigle rouge*, à l'*aigle aux*

deux têtes, *à l'étoile d'or*, au *soleil*, au *croissant*, à la *couronne*, à la *fleur de lys*, à la *rose*, au *raisin*, à la *croix*, à l'*ours*, au *petit cheval*, etc. J'en passe et des meilleurs.

***

Cette ligne du Brenner, la première qu'on ait construite à travers les Alpes, l'emporte encore sur toutes les autres par la beauté et la variété des points de vue. Nulle part on ne traverse des vallées plus riantes, plus fraîches, plus pittoresques. La note sauvage ne manque pas, mais elle ne domine qu'à de rares intervalles, aux environs d'Innsbruck et au passage même du Brenner. Le tracé de la ligne est très hardi ; les ingénieurs qui l'ont conçu et adopté étaient assurément doués d'un grand sens artistique. Les vastes panoramas se succèdent sans relâche ; on voit de loin et de haut de gracieux villages où l'on voudrait s'arrêter en touriste, le bâton à la main. Une chose surtout vous en inspire la pensée et le désir, c'est la route toujours bien entretenue, large, parfois creusée dans le roc et surplombant l'abîme. La route, la rivière, et la voie ferrée forment tout le long de la vallée le trio le plus inséparable. Elles montent ou descendent de concert, se rapprochant, s'éloignant, se croisant de mille façons. De temps à autre, la rivière ou la route disparaissent, mais cela dure quelques instants à peine; les trois compagnes ont vite fait de se retrouver.

***

Je reviens d'Innsbruck en Suisse par la nouvelle ligne du Vorarlberg et, grâce au promenoir des confortables et somptueux wagons autrichiens dernier modèle, je peux admirer tout à mon aise le spectacle grandiose qui se déroule sous mes yeux. Ce ne sont plus, comme sur le Brenner, de verts pâturages et de coquets vallons, mais des roches grises, des montagnes abruptes, des glaciers étincelants sous le soleil. Vers Bludenz seulement et en approchant de Feldkirch, le paysage se transforme et prend un aspect plus riant. Dans quelques heures, dans quelques minutes, j'aurai quitté l'Autriche, et je me laisse envahir, en ce moment, par des pensées mélancoliques. Je songe qu'en France plus que jamais les préventions continuent contre ce peuple autrichien si pacifique, si honnête, si bon. On s'y jette à corps perdu dans une alliance intime avec la Russie qui, non seulement est contraire aux principes de la démocratie moderne, mais encore ne saurait avoir que de fâcheuses conséquences pour l'Europe. Après avoir commis la faute de travailler au triomphe du pangermanisme, n'est-ce pas en commettre une seconde que de favoriser le développement du panslavisme? Que deviendront les petits peuples, que deviendra la France elle-même devant ces deux colosses qui ne seront jamais des frères ennemis qu'en apparence? Ils ont toujours un moyen de s'entendre au moment suprême, qui est de sacrifier l'Autriche et de s'en partager les dépouilles. Sans doute à l'heure actuelle, la France a le droit et le devoir de créer un contrepoids à la prépondérance de l'Allemagne, mais elle doit prendre garde, en même temps, à ne pas compromettre l'existence de la monarchie autrichienne, qui reste la seule nation européenne où elle puisse trouver encore des sympathies réelles, profondes et durables. La véritable alliance de l'avenir est là, et non pas ailleurs.

—

TABLE DES MATIÈRES

Imprimerie de l'Ouest, A. NÉZAN, Mayenne

www.ingramcontent.com/pod-product-compliance
Ingram Content Group UK Ltd.
Pitfield, Milton Keynes, MK11 3LW, UK
UKHW021102220726
13924UKWH00005B/2201